BAEDEKER

DUBAI

Vereinigte Arabische Emirate

>>

Dubai wird sich mit nichts zufrieden geben, außer mit dem ersten Platz

<<

Sheikh Mohammed Bin-Rashid al-Mcktoum

baedeker.com

INHALT

▬ DAS SIND DIE VEREINIGTEN ARABISCHEN EMIRATE

▬ TOUREN

LEGENDE

Baedeker Wissen
● Textspecial, Infografik & 3D

Baedeker-Sternziele
★★ Top-Reiseziele
★ Herausragende Reiseziele

ZIELE

■ HINTERGRUND

■ ERLEBEN UND GENIESSEN

■ PRAKTISCHE INFORMATIONEN

■ ANHANG

PREISKATEGORIEN

Restaurants
Preiskategorien
für ein Hauptgericht

€€€€	über 30 €
€€€	20–30 €
€€	10–20 €
€	unter 10 €

Hotels
Preiskategorien
für ein Doppelzimmer

€€€€	über 300 €
€€€	200–300 €
€€	100–200 €
€	bis 100 €

MAGISCHE MOMENTE

ÜBERRASCHENDES

Lecker, kitschig, romantisch: ein Dinner-abend auf einer Dhau im Dubai Creek

D
DAS SIND ...

... *die Vereinigten Arabischen Emirate*

Die fünf großen Themen rund
um die Emirate am Persischen Golf.
Lassen Sie sich inspirieren!

DIE WELT IST NICHT GENUG

Für die einen sind sie Ausgeburten menschlichen Größenwahns, für die anderen zukunftsweisende Wunderwerke der modernen Architektur: Die aufsehenerregenden Wolkenkratzer, die in Dubai und Abu Dhabi in den Himmel wachsen, sorgen weltweit für Diskussionen. Experten zeigen, worum es geht.

GRÖSSER, höher und atemberaubender – das ist wohl die Maxime emiratischer Bauherren. Und gebaut wird, so scheint es, was dem Rest der Welt zu aufwendig, zu kostspielig oder zu verrückt ist. Internationale Stararchitekten arbeiten hier besonders gern, weil man ihnen viele Freiräume lässt. Während man bei uns nicht sellten jahrelang auf eine Baugenehmigung warten muss, können in den VAE in kurzer Zeit ganze Stadtviertel aus dem Boden gestampft werden.

▌ Traditionelle Anklänge

Das schier grenzenlose Wachstum hat jedoch seinen Preis, denn eine Stadtplanung, die auf keine oder fast keine Bauvorschriften Rücksicht nehmen muss, kann wohl nur in einem autokratischen System gedeihen. Überdies können die Projekte nur realisiert werden, weil Arbeiter aus Pakistan, Indien und Bangladesch auf den Baustellen für einen Hungerlohn schuften.

Angesichts der futuristischen Skylines von Dubai und Abu Dhabi scheint es fast so, als scherte sich in den Emiraten niemand um die Tradition. Doch das Gegenteil ist der Fall: Vielerorts zeigen sich Anklänge an die traditionelle arabische Architektur und einige der hypermodernen Bauten sind **durch die emiratische Geschichte inspiriert**. Das spektakuläre Luxushotel Burj al-Arab etwa ist dem aufgeblähten Segel einer traditionellen Dhau nachempfunden und spielt damit auf die Seefahrer-Vergangenheit der Emiratis an. Und die Erbauer der **Sheikh Zayed-Moschee** in Abu Dhabi verwendeten Formen der islamischen Sakralarchitektur und verbanden deren regionale Ausprägungen zu einem Gesamtkunstwerk.

Aufgrund der wirtschaftlichen Turbulenzen, die die Finanzkrise von 2008 hervorrief, geht es mit einigen der spektakulärsten Bauprojekte in den Emiraten allerdings nur schleppend voran. So verzögert sich die Fertigstellung der Museumsbauten auf Saadiyat Island in Abu Dhabi, für die man internationale Stararchitekten, u. a. Jean Nouvel und Norman Foster, gewinnen konnte.

Von den vier künstlichen Inselwelten, die man vor der Küste Dubais aufschütten wollte, ist bis jetzt nur die kleinste, **»The Palm Jumeirah«**, fertiggestellt. Die Eröffnung von »The Palm Jebel Ali« und »The World« lässt noch auf sich warten, denn es mangelt an Investoren, die auf den Inseln bauen wollen. Und die riesige Insel »The Palm Deira« wird wohl für alle Zeiten ein Fragment bleiben.

▌ Neue Superlative

Da grenzte es fast an ein Wunder, als 2010 das mit 828 m bis heute **höchste Gebäude der Welt**, der **Burj Khalifa**, eingeweiht werden konnte. Dies war allerdings nur möglich, weil der Emir von Abu Dhabi, Khalifa Bin Zayed al-Nahayan, den Nachbarn mit einer gewaltigen Finanzspritze half, weshalb der Turm seinen Namen trägt. Zwar sitzt das Emirat immer noch auf einem gewaltigen Schuldenberg, doch neue gigantische Bauprojekte sind schon in Planung. Pünktlich zur nächsten Expo, die 2020 in Dubai stattfinden wird, soll ein neuer Bau der Superlative seine Pforten öffnen. Zwar schweigen sich die Verantwortlichen über seine genaue Höhe noch aus, doch eines ist sicher: Der Turm muss den 1007 m hohen Jeddah Tower im saudi-arabischen Dschiddah auf jeden Fall toppen.

OBEN: Abu Dhabis grandiose Sheikh-Zayed-Moschee
UNTEN: Arbeiten im Höhenrausch

ARCHITEKTEN ZEIGEN DIE ZUKUNFT DER STÄDTE

Wie die Stadt der Zukunft wohl aussieht? Nirgends lässt sich das besser in Augenschein nehmen als in Dubai und Abu Dhabi, wo gerade die größten Bauvorhaben weltweit umgesetzt werden. Und wer könnte einem diese Architektur besser erklären als Experten, die selbst aktiv an der Gestaltung dieser Region beteiligt sind. Die »Guiding Architects«, diplomierte, deutschsprachige Architekten, bieten **Führungen** durch die beiden Metropolen an. Die Tour für 1 bis 5 Pers. dauert ca. 5 Std. und kostet 500 US-Dollar ohne Transfer (Infos auf www.guiding-architects.net).

11

HIER KOCHT DIE WELT

Als Vorspeise eine indische Mung-Dal-Suppe aus Linsen, zum Hauptgang ein nordamerikanisches Surf and Turf mit halbem Hummer und kleinem Steak. Als Nachtisch gibt's »Strawbosphere« – sieht aus wie eine rote Christbaumkugel, die sich allmählich auflöst, sobald sie mit Erdbeersauce übergossen wird – bei einem grandiosen Ausblick aus 442 m vom weltweit höchsten Restaurant, dem »At.mosphere« im Burj Khalifa.

VIELE Köche verderben bekanntlich den Brei. Doch das stimmt eben nicht immer. Schon gar nicht in Dubai, wo jeder sein eigenes Süppchen kocht. Dort können Sie an einem Abend kulinarisch um die Welt reisen. Die Speisekarten führen von Asien über den Mittleren Osten bis nach Europa. In den Emiraten leben Einwanderer aus beinahe 200 Nationen. Sie sichern nicht nur für das Wirtschaftswachstum, sondern tischen auch internationale Gerichte auf.

Paradies für Foodies

Als Vorspeise eine indische Mung-Dal-Suppe aus Linsen. Zum Hauptgang ein nordamerikanisches Surf and Turf mit halbem Hummer und kleinem Steak. Und als Nachtisch vielleicht ein philippinisches Halo-halo – ein exotisches Dessert aus Speiseeis und Früchten.
In Dubai ist so ein abenteuerlicher Mix an nur einem Abend kein Problem. Denn 85 % der rund 2,2 Mio. Einwohner der Metropole kommen aus dem Ausland.Die meisten stammen aus Indien, Pakistan, Bangladesh, Sri Lanka oder von den Philippinen, aber auch Leute aus Afrika, Europa, den USA und Kanada leben hier. Nicht wenige von ihnen haben Restaurants eröffnet, die kulinarische Spezialitäten ihrer Heimatländer servieren. In den zahlreichen indischen, pakistanischen und sri-lankischen Restaurants kann man meist gut und dennoch preisgünstig schlemmen.

Sterneküche?

Wer beim Essen nicht auf Wein oder Bier verzichten möchte, der muss schon etwas tiefer in die Tasche greifen, denn eine Lizenz zum Ausschenken von Alkohol besitzen nur die Luxushotels und ihre Restaurants mit gehobener Küche. Doch kann man auch in diesen Gourmetlokalen Haute Cuisine **hochdekorierter Spitzenköche aus Europa** zu vergleichsweise moderaten Preisen genießen, denn bislang hat der Guide Michelin keine Sterne an ein Restaurant in den Emiraten vergeben. Damit das ändert, unternehmen die Maîtres de Cuisine alle Anstrengungen, die Ausbildung der Servicekräfte zu verbessern. Bis zu den kulinarischen Sternen ist es dann bestimmt nicht mehr weit, schließlich ändern sich die Dinge in den Emiraten bisweilen rasend schnell.

KULINARISCHE ÜBERRASCHUNGEN
Einmal um die ganze Welt und aus allen Töpfen naschen. Auf dem
Dubai Food Festival (www.dubaifoodfestival.com), von Ende Februar
bis Mitte März, können Sie die Küchen der Welt in geballter Form
genießen und auch mal etwas Unkonventionelles ausprobieren:
Food-Trucks und Beach-Kantinen zum Beispiel.

OBEN: Bodenständig und vielfältug:
Food-Trucks beim Dubai Food Festival
UNTEN: Hochgenuss wörtlich genommen:
Das Erdbeer-Dessert »Strawbosphere«
wird in 442 m Höhe serviert.

Doch die Erwartungen an die gehobene
Gastronomie sind schon längst so hoch
wie die Wolkenkratzer der Stadt. Im
Restaurant »At.mosphere«, das **im
122. Stock des Burj Khalifa** residiert,
muss der Küchenchef Jérôme Lagarde
schon ein wenig zaubern können, damit
seine Gäste beim Ausblick aus 442 m
Höhe den kulinarischen Kreationen, die
er bietet, noch die ihnen gebührende
Aufmerksamkeit schenken.

BENZIN IM BLUT

»Schneller als die Polizei erlaubt« - darüber können Ordnungshüter in Dubai vermutlich nur lachen. Um Polizisten auf der Autobahn zu entwischen, muss man sich einiges einfallen lassen, denn sie brausen dort im Lamborghini Aventador oder Porsche 918 Spyder über die Straßen, zukünftig sogar in einem Bugatti Chiron mit 1500 PS und 420 km/h, der in der Grundausstattung schon 2,6 Millionen Euro kostet.

17

OBEN: Im Aston Martin GT4 über Abu Dhabis Formel-1-Kurs auf Yas Island zu flitzen, ist ein außergewöhnliches (Bei-)Fahrerlebnis.

UNTEN: Ferrari mit parfümiertem Nummernschild in Dubai

ICH GEB' GAS!

Auf **Yas Island** darf man außerhalb der normalen Betriebszeit auch selbst einmal auf die Rennstrecke: mit dem Fahrrad oder als Jogger. Solch schweißtreibender Sport empfiehlt sich aber nur im Winter nach 18 Uhr, wenn es nicht mehr ganz so heiß ist. Leihräder gibt es direkt am Gate. Wer sich mehr zutraut, kann auch als Rennfahrer oder Beifahrer auf die Formel-1-Strecke, in einem V6-Boliden oder Aston Martin GT4 zum Beispiel (Yas Marina Circuit, tgl. 9–23 Uhr, www.yasmarinacircuit.ae).

AUF Geschwindigkeit kommt es in den Emiraten beim Autofahren nicht an. Landesweit sind gerade mal 120 km/h erlaubt. Es geht vielmehr um Statussymbole. Denn was sonst wollen Menschen mit einem Fuhrpark aus schnellen Luxusautos, deren Höchstgeschwindigkeit sie nie ausfahren können? Natürlich, auffallen um jeden Preis.

Das große Schaulaufen beginnt am Wochenende, wenn all die Luxuskarossen vor den Hotels und Bars vorfahren. Parkplatzprobleme? Von wegen! Die Betreiber freuen sich, wenn eine ganze Armada teurer Gefährte vor ihrem Haus steht und so kostenlos für sie Werbung macht.

Statussymbole

Mobilität und Schnelligkeit haben für die Emiratis seit jeher große Bedeutung. Obwohl die meisten immer noch Fans von Kamel- und Pferderennen sind, interessieren sich viele mittlerweile noch für ganz andere Pferdestärken. Nicht von ungefähr befindet sich der mit einer Fläche von 30 000 m² weltweit größte Lamborghini-Showroom in Dubai, und auch Rolls-Royce hat hier bereits erste Ausstellungsräume eröffnet.

Die Emiratis sind aber nicht nur verrückt nach teuren Luxuskarossen, sondern auch nach **ungewöhnlichen Autokennzeichen**. Nummernschilder, die aus dem Rahmen fallen, sind ausgesprochen prestigeträchtig und geradezu ein Fetisch. Auf speziellen Auktionen kann man sogenannte »distinguished plates« ersteigern, die dann manchmal sogar teurer sind als der Wagen. Da emiratische Kennzeichen normalerweise aus zwei bis fünf Ziffern plus einem Buchstaben bestehen, sind Nummernschilder mit nur einer Ziffer ganz besonders begehrt. So kam in Abu Dhabis die Autonummer »1« für 10 Mio. Euro unter den Hammer. Die Dubaier Nummer »1« ist allerdings dem Emir vorbehalten und kann nicht ersteigert werden. Auch wenn diese Auktionen außerhalb der Emirate immer wieder für Irritationen sorgen, so erfüllen sie doch auch einen guten Zweck, denn die Erlöse kommen meist vollständig gemeinnützigen Organisationen zugute.

Rasant auch in der Luft

Um den aufstrebenden Tourismus weiter zu befördern – und im internationalen Luftverkehr Weltranglisenerste zu werden –, bauen Abu Dhabi und Dubai zurzeit ihre Flughäfen für viele Milliarden Euro aus. Schon jetzt ist der Dubai International Airport der Flughafen mit dem dritthöchsten Passagieraufkommen weltweit. 2016 zählte man hier 83,5 Mio. Passagiere. Der neue, teileröffnete Al Maktoum Airport soll einmal 160 Mio. Passagiere abfertigen können und wird dann vermutlich der größte Flughafen der Welt sein.

Die emiratischen Fluggesellschaften Etihad und Emirates sind zwar noch Jungspunde am Himmel, doch lehren sie schon heute alteingesessene Airlines das Fürchten. Man wolle eine **»neue Seidenstraße«** errichten, verkündete Etihad-Chef James Hogan stolz und stellte sein Unternehmen damit in die Tradition der Karawanenstraße, die einst Europa mit Asien verband. Und auch in der Luft wissen die Emiratis Tradition mit Innovation zu verbinden: Mit »The Residence« bietet Etihad als weltweit einzige Airline in ihren Airbus A380 immer in 12 m² große Luxussuiten für zwei Personen an. Das Apartment über den Wolken ist ab knapp 19 000 Euro für die einfache Strecke zu haben.

KAUF-RAUSCH MIT HAI-KONTAKT

Was bringt Menschen eigentlich dazu, Dinge zu kaufen, die sie nicht zwingend brauchen? Vielleicht findet sich in der Dubai Mall, mit über 1000 Geschäften und rund 350 000 m² Verkaufsfläche eines der größten Einkaufszentren des Planeten, eine Antwort darauf? Das vielfältige Unterhaltungsangebot in der Mall lässt darauf schließen, das es nicht nur die Lust an schönen Dingen ist.

EINKAUFEN ist in den Emiraten ein Freizeitvergnügen, das zum täglichen Leben gehört und bei der Inszenierung drumherum fast nebenher passiert. Für die Locals sind die Einkaufszentren immer auch Orte, an denen sie entspannen und Freunde treffen können. In den klimatisierten Hallen und Räumen ist es in den heißen Sommermonaten angenehm kühl, die Ladenpassagen laden zum Flanieren und die vielen Restaurants zum Schmausen ein. Zu festlichen Anlässen verwandeln sich die Shoppingmalls in Bühnen für Shows mit internationalen Künstlern.

Malls und Outlets

Auch Gewinnspiele sind möglich. Da kann man mit einem Los für 200 Dh schon mal einen Porsche gewinnen. Wer es spektakulär mag, gleitet im riesigen Aquarium der **Dubai Mall** in einem Tauchkäfig in die Tiefe und beobachtet dort die Haifütterung oder zieht in der **Mall of the Emirates** auf Skiern ein paar Schwünge durch den Schnee, während es draußen mehr als 40 °C heiß ist. Bei den zahlreichen Unterhaltungsangeboten kann es durchaus passieren, dass ein Besucher das Einkaufen vergisst; manche verlieren angesichts der Fülle an verlockenden Läden aber auch den Überblick und verlaufen sich. Doch auch daran wurde natürlich gedacht: In der Dubai Mall geben Einkaufsberater Tipps, und Shoppingbegleiter bahnen den Weg zu den richtigen Läden. Emiratische Frauen tragen unter ihren Abayas gerne Designerroben von Dior, Versace, Gucci & Co. Deshalb gibt es in den Malls viel Haute Couture vom Feinsten, von den neuesten Schuhen

von Christian Louboutin über Accessoires von Chanel bis hin zu Kreationen von Armani oder Gaulthier.

Zu den alljährlich stattfindenden **Shoppingfestivals** locken die Läden mit Preisnachlässen von bis zu 60 % selbst auf Markenartikel. Dank niedriger Zölle und weitgehend fehlender Steuern lässt sich aber auch in der übrigen Zeit des Jahres so manches Schnäppchen finden. Viele Labels – v. a. Bekleidung, Elektronik und Kosmetik – sind oft preiswerter als in Europa. Nur sollte jeder Schnäppchenjäger die offiziellen Preise vorher kennen. Denn ob es wirklich günstiger als zu Hause ist, liegt auch am aktuellen Wechselkurs. Überdies sind bei der Einfuhr nur Waren bzw. Souvenirs bis zu einem Wert von 430 Euro pro Person zollfrei.

Neben den ultramodernen Shoppingmalls locken auch die kleinen Souk-ähnlichen **Outlets**, wo man von Ihnen Feilschen zwingend erwartet, wenn Sie traditionelle Parfüms, Kunsthandwerk oder Schmuck kaufen, während Sie sich vom Duft frischen Safrans, Zimts oder Kardamons dann gänzlich die Sinne vernebeln lassen.

Zukunftspläne

Damit man auch in Zukunft die Nummer eins unter den Shoppingdestinationen bleibt, plant Dubai gerade eine eigene Stadt als Shoppingcenter. Die **»Mall the World«** soll mit 740 000 m² dann das größte Einkaufszentrum der Welt werden. Für die jährlich 180 Mio. Touristen, die den Shoppingtempel besuchen sollen, braucht es dann eigene Verkehrsstraßen, Fußgänger-Promenaden, Hotels, Attraktionen und Freizeitparks. Jede Menge Geschäfte wird es so ganz nebenbei natürlich auch noch geben.

Inszenierung ist alles: Kaskade mit »Tauchern« aus Fiberglas in der Dubai Mall

EINKAUFEN AUF DIE LEICHTE TOUR

Schluss jetzt mit dem Rumgerenne, bis die Füße schmerzen,
schließlich weiß man ganz genau, was man kaufen will. Nur wie will
man bei mehr als 1000 Geschäften den Überblick behalten?
In der Dubai Mall gibt es dafür die Concierge Lounge. Dort bucht
man seinen persönlichen Shopping Guide, der einen zu den Läden
mit dem bevorzugen Stil führt. Das lästige Umrechnen landes-
spezifischer Kleider- und Schuhgrößen übernimmt er auch noch
(info@theconciergelounge.com; ▶ S. 132).

INS HERZ DER NATION

Dieses Meer verschluckt beinahe jeden Laut. Es ist ein Ozean aus Sanddünen, die sich endlos weit ausbreiten. Eine Kamelkarawane zieht vorbei, zu hören ist nichts. Und doch kann die Stille hier auf unglaubliche Weise laut sein. Wenn man endlich eine der fast 200 m hohen Sanddünen erklommen hat und sich oben auf den Dünenkamm setzt, um schweigend auf diese lebensfeindliche Landschaft zu schauen, ist es plötzlich zu hören, das laute Pochen des eigenen Herzens.

DIE Suche nach der eigenen Identität treibt heutzutage viele stressgeplagte Städter in die Wüste. Dabei könnte man seine Identität wohl nirgendwo besser verlieren als hier in der **Rub al-Khali**, der größten zusammenhängenden Sandwüste der Welt: 680 000 km² – eine Fläche, die fast zweimal so groß ist wie Deutschland, und etwa ein Viertel der Arabischen Halbinsel bedeckt. Sie reicht von den Emiraten bis weit nach Saudi-Arabien hinein, erstreckt sich bis in den Oman und nach Jemen.

Liwa-Oasen

Die Liwa-Oasen sind das Tor zur Rub al-Khali, dem »leeren Viertel«. **Wilfred Thesiger**, britischer Diplomatensohn und einer der letzten großen Entdecker des 20. Jhs., durchquerte zwischen 1946 und 1950 als dritter Europäer diese unerforschte Welt aus Sand. Bevor er mit seiner Karawane in Liwa ankam, war das Gebiet ein weißer Fleck auf der Landkarte. Noch heute ist das, was Thesiger über seine Reise mit den Beduinen in »Arabian Sands« geschrieben hat,

großartige Abenteuerliteratur. Später musste er erleben, wie die von ihm beschriebene Welt, die Jahrtausende unverändert überdauert hatte, binnen einer Generation verschwand. Denn nach ihm kamen Ingenieure und Ölsucher. Wie eine verheißungsvolle Fata Morgana aus »Tausendundeiner Nacht« darf man sich die Liwa-Oasen deshalb heute nicht mehr vorstellen. Von der Hauptstadt Abu Dhabi sind es mit dem Auto hierher nur ca. zwei Stunden auf einer vierspurig ausgebauten Schnellstraße. Schließlich haben die Oasenbewohner heute nicht ewig Zeit. Sie fahren Luxuskarossen und wohnen in klimatisierten Häusern mit fließend Wasser und Satellitenanlagen. Etwa 25 000 Menschen leben in den **Liwa-Oasen**, einem riesigen Gebiet, das aus rund 50 einzelnen Oasen mit knapp 40 Dörfern besteht. Während in den großen Städten des Landes die Emiratis mittlerweile eine Minderheit sind, liegt ihr Anteil hier bei fast 70 Prozent. Doch auch die Oasenbewohner können sich wohl nicht mehr vorstellen, in der Landwirtschaft zu schuften. Längst haben ausländische Arbeitskräfte die Pflege der

IM 1000-STERNE-HOTEL QASR AL SARAB

Am mystischsten sind Nächte, in denen sich das Licht des Mondes zauberhaft in den endlosen Dünen spiegelt. Wer die Wüste auf so magische Weise erleben will, kann bei einer geführten Kamel-Trekkingtour auf den Spuren Wilfred Thesigers wandeln, ohne auf heutige Annehmlichkeiten verzichten zu müssen. Zum Sonnenuntergang gibt es ein arabisches Picknick zwischen den Dünen, und danach lässt man den Abend mit einem Blick in einen sternenklaren Nachthimmel ausklingen (▶ S. 269).

OBEN: Das Luxushotel »Qasr Al Sarab« in den Liwa-Oasen im diffusen Licht des Morgennebels
UNTEN: Die Einsamkeit der Wüste entdecken ...

Dattelhaine und der Kamele übernommen. Dennoch ist für die Emiratis Liwa immer noch das **Herz der Nation**: Bereits im 17. Jh. bewohnten Bani-Yas-Beduinen das Oasengebiet. Aus ihnen gingen die Al Nahyan und die Al Maktoum, die heutigen Herrscherfamilien von Abu Dhabi und Dubai, hervor.

Den harten und entbehrungsreichen Überlebenskampf früherer Wüstenbewohner erahnen heutige Besucher wohl nicht, wenn sie, meist in den nicht ganz so heißen Wintermonaten, nach Liwa kommen und sich von der Magie der Wüste verzaubern lassen. Die Sanddünen leuchten in vielen Farben, von schwarz über rot und rosa bis ocker und weiß. Sobald der Wind Wellenmuster in die Dünen malt und der Wüstensand in wilden Spiralen über den Boden tanzt, beginnt der Sand plötzlich zu singen. »Singing Sands« nennen das die Beduinen, wenn der Wind die feinen Sandkörner aneinanderreibt.

T
TOUREN

Durchdacht, inspirierend, entspannt

Mit unseren Tourenvorschlägen
lernen Sie die besten Seiten der Vereinigten
Arabischen Emirate kennen.

DURCH STÄDTE, WÜSTEN, WADIS UND GEBIRGE

▌ Die Städte erleben

Selten lässt sich Architektur so kontrastreich erleben wie in den Vereinigten Arabischen Emiraten. Auf engstem Raum trifft man hier auf Wehrtürme und Forts aus vorislamischer und islamischer Zeit, auf Moscheen aus der gesamten islamischen Epoche bis hin zu neoislamischen Prunkmoscheen, auf portugiesische Forts und modernste Wohn- und Bürotürme, die im höchsten Gebäude der Welt, dem Burj Khalifa, gipfeln. In Dubai und Sharjah wurden alte Souks detailgetreu wiederaufgebaut, historische Dörfer und Altstädte restauriert oder als »Heritage Village«, Freilichtmuseum, neu geschaffen. Sie bieten Einblicke in das Leben vor dem Ölboom. Neben dem Besuch von orientalischen Basaren und hypermodernen Shoppingkomplexen, der Besichtigung spektakulärer Bauprojekte, die gegenwärtig in der Region realisiert werden, locken auch Ausflüge in die Wüste.

▌ Wüstensafaris und Dinner Cruises

Die Wüste gilt als Herz der Nation, von wo aus einst der rasante Aufstieg der Emirate seinen Lauf nahm. Eine Wüstensafari, die von vielen Veranstaltern auch von Abu Dhabi oder Dubai aus angeboten wird, sollte man sich also nicht entgehen lassen; die Fahrt dauert etwa einen halben Tag und kostet ca. 250 Dh.: Nachmittags wird man in seinem Hotel abgeholt. Bald darauf verlässt der Geländewagen die geteerten Straßen und fährt quer durch die Wüste. Meterhohe Sanddünen werden in rasantem Tempo genommen, und nach Sonnenuntergang erreicht man ein »Beduinencamp«, wo ein Büfett aufgebaut ist. Nach einem ausgedehnten Mahl, diversen musikalischen und tänzerischen Darbietungen und einem Kamelritt ums Camp wird man wieder ins Hotel gebracht.
Intensivere Wüstenerlebnisse verspricht ein mehrtägiger Aufenthalt in Luxusresorts mitten in der Wüste (▶ Baedeker Wissen, S. 269). Auch Bootsfahrten entlang der Küste oder in den Lagunen zeigen das Land aus einem neuen, ungewohnten Blickwinkel. Ob als dreistündige Dinner Cruise oder eintägige Angeltour, für spannende Abwechslung ist auf jeden Fall gesorgt.

▌ Rundfahrten

Da die Entfernungen zwischen den sieben Emiraten nicht groß und die Straßen hervorragend sind, bietet sich z. B. Dubai oder Abu Dhabi als fester Standort an, von dem aus man bequem Tagesausflüge und Rundfahrten unternehmen kann. Bei einem Ausflug nach Muscat in Oman und bei Touren nach Al Ain oder Liwa sollte man jedoch eine Übernachtung einplanen.

▌ Mit Sammeltaxis und Mietwagen

Die beste Lösung ist ein Mietwagen: Er ist preiswert, Benzin kostet wenig, die Straßen sind hervorragend ausgebaut und die Strecken sehr gut beschildert. Es gibt aber auch Busverbindungen von Dubai nach Hatta, Abu Dhabi, Al Ain und Muscat sowie von Abu Dhabi nach Al Ain. Zwischen den Hauptstädten der Emirate verkehren schnelle und preiswerte Sammeltaxis, diese findet man meist an den Busstationen. Die dort angebotenen privaten (illegalen) Taxis sollte man meiden. Für kürzere Strecken im Bereich Dubai, Sharjah und Ajman eignen sich die zahlreichen günstigen Taxis.

Kreuzungsfrei und ohne Ampel: Cruisen in der Wüste

ARABIAN
GULF

★★ Abu Dhabi

Tarif

National
Auto Museum

TOUR 3

Madinat
Zayed

Bu Sahan

©BAEDEKER

Mezirah

★ Liwa-Oasen

Hamim

SAUDI - ARABIEN

MIT DER METRO DURCH DUBAI

Länge der Tour: 50 km
Tourdauer: mit diversen Besichtigungen 1 Tag

Tour 1 *Einsteigen, Platz nehmen und entspannen. Bei einer Fahrt mit der 2009 eröffneten Metro kann man sich ganz aufs Sightseeing konzentrieren und sich einen schnellen Überblick über die Stadt verschaffen. Dem dichten Verkehr und den an allen Ecken lauernden Baustellen ist man so entronnen.*

Vier Meter über den Straßen der Stadt
Die Metro saust auf meterhohen Viadukten durch die Stadt. Die Stationen, in futuristischem Design aus glänzendem Stahl und Glas erbaut, sind klimatisiert und mit Geschäften, Imbissläden, Bankautomaten und Toiletten ausgestattet. Hier kann man Tickets noch am Schalter kaufen. Bei Problemen wissen die Mitarbeiter immer Rat. Die fahrerlosen Züge der bestehen immer aus fünf Abteilen für drei verschiedene Preisklassen. Die »Gold-Class« ist doppelt so teuer wie die »Silver-Class« und für VIPs, Einheimische und Mittelschicht-Expatriates gedacht. Auch für Frauen und Kinder stehen spezielle Abteile bereit.

Start: Rashidiya Station
Endhaltestelle der Roten Linie ist ❶ **Rashidiya** südlich des Dubai International Airport. Die Züge fahren von hier aus im 10-Minuten-Takt bis nach Jebel Ali am anderen Ende der Stadt. Wer in Rashidiya oder an den Stationen der Flughafen-Terminals 3 und 1 einsteigt, hat die

34

Metro fast immer für sich. Da man kein schweres Gepäck mit in die Züge nehmen darf, wird sie nämlich nur wenig von Flugzeugpassagieren genutzt. An der Station des ❷ **Deira City Centre**, einer älteren Shoppingmall im Zentrum der Stadt, lohnt sich eine Unterbrechung der Fahrt. Denn von hieraus gelangt man schnell zum Park Hyatt Hotel und dem gleich daneben gelegenen Dubai Creek Golf & Yacht Club. In den reizenden Cafés hier kann man bei einem Erfrischungsgetränk den Blick auf den Creek genießen.

Von der Station »Deira City Centre« fahren die Züge in einem Tunnel zur unterirdischen Station Union Square – nach Angaben der Betreiber ist das die größte U-Bahn-Station der Welt. Die nächste Station ❸ **Burjuman** bietet sich als Ausgangspunkt für einen Bummel durch das historische Stadtviertel Bastakiya an. Dort ist das Dubai Museum fast ein Muss für jeden Besucher der Metropole.

Unter dem Creek hindurch

In ihrem weiteren Verlauf führt die Rote Linie die Sheikh Zayed Road entlang. Hier gleicht die Fahrt einem Ausflug in die Welt von morgen. Die Züge sausen an den himmelstürmenden Wolkenkratzern vorbei, die Dubais bedeutendste Verkehrsachse und Businessmeile flankieren. Wer möchte, kann an den Stationen ❹ **Dubai World Trade Centre/Emirates Towers** aussteigen und diese Wunderwelt aus der Nähe erkunden. An der nächsten Station verkündet der Lautsprecher ❺ **Burj Khalifa**, und der Zug, der zwischenzeitlich immer voller geworden war, wird wieder leerer. Denn viele Leute steigen hier aus und eilen oder bummeln über einen verglasten, 820 Meter langen Fußgängerweg zur Dubai Mall und zum Burj Khalifa, dem höchsten Gebäude der Welt. Der Zug fährt weiter zu ❻ **Mall of the Emirates**, deren wohl größte Attraktion die Indoor-Skiarena »Ski Dubai« ist. Kurz vor der Endstation in Jebel Ali passiert man die ❼ **Ibn Battuta Mall**, deren Architekten sich von den Reiseberichten des großen Seefahreres Ibn Battuta (▶ Interessante Menschen, S. 234) inspirieren ließen.

In der Welt von morgen

▌ Ticket

Eine einfache Fahrt ohne Prepaid-Karte (Standard-Papierticket) kostet zwischen 4 Dh (1 Zone, ca. 3 km, Gültigkeit 90 Min.) und 8,50 Dh (5 Zonen, Gültigkeit 3 Std.). Mit einer Prepaid-Karte (No/Ticket) sind es weniger. Am besten kauft man eine No/Silver Card für 20 Dh. Diese Tageskarte gilt den ganzen Tag für alle Zonen und kann am nächsten Tag wieder aufgeladen werden. Die Fahrkarten werden am Ein- und Ausgang elektronisch abgelesen. Mit der No/Gold Card kosten alle Fahrten das Doppelte. Kinder bis 5 Jahre fahren kostenlos.

▌ Ein wenig Technik

Die 2009 eingeweihte Metro Dubai ist das vierte U-Bahn-Netz im Nahen Osten (nach Haifa 1959, Kairo 1987 und Teheran 1999). Die Red Line ist etwa 52 Kilometer lang, davon verlaufen nur 4,7 Kilometer unterirdisch. Die Fahrtdauer von Endhaltestelle zu Endhaltestelle (Al-Rashidiya Station und Jebel Ali) beträgt 66 Minuten. 2011 wurde die knapp 24 Kilometer lange Green Line und 2014 die bislang 10 Kilometer lange Dubai Tram in Betrieb genommen. Die Züge sind fahrerlos und verkehren Sa.–Mi. 5–24, Do. bis 1 und Fr. erst ab 10 Uhr; weitere Infos ▶ S. 101 sowie www.rta.ae (Metro) und www.alsufouhtram.com (Tram).

VON DUBAI NACH AL AIN

Länge der Tour: 180 km | **Tourdauer:** 1 Tag

Tour 2   *Wenn man von Dubai nach Al Ain fährt, lässt man mit den himmelstürmenden Wolkenkratzern und den glitzernden Shoppingmalls zugleich Hektik und Trubel hinter sich. Die Oasenstadt an der Grenze zum Oman blickt auf eine Jahrtausende alte Besiedlungsgeschichte zurück. Bronzezeitliche Grabanlagen belegen, dass auf dem Gebiet der heutigen Stadt schon vor 4000 Jahren Menschen lebten. Seit 2011 gehören sie zusammen mit dem 1500 Jahre alten Bewässerungssystem der Aflaj zum UNESCO-Welterbe.*

Aus Dubai heraus   Zwar gelangt man von Dubai aus am schnellsten über die Al Ain Road (E66) nach Al Ain. Der Umweg über die vierspurige Ras al-Khor Road in Richtung Hatta (E44), die am ❶ **Bukadra/Country Club Roundabout** abzweigt, führt in ein landschaftlich besonders reizvolles Gebiet. Hat man die letzten Vororte der Metropole erst einmal hinter sich gelassen, gelangt man zunächst in Geröll- und Sandwüste. Maschendrahtzäune beiderseits der Straße, die nun Hatta Road heißt, verhindern, dass frei herumlaufende Kamele die Straße überqueren.

Bei Sandboardern   Nach 30 Kilometern ist die Siedlung ❷ **Al-Haba** (Lahab) erreicht. Am Haba Roundabout trifft die Hatta Road auf die Autobahn von Jebel Ali nach Hatta. Noch einmal acht Kilometer weiter, am Weiler ❸ **Quarn Nazwa**, kreuzt eine Straße, die in Nord-Süd-Richtung verläuft, die Hatta Road. Nach weiteren sieben Kilometern türmt sich die

Wüste beiderseits der Straße zu rötlich leuchtenden Sanddünen auf. Hier ist der Maschendrahtzaun, der herumstreunende Kamele von der Straße fern hält, unterbrochen, denn die Dünen sind Sandboarder-Gebiet. An den Wochenenden gleiten Skifahrer mit dem Monski die bis zu 150 Meter hohen Sandgebirge hinunter. Beliebt ist auch das Dune Bashing, bei dem Geländewagenfahrer in waghalsigen Manövern über die Dünenkämme preschen.

Am ④ **Al-Madam Roundabout**, 15 Kilometer hinter Quarn Nazwa biegt man von der die Hatta Road auf die E55 ab. Die Schnellstraße verläuft zweispurig in südliche Richtung und stößt nach 35 Kilometern auf die Al Ain Road (E66), die in südöstlicher Richtung nach Al Ain führt. Auf der Straße durchquert man zunächst den südlichen Teil der Al-Madam-Ebene, eine flache Geröllwüste, in die mehrere Wadis aus den umliegenden Bergen münden. Bald lockern mit niedrigen Buschgewächsen bedeckte Flächen das Landschaftsbild auf. Nähert man sich Al Ain, tauchen links und rechts der Straße wieder riesige, in allen Rot- und Brauntönen schimmernde Sanddünen auf, die zuerst von grünen Oasen unterbrochen und dann ganz abgelöst werden. Die Straße führt jetzt an Dattelpalmhainen und Gemüsefeldern

Durch die Sandwüste und fruchtbare Felder

37

vorbei. Al Ain, die Gartenstadt der VAE, ist nun fast erreicht. Die rund 200 Brunnen und Wasserstellen der Region sowie ein ausgeklügeltes Bewässerungssystem sorgen hier für eine ertragreiche Landwirtschaft, die die Emirate mit Gemüse und Obst beliefert.

Über Hili Gardens nach Al Ain

Rund zehn Kilometer vor Al Ain liegt östlich der Straße die archäologische Stätte ❺ ★ **Hili Gardens** mit etwa 4700 Jahre alten Rundgräbern. Bevor das Zentrum ❻ ★★ **Al Ains** erreicht ist, geht es noch kurz über die Grenze in den Oman, denn die E66, die jetzt Dubai Road heißt, führt nach Hili zunächst durch das omanische Buraimi. In Al Ain selbst ist das Klima heißer als an der Küste, jedoch leichter zu ertragen, da die Luftfeuchtigkeit deutlich geringer ist

VON ABU DHABI ZU DEN LIWA-OASEN

- -
Länge der Tour: 270 km | **Tourdauer:** 1–2 Tage
- -

Tour 3

Wer in die Vergangenheit der Emirate eintauchen möchte, der muss ins Landesinnere von Abu Dhabi zu den Liwa-Oasen an der Grenze zu Saudi-Arabien reisen. Die Herrscher-Dynastien von Abu Dhabi und Dubai stammen von dort. Obwohl in den rund 39 Dörfern des Oasengebiets längst die Moderne Einzug gehalten hat, kann man dort eher der traditionellen Beduinenkultur nachspüren als in den Metropolen an der Küste. Das Oasengebiet ist das Tor zur größten zusammenhängenden Sandwüste der Welt, der Rub al-Khali.

Aus Abu Dhabi heraus

Am besten verlässt man ❶ ★★ **Abu Dhabi-Stadt** über die vierspurige Autobahn und folgt ihr ein stück weit Richtung Süden. Bei Mafrag wechselt man auf die E11 Richtung Tarif und Ruwais. Die gut ausgebaute Schnellstraße führt durch öde Salzwüste die Küste entlang. Kurz vor der Industrieansiedlung ❷ **Tarif** wechselt man dann auf die E12 Richtung Süden, die das Oasengebiet mit der Küste verbindet.

Liwa-Oasen

Die Fahrt auf der E 12 führt zunächst durch Sand- und Geröllwüste an Bohrtürmen vorbei. Nach 46 Kilometern ist ❸ **Madinat Zayed** erreicht, eine von Sheikh Zayed gegründete Beduinensiedlung, in der man einen Zwischenstopp einlegen kann. Auf der Weiterfahrt tauchen schon bald rechts und links der Fahrbahn die ersten turmhohen Sanddünen auf. Dann führt die Straße geradeaus durch eine

faszinierend-fremde Welt aus Sand, in der nur die Gerüste der Ölförderanlagen von der Nähe von Menschen künden. Nach 65 Kilometern ist ❹ **Mezirah** erreicht, das Geschäftszentrum der Liwa-Oasen. Die meisten Bewohner leben immer noch von der Landwirtschaft und bauen Tomaten, Kohl und Kartoffeln an. Ihre Dörfer sind durch eine Straße, die von Mezirah in östliche und westliche Richtung führt, miteinander verbunden. Zwischen den Oasen türmen sich golden schimmernde Sanddünen bis zu 150 Meter auf. Alle Dattelpalmenhaine und Gemüsefelder sind von einem Zaun umgeben, der gegen die allgegenwärtigen gefräßigen Ziegen schützt. Zäune aus Palmwedeln wirken der Versandung entgegen. Die Oasenbewohner leben mittlerweile in modernen Häusern, ab und an schlagen in Liwa aber auch Beduinen ihr Zeltlager auf.

Die Rückfahrt führt von ❺ **Hamim** am östlichen Rand des Oasengebiets über die zweispurige Landstraße E65 Richtung Norden. Nach rund 80 Kilometern durch den Wüstensand lädt in ❻ **Bu Sahan** eine Tankstelle mit Café zu einem Zwischenstopp ein. 40 Kilometer nördlich von Bu Sahan liegt direkt an der E65 das ❼ **National Auto Museum** – ein Muss für alle Fans exotischer Kraftfahrzeuge. Echte Oldtimer sind hier zwar rar, dafür gibt es umso mehr Um- und Nachbauten sowie schrille Kreationen von Vehikeln aller Art. Das Museum geht zurück auf eine Initiative von Hamad Bin Hamdan al-Nahyan, einem

Rückfahrt nach Abu Dhabi

Mitglied der Herrscherfamilie. Der »Rainbow Sheikh«, wie er auch genannt wird, benötigte offensichtlich einen Unterstand für seinen privaten Fuhrpark, der mehr als 400 Fahrzeuge umfasst. Einige sind im Automuseum ausgestellt, z. B. Mercedes-Limousinen der S-Klasse mit extravaganter Farbgebung. Absolutes Highlight ist aber ein grellroter, 50 Tonnen schwerer Dodge Power von 1950 mit drei Meter hohen Wagenrädern. Auf dem Museumsgelände bietet eine Cafeteria – zwischen einer gewaltigen Weltkugel und ungewöhnlichen Wohnwagen – Erfrischungen an. 22 Kilometer hinter dem Automuseum stößt die E65 auf die E11. Von dort geht es 20 Kilometer in nordöstlicher Richtung weiter bis zur Abzweigung nach Abu Dhabi-Stadt (30 km).
Automuseum: tgl. 9–17 Uhr | Eintritt: 50 Dh | www.enam.ae

VON SHARJAH ZUR OSTKÜSTE

Länge der Tour: 320 km | **Tourdauer:** 2–3 Tage

Tour 4 | *Auf dieser Tour geht es durch das majestätische Hajar-Gebirge an die Ostküste der VAE. Die Fahrt führt an schroffen, steil aufragenden Felsmassiven vorbei, die immer wieder fantastische Ausblicke auf grünende Täler erlauben. Das Hajar-Gebirge ist viel ursprünglicher als die Küstenregion und steckt voller Naturschönheiten. Es lohnt sich deshalb, eine Übernachtung einzuplanen. Dazu bieten sich reizvoll am Meer gelegene Hotels in der beschaulichen Hafenstadt Khor Fakkan an.*

Der Flughafen des Emirs | Von ❶ ★★ **Sharjah-Stadt** geht es auf der Autobahn E88 in Richtung Al-Dhaid. Schon nach zehn Kilometern taucht der internationale Flughafen von Sharjah auf, der an der Stelle einer Basis der Royal Air Force Ende der 1970er-Jahre errichtet wurde. Mit seinen drei Kuppeln erinnert das Flughafengebäude an eine Moschee. Kein Geringerer als der Emir von Sharjah, Dr. Sultan Bin Mohammed al-Qasimi, ein promovierter Philosoph und Historiker, beteiligte sich an dem Entwurf.

Landwirtschaft zwischen Sanddünen | 15 Kilometer weiter lohnt der sehenswerte ❷ ★ **Sharjah Desert Park** mit Wildgehege, Naturkundemuseum und Herbarium einen Zwischenstopp. Nach weiteren 25 Kilometern durch Sand- und Geröllwüste ist ❸ **Al-Dhaid** erreicht, eine moderne, von der Landwirtschaft geprägte Kleinstadt und ein prosperierendes Handelszentrum. Prächtig ausgestattete Wohnhäuser, eine aufwendig gestaltete Moschee und ein

moderner Souk künden vom Wohlstand des Orts. Hinter den Gemüsefeldern, den Dattelpalm-, Zitronen- und Orangenhainen, die die Stadt
umgeben, türmen sich Sanddünen auf. In Milheiha, ein Dorf 20 Kilometer südlich von Al-Dhaid, ragt der Jebel Milheiha aus dem Wüstenboden auf (Zufahrt von der südlichen Ortsgrenze). Hier kann man
über 100 Millionen Jahre alte Fossilien suchen. Die Mitnahme ist natürlich unter Strafe gestellt.

13 Kilometer hinter Al-Dhaid zweigt eine Straße von der E88 ab. Sie
führt in das Dorf ❹ **Siji** am gleichnamigen Stausee, das nicht zuletzt
dank des Palmenwäldchens, das es umgibt, ein beliebtes Ausflugsziel
der Emiratis ist. Nach weiteren 20 Kilometern ist ❺ **Masafi** am Rand
des Hajar-Gebirges erreicht. Auf dem bunten Freitagsmarkt, der trotz
des Namens jeden Tag geöffnet ist, verkaufen Bauern aus der Region
frisches Obst und Gemüse. Beduinenfrauen bieten, auf dem Boden
kauernd, duftende Öle, Hennapulver und Korbflechtarbeiten an.

Farbenfroher Beduinenmarkt

Hinter Masafi beginnt der landschaftlich spektakulärste Teil der Tour.
Hier hat man die Qual der Wahl zwischen der Nordroute Richtung
Dibba und der nach Süden Richtung Fujairah. Da beide Routen durch
eine verwirrend schöne, schroffe und durch die Sonne meist in glei-
ßendes Licht getauchte Gebirgslandschaft führen, ist es vielleicht das
Beste, auf dem Hinweg die eine und auf dem Rückweg die andere
Strecke zu nehmen. Auf der Nordroute gelangt man nach zehn Kilometern auf die Höhe des Passes, dann geht es wieder bergab an den
hoch aufragenden Felsen vorbei. Nach 30 Kilometern ist die malerisch am Golf von Oman gelegene Hafenstadt ❻ **Dibba** erreicht. Zu

Wilde Gebirgsland-schaft

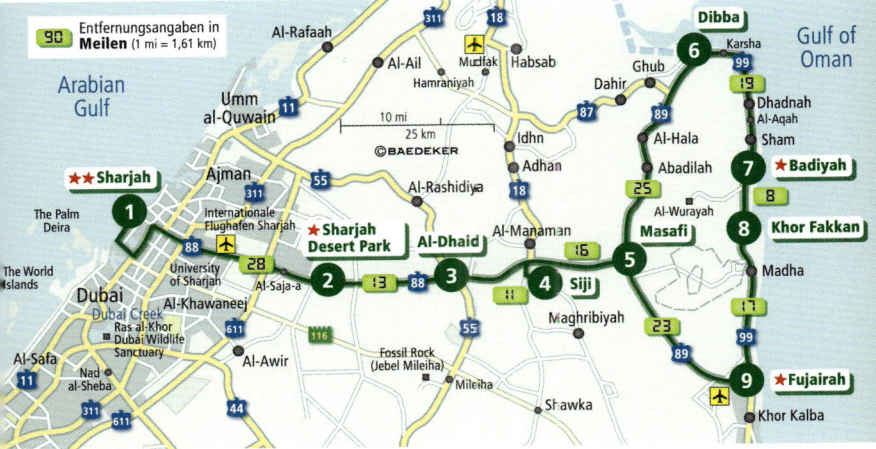

Nach wie vor leben im Emirat Fujairah viele Menschen vom Fischfang.

Zeiten des Propheten Mohammed war Dibba die Hauptstadt von Oman. Heute ist der Ort dreigeteilt und gehört zu etwa je einem Drittel zu Sharjah, Fujairah und Oman. Grenzmarkierungen und Schlagbäume sind jedoch nicht zu sehen. Der omanische Teil unterscheidet sich von den emiratischen Gebieten allerdings durch die an traditionellen Baustilen orientierte Architektur.

Moderne Wohnsilos und eine alte Moschee

Weiter geht es auf der Küstenstraße E87 Richtung Süden. Zunächst passiert man Dhadnah, einen auf dem Reißbrett entworfenen Ort, der aus Dutzenden von gleich aussehenden weißen Reihenhäusern besteht und ein Beispiel für sozialen Wohnungsbau im modernen Arabien ist. 15 Kilometer weiter ist das Fischerdörfchen Al-**Aqah** erreicht, wo ein herrlich breiter Sandstrand und das verführerisch schimmernden Meer locken. Nur wenige Kilometer südlich von Al-Aqah liegt ❼ ★ **Badiyah** (Bidyah), ein historisch bedeutsamer Ort, denn hier steht die älteste Moschee der VAE. Sie wird von zwei Wachtürmen und den Resten eines portugiesischen Forts überragt. Die Gräberfelder in der Nähe des Orts stammen aus der Frühzeit des Islam (7. Jh.) und aus der Portugiesenzeit (16. Jh.).

Ein Wasserfall und zwei Ferienparadiese

Etwa fünf Kilometer vor **Khor Fakkan** zweigt eine Straße zum Wasserfall von Al-Wurayah ab, dem einzigen Wasserfall der VAE, der ganzjährig Wasser führt. Er ist ein überaus beliebtes Ausflugsziel, das zum Picknick und zu Badevergnügen einlädt. Die Hafenstadt ❽ **Khor Fakkan** wartet mit einer begrünten Corniche, einem Souk und vielen Wassersportmöglichkeiten auf. Das Restaurant im Oceanic Hotel serviert köstliche Seafood-Spezialitäten zu vergleichsweise moderaten Preisen. Wahrzeichen von Khor Fakkan und ein unübersehbarer Blickfang ist der Palast des Emir von Sharjah, der hoch über der Stadt auf einem Hügel thront. Von Khor Fakkan nach ❾ **Fujairah-Stadt** sind es dann noch 20 Kilometer. Als Urlaubsparadies ist der Ort längst kein Geheimtipp mehr. Die spektakuläre Gebirgslandschaft des Hajar, die die Stadt umgibt, zieht mehr und mehr Trekker an, das in allen Blautönen schimmernde Meer bietet Wassersportlern unendliche Möglichkeiten. Die Ranger im Naturschutzgebiet Khor Kalba südlich von Fujairah bieten Exkursionen in die Mangrovensümpfe an. Von Fujairah geht es dann zurück nach Masafi

VON DUBAI NACH RAS AL-KHAIMAH

Länge der Tour: 100 km | **Tourdauer:** mindestens 1 Tag

»Es lebe die Provinz«, heißt es auf der Fahrt entlang der West-küste in die nördlichen Emirate. Da hier kein oder nur wenig Öl sprudelt, sind sie ursprünglicher geblieben als Dubai oder Abu Dhabi. Das Leben ist ruhiger, die Restaurants sind einfacher und die Gebäude statt aus Glas und Stahl noch aus Korallenstein und Lehm erbaut. Da auch die Taxis preisgünstig sind, braucht man für den Ausflug nicht unbedingt einen Mietwagen. Allerdings empfiehlt es sich, dann mindestens eine Übernachtung einzulegen, denn zu sehen gibt es mehr als genug.

Tour 5

❶ ★★ **Dubai** ist das Emirat, das wie kein anderes auf moderne, futuristische Bauten setzt. Im nur 15 Kilometer entfernten ❷ **Sharjah** wird stattdessen die Pflege des kulturellen Erbes ganz groß geschrieben. Der Emir versteht sich nicht nur als Hüter der islamischen Kultur, sondern hat auch eine umfassende Sanierung der historischen Bausubstanz von Alt-Sharjah initiiert. Seine Hauptstadt kann mit einigen herausragenden Museen punkten und wurde deshalb von der UNESCO 1998 zur »Kulturhauptstadt der arabischen Welt« gekürt. Die Organisation für islamische Zusammenarbeit verlieh ihr 2014 den Titel »Hauptstadt der islamischen Kultur«. Sharjah-Stadt ist mit Dubai durch die Al-Ittihad Road, die in Sharjah Al-Wahda Road heißt, verbunden.

Zentrum islamischer und profaner Kulturen

Acht Kilometer nördlich von Sharjah liegt ❸ ★ **Ajman-Stadt**, die Kapitale des kleinsten der sieben Emirate. Hier ist von der Hektik der

Emirat im Umbruch

Glitzermetropole Dubai nicht mehr viel zu spüren. Die Menschen wirken gleichmütiger und gehen den Alltag gemächlicher an. Ähnlich wie ihn Sharjah legt man Wert auf Religion und Tradition. Gleichwohl belässt man auch hier nicht alles beim Alten, die Modernisierung des Landes schreitet behutsam voran. Einst waren der Fischfang und die Dhau-Werft die Haupteinkommensquelle der Bevölkerung, heute sind Industriebetriebe, eine florierende Schiffswerft und eine Fernsehstation hinzugekommen. Das Ende des 18. Jh.s erbaute Fort schützte Ajman zusammen mit den Wachttürmen an der Küste vor feindlichen Angriffen und war 150 Jahre lang als Sitz der Herrscherfamilie. Heute residiert hier das Nationalmuseum des Emirats.

Ursprüngliches Arabien

Die Fahrt nach Norden führt über 30 Kilometer nach ❹ ★ **Umm al-Quwain.** Die Bewohner des kleinen Emirats leben traditionell von Fischfang und Landwirtschaft. Die gleichnamige Hauptstadt Umm al-Quwains liegt auf einer lang gestreckten Halbinsel, die parallel zur Festlandsküste verläuft. In der Altstadt an der Nordspitze der Halbinsel ist das restaurierte Fort aus dem 18. Jh., in dem das Nationalmuseum untergebracht ist, besonders sehenswert. An der Ostseite der Altstadt liegt der alte Hafen und der immer noch sehr betriebsame traditionelle Fischmarkt. Die große Lagune eignet sich gut für einen Zwischenstopp mit einem Bad im Meer. Außerhalb der Stadt liegen zwei weitere Attraktionen: Am südlichen Ende der Halbinsel führt eine Abzweigung zur archäologischen Stätte ❺ **Al-Dhour**, und an der

Küste, etwa auf halbem Weg nach Ras al-Khaimah, lockt der große
⑥ **Dreamland Aqua Park**.

45 Kilometer nördlich von Umm al-Quwain ist ⑦ **Ras al-Khaimah**
erreicht. Die Hauptstadt des gleichnamigen Emirats liegt ähnlich wie
die Umm al-Quwains auf einer der Küste vorgelagerten Landzunge.
An den meist verfallenen Häusern aus Korallenkalk, die die Altstadt
prägen, lässt sich gut die einstige Bauweise studieren. Das von einem
prächtigen Windturm gekrönte Fort aus dem 19. Jh. beherbergt heute ein Museum mit archäologischen Fundstücken, alten Schriften,
seltenen Münzen und einer Muschelsammlung. Ganz in der Nähe liegen der geschäftige Fischmarkt und der Irani Souk. Eine Brücke führt
hinüber zum modernen Stadtteil Nakheel, der sich bis an die Ausläufer des Hajar-Gebirges erstreckt.

Altstadt aus
Korallenstein

VON AL AIN NACH MUSCAT IN OMAN

Länge der Tour: 365 km | **Tourdauer:** mindestens 3 Tage

Geröllpisten, Beduinenübergriffe und Wassermangel im Sommer:
Bis in die 1970er-Jahre war eine Reise nach Oman noch ein richti-
ges Abenteuer. Denn um von der Küste des Persischen Golfs an den
Golf von Oman zu gelangen, musste das Hajar-Gebirge durchquert
werden. Heute verbinden gleich zwei Autobahnen die Emirate mit
Oman. Die Strecke von Al Ain ins omanische Liwa verläuft durch
eine wildromantische, schroffe Gebirgslandschaft. Im Sultanat
Oman geht es ungleich »arabischer« als in den Emiraten zu. Die
Tour führt zu einigen der rund 500, oft liebevoll restaurierten
Forts und Paläste des Landes und in die Hauptstadt Muscat.

Tour 6

Man fährt von ❶ ★★ **Al Ain** ins benachbarte Buraimi und folgt dann
über Adh Dhahir der Straße 7 Richtung Sohar. Nach knapp 120 Kilometern ist bei ❷ **Liwa** die Küstenstraße erreicht. Nun geht noch
zehn Kilometer weiter nach Süden bis zur Hafenstadt ❸ **Sohar**. Es
heißt, dass Sindbad der Seefahrer hier gelebt haben soll. Eine große
weiße Festung aus dem 14. Jh. im Zentrum der Ortschaft erlaubt einen Rundblick auf Stadt und Meer. Ein Teil der Räume wurde in ein
Museum zur Seefahrtgeschichte der Stadt umgewandelt. Reizvoll ist
auch ein Spaziergang entlang der neuen Corniche zum geschäftigen
Fischmarkt.

Heimat
Sindbads des
Seefahrers:
Sohar

Abstecher zu drei mächtigen Festungen im Hinterland

Danach bietet sich ein Abstecher ins Hinterland an. Dazu fährt man von Sohar weiter auf der Küstenstraße durch die Batinah-Ebene, eine fruchtbare Landschaft, die den Norden Omans mit Obst und Gemüse versorgt. Bei Al-Musanah 120 Kilometer hinter Sohar zweigt eine Straße ins Landesinnere ab. An der 130 Kilometer langen Strecke, die wieder zur Küstenstraße zurückführt, laden drei omanische Forts, die inmitten blühender Oasen liegen, zu Besichtigungstouren ein. Rund 25 Kilometer hinter der Abzweigung liegt ❹ **Al-Hazm**, eine restaurierte eindrucksvolle Festung mit einem funktionierenden Falaj-System (▶ Baedeker Wissen, S. 140). 20 Kilometer weiter bildet das Fort von ❺ **Rustaq**, das auf einem Hügel über der Altstadt thront, einen unübersehbaren Blickfang. Die Festung, deren Anfänge auf das 7. Jh. zurückgehen und die ihre heute sichtbare Gestalt wohl im 18. Jh. erhalten hat, ist perfekt restauriert. Auch die heiße Quelle Ain al-Kafsah mit ihren Badehäusern und die vom Sultan gestiftete neue Moschee lohnen eine Besichtigung. Nach weiteren 55 Kilometern taucht auf einem Fels thronend die gewaltige Festung ❻ **Nakhl** auf. Die unweit des Forts liegende Quelle Thowarah bewässert ein grünes Tal, in dem man immer einheimische Familien beim Picknick trifft. Von hier bis zur Küstenstraße sind es dann noch 30 Kilometer.

Über Barka, wo jeden Freitag in der Arena traditionelle, unblutige Bullenkämpfe stattfinden, erreicht man Seeb, Standort des internationalen Flughafens der Hauptstadt **7** **Muscat**. Kurz darauf beginnt die Capital Area, die sich mehr als 45 km bis nach Alt-Muscat zieht. Hier lohnt u. a. das ethnologische Museum Bait Al-Zubair eine Besichtigung. Muscats Corniche wird von Kaufmannshäusern im Sarazenenstil gesäumt. An der Uferpromenade liegt auch der Eingang zum Souk – eine der Hauptattraktionen Muscats.

In der Hauptstadt des Oman: Muscat

Der Rückweg nach Al Ain führt zunächst über **8** **Nizwa**, die alte Hauptstadt von Oman, 175 km südwestlich von Muscat. Der Blick vom Turm des gewaltigen Fort auf die blaugoldene Große Moschee ist einfach umwerfend. Der Souk unterhalb des Forts ist berühmt für das Angebot an altem omanischen Silberschmuck. Ca. 35 Kilometer westlich von Nizwa liegt **9** **Bahla**, das Zentrum der omanischen Töpferei. Die mächtige Festung, die vermutlich aus dem 17. Jh. stammt und von einer massiven Stadtmauer umschlossen ist, steht seit 1987 auf der UNESCO-Welterbeliste. Der Palast von **10** **Jabrin**, rund 15 Kilometer von Bahla entfernt und ebenfalls aus dem 17. Jh., wurde aufwendig restauriert und zeigt den Kunstsinn eines Imams, der die herrschaftlichen Räume auf das Feinste ausstatten und dekorieren ließ. Die Fahrt nach **11** **Ibri**, 140 Kilometer von Nizwa entfernt, führt ein Wadi entlang. Auch Ibri wartet mit einem historisches Fort und einem Souk auf. Die in der Nähe der Stadt gelegenen archäologischen Ausgrabungsstätten gehören seit 1988 zum UNESCO-Welterbe. Von Ibri nach Al Ain sind es dann noch einmal 130 Kilometer.

Durch das Land der Burgen und Festungen

Die mittelalterliche Festung Nakhl wacht über ein fruchtbares Tal voller Dattelpalmen.

ÜBERNACHTEN UND ESSEN IM OMAN

ANANTARA AL JABAL AKHDAR RESORT €€€€

Das Luxusresort liegt auf 2000 m Höhe in einer imposanten Felsenlandschaft. Die exponierte Lage macht es zum perfekten Ausflugsziel.

Etwa 30 Minuten von Nizwa oder 1 Stunde von Muscat gelegen
Al Jabal Al Akhdar, Oman
Tel. 00968 25 21 80 00
82 Zi. und 33 Villen
www.jabal-akhdar.anantara.com

AL BUSTAN PALACE, RITZ-CARLTON HOTEL €€€€

Der luxuriös mit Marmor, Kronleuchtern und Springbrunnen ausgestattete Palast ist ein Rückzugsort direkt am Meer mit langem Privatstrand und wird oft als eines der schönsten Hotels der Arabischen Halbinsel gerühmt.

30 Min. südlich von Muscat
Al Bustan Street, Quron Beach
Muscat 114
Tel. 00968 24 79 96 66
250 Zi. und Suiten
www.ritzcarlton.com/de

MIT DEM BOOT IN DIE FJORDE VON MUSANDAM

Tourdauer: mindestens 1 Tag, mit Übernachtung auch mehr

Tour 7

Morgens taucht der Dunst, der über dem Meer aufsteigt, die steil aufragenden Hajar-Berge in ein mystisches Licht. Einige einsam vor der Küste kreuzende, altertümlich aussehende Dhaus kehren von ihrer nächtlichen Fischfangtour zurück. Die Musandam-Halbinsel, eine Exklave Omans, die ganz von den Emiraten umschlossen ist, liegt an der Straße von Hormus, die den Persischen Golf mit dem Golf von Oman verbindet.

Fahrt nach Al-Khasab

In der Regel organisieren die Veranstalter in den VAE den Transfer nach Oman. Die Fahrt von Dubai oder Sharjah aus dauert etwa drei Stunden und führt über Dibba am Golf von Oman nach ❶ **Al-Khasab**, der Hauptstadt der Provinz Musandam und Startpunkt der Tour. Im Hafen des 17 000-Einwohner-Orts geht es meist sehr lebhaft zu, denn hier landen die Händler aus dem Iran an, die – nicht ganz legal – Ziegen und andere Güter aus ihrem Heimatland gegen Elektrogeräte und amerikanische Zigaretten tauschen. Wahrzeichen Al-Khasabs ist eine Festung aus dem 17. Jh., in der ein Museum zur Geschichte und Kultur Musandams untergebracht ist.

Den wie Fjorden tief ins Land schneidenden Khors und Buchten verdankt Musandam den Beinamen »das Norwegen Arabiens«. Eine Dhau-Kreuzfahrt entlang der wild zerklüfteten Küste entführt in eine dramatisch schöne, abgeschiedene Wunderwelt. Die schroffen, kahlen Bergrücken des Hajar fallen jählings zum Meer ab und spiegeln sich in klaren, türkisfarbenen Wasser. Die in der Sonne warmen Farben leuchtenden Felsen und eine inspirierende Stille umfangen die Ausflügler während der etwa sechsstündigen Tour. Oft begleiten Delfine das Boot und das Meer offenbart unter seiner spiegelglatten Oberfläche eine farbenprächtige Fauna.

Ein Land aus Farbe und Licht

Wohl keiner der Kreuzfahrtveranstalter lässt einen Törn auf dem ❷ **Khor Asham** aus, dem mit 16 Kilometern längsten Fjord Musandams. Allein die Einfahrt in das Gewässer ist ein Erlebnis, denn es wird von steil aufragenden Felswänden bewacht, die den Weg freimachen für die Tour über einen tiefblauen, spiegelglatten See. Weiter führt die Fahrt an winzigen, abgelegenen Fischerdörfern vorbei,

Dhau-Tour mit Badevergnügen

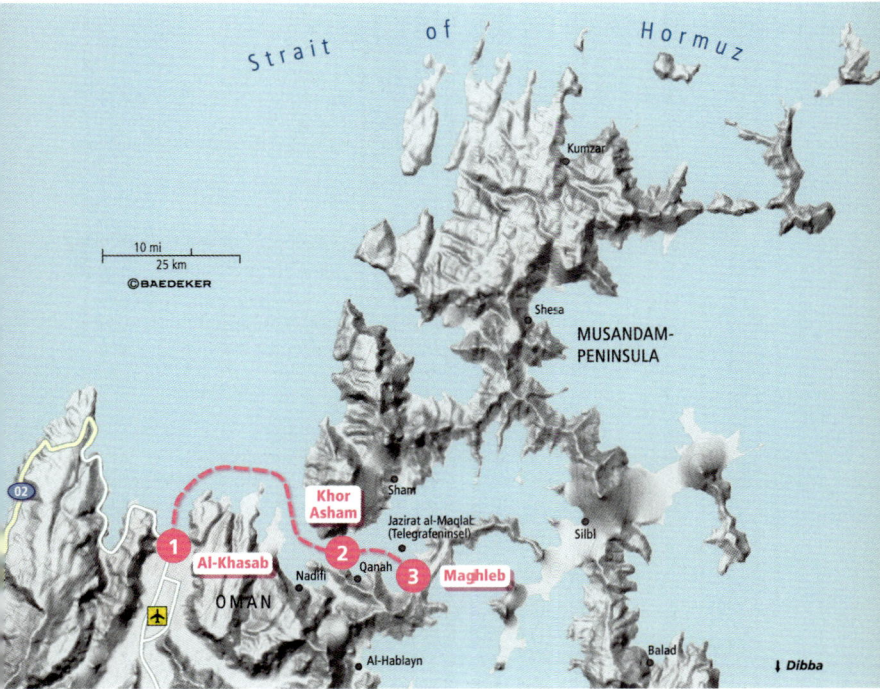

49

die nur mit dem Boot zu erreichen sind. Eines davon ist ❸ **Maghleb**, das man leicht an der ihm vorgelagerten Insel Jazirat al-Maqlab, der Telegrafeninsel, erkennen kann. Die Briten hatten dort in der Mitte des 19. Jh.s einige Jahre lang eine Telegrafenstation unterhalten. An Deck der Dhaus liegen traditionelle Sitzkissen und Teppiche zum Faulenzen bereit. In der Mittagszeit gehen die Boote vor Anker, und die Gäste werden mit einem Imbiss bewirtet. Jetzt bietet sich auch Gelegenheit zum Schwimmen oder Schnorcheln. An Bord der Dhau ist eine Süßwasserdusche vorhanden. Während der Wintermonate kann das Wasser allerdings recht kalt sein, auch starke Winde sorgen für unerwünschte Abkühlungen. Deshalb sollte man in dieser Jahreszeit immer Wind- oder Regenjacke parat haben.

VERANSTALTER, ÜBERNACHTEN & ESSEN

ARABIA HORIZONS
Bei einer Tour ins omanische Musandam muss man den Reisepass (mit dem VAE-Visum) vorweisen können. Touren werden ab Dibba entlang der Ostküste von Musandam einschließlich Abholung vom Hotel in Dubai, Sharjah, Ras al-Khaimah oder Fujairah veranstaltet Arabia Horizons in Dubai: Tel. 04 2 94 60 60
www.arabiahorizons.com

KHASAB TRAVEL & TOURS
Der omanische Veranstalter in Khasab bietet die Bootstouren ab Al-Khasab mit Anreise von Dubai, Sharjah oder Ras al-Khaimah an; die Busfahrt ab Dubai/Sharjah dauert etwa 3 Std.; vermittelt werden auch Hotelaufenthalte in Khasab.
www.khasabtours.com
In Al-Khasab: Tel. 00968 26 73 04 64
In Dubai: Tel. 04 2 66 99 50

AL-KHASAB –
GOLDEN TULIP RESORT €€€
Das Hotel liegt etwas oberhalb des Meeres mit schönem Ausblick, jedoch ohne Strand. Es gibt aber einen großen Pool, ein Restaurant

sowie diverse Freizeit-Angebote, z. B. Tauchausflüge, Dhau-Fahrten und Exkursionen ins Gebirge.
Etwa 3 km außerhalb von Khasab an der Straße nach Ras al-Khaimah
Tel. 00968 26 73 07 77
60 Zimmer
www.goldentulipkhasab.com

SIX SENSES HIDEAWAY
ZIGHY BAY €€€€
Das Luxushotel liegt in einer weiten Bucht, dahinter ragt steil das Hajar-Gebirge auf. Wer will, kann sogar spektakulär im Paraglider anreisen. Die geschmackvoll und geräumig im lokalen Stils eingerichteten Villen haben teils direkten Zugang zum Meer. Angeboten werden u. a. viele Wassersportmöglichkeiten, Ausflüge, ein Spa und hervorragende Küche.
Knapp 20 km nördlich von Dibba bzw. 120 km vom Flughafen Dubai entfernt
P. O. Box 212
Dibba
Tel. 00968 26 73 55 55
www.sixsenses.com

Das Schönste auf einer Dhau-Fahrt durch die Fjorde Musandams, das »Norwegen Arabiens«, ist der Blick auf eine spektakuläre Gebirgslandschaft.

Z

ZIELE

---

*Magisch, aufregend,
einfach schön*

Alle Reiseziele sind
alphabetisch geordnet. Sie haben
die Freiheit der Reiseplanung

ABU DHABI

Fläche: 67 340 km² (ohne Inseln)
Einwohnerzahl: 2,5 Mio.
Emir: Sheikh Khalifa Bin-Zayed al-Nahyan (seit 2004)

In der Ruhe liegt die Kraft. Wer von Dubai nach Abu Dhabi reist, taucht unversehens in eine andere Welt ein. Hier geht es ungleich entspannter zu als in der ruhelosen Glitzermetropole weiter im Norden. Dem Gigantismus des kleineren Nachbarn setzt der Emir von Abu Dhabi die Pflege von Tradition und Kultur entgegen.

Kultureller Gegen-entwurf

Obwohl Abu Dhabis Hauptstadt Sitz der Regierung und wirtschaftliches Zentrum der VAE ist, stand das Emirat lange im Schatten Dubais. Während dort die in den Himmel ragenden Wolkenkratzer weltweite Aufmerksamkeit erregen, schien Abu Dhabi bis zuletzt als Reiseziel nur mäßig interessant. Mittlerweile wendet sich das Blatt. Mit einer Reihe ambitionierter Museumsbauten will das Emirat im Tourismus eine Spitzenposition einnehmen und dabei einen Kontrapunkt zu Dubai setzen, das in dem Ruf steht, das Las Vegas des Nahen Ostens zu sein. Abu Dhabi erstreckt sich über 400 km weit entlang der Küste des Persischen Golfs von der Halbinsel Qatar und der saudischen Grenze im Westen bis nach ► Dubai im Nordosten und ist in drei Verwaltungsbezirke gegliedert: Die Abu Dhabi Region im Zentrum umfasst Abu Dhabi Island mit der Hauptstadt sowie das anschließende Festland. Die Eastern Region besitzt große Grundwasservorkommen und ist die fruchtbarste Region. In der Western Region befinden sich zahlreiche Erdölfelder und Raffinerien.

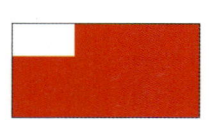

Reichstes Emirat am Golf

Abu Dhabi umfasst nicht nur **vier Fünftel der Fläche der VAE**, sondern verfügt auch über 90 Prozent der dortigen Erdöl- und Erdgasvorkommen und damit über 10 Prozent der gesamten Weltvorräte. Kein Wunder also, dass der Emir und seine Untertanen gelassen in die Zukunft blicken. Von der Hast, mit der Muhammad Bin Raschid al- Maktoum, der Herrscher über Dubai, angesichts nahezu erschöpfter Ölreserven die Entwicklung seines Emirats zu einem Zentrum der internationalen Finanzwirtschaft vorantreibt, ist hier nicht viel zu spüren. Selbst die Bankenkrise von 2008 konnte Abu Dhabi nur wenig anhaben. Im Gegenteil rettete der Emir den taumelnden Nachbarn mit einer Finanzspritze von fast sieben Milliarden Euro vor dem Ruin.

Als runde, blaue Scheibe überragt das Aldar Building den Al Raha Beach.

❚ Blick in die Geschichte

Archäologische Funde auf der Insel **Umm** belegen, dass die Küste des heutigen Abu Dhabi bereits vor 5000 Jahren besiedelt war und die Menschen schon damals Fischfang auf hoher See betrieben. Schmuckstücke aus Gold und Silber sowie Perlen und Trinkgefäße aus Speckstein zeugen von einer Hochkultur, die vermutlich mit Mesopotamien Handel trieb. Über die Kulturen, die ihr folgten, wissen wir allerdings nur wenig. Fest steht nur, dass die Beduinenstämme, die in der Wüste umherzogen, früh mit dem Islam in Berührung kamen und das Gebiet im 16. Jh. unter den Einfluss des Osmanischen Reichs geriet.

Öl statt Perlen

Die Anfänge des modernen Abu Dhabi gehen auf die Mitte des 18. Jh. zurück, als Bani Yas-Beduinen aus den ▶ Liwa-Oasen im Landesinnern an die Küste zogen und auf einer Sandinsel in der Nähe einer Süßwasserquelle eine Siedlung errichteten. Da Gazellen ihnen den Weg zu dem Leben spendenden Nass wiesen, nannten sie den Ort »Abu Dhabi«, was so viel wie »Vater der Gazelle« bedeutet. Die Siedlung wuchs um den Wachturm herum, den Sheikh Dhijab Bin Isa, ein Sprößling der noch heute über Abu Dhabi herrschenden Al-Nahyan-Familie, 1793 errichten ließ und den sein Nachfolger zu einer Festung, dem Fort Al Hosn, ausbaute. Noch in den 1950er-Jahren lebten nur etwa 5000 Menschen in Abu Dhabi Stadt, das lediglich aus Lehm- und Palmhütten bestand, die sich um das Fort drängten. Die Bewohner betrieben Landwirtschaft und Fischfang. Der Niedergang der Perlentaucherei, lange ein wichtiger Wirtschaftszweig, begann bereits in den 1930er-Jahren mit dem Aufkommen japanischer Zuchtperlen. Um sich neue Einkommensquellen zu erschließen, vergab Sheikh Shakbout III. (reg. 1928-1989) deshalb Konzessionen zur Erdölexploration an britische Firmen. Die seit 1962 ausgebeuteten Vorkommen bescherten Abu Dhabi in ganz kurzer Zeit enormen Wohlstand. Mit einem Bruttoinlandsprodukt von umgerechnet 45 000 US-Dollar pro Kopf und Jahr zählt das Emirat heute zu den reichsten Ländern der Welt.

Diversifikation als Zauberwort

Obwohl Abu Dhabis Ölvorräte bei einer täglichen Fördermenge von zwei Millionen Barrel noch rund 100 Jahre reichen, will sich das Emirat neue Einnahmequellen erschließen und die Wirtschaft auf mehr als nur ein Standbein stellen. Die im Bau befindlichen Museen auf **Saadiyat Island** sollen noch mehr Touristen ins Land locken, und mit der Gründung der CO_2-neutralen Musterstadt **Masdar** möchte das Emirat die Entwicklung von Technologien für erneuerbare Energien vorantreiben. Überdies investieren Regierung und Privatwirtschaft in den Ausbau landwirtschaftlicher Betriebe und den Aufbau einer Fischfangflotte. Die Versorgung der VAE mit einem leistungsfähigen Telekommunikationsnetz bildet einen weiteren Schwerpunkt der wirtschaftlichen Entwicklung.

★★ ABU DHABI-STADT

Einwohnerzahl: 1 Mio.

Dependancen des Guggenheim Museums und des Louvre, ein von Norman Foster erbautes Nationalmuseum und ein Opernhaus, das noch Zaha Hadid entworfen hatte: Kein Zweifel, Abu Dhabi will seine Hauptstadt mit großen Namen und Meisterwerken internationaler Stararchitekten schmücken. Die Kapitale soll mit Metropolen wie New York oder Paris gleichziehen und ein Mekka für Kunstfreunde werden.

G/H 2/3

Abu Dhabi-Stadt erstreckt sich über eine flache Sandinsel, die von zahlreichen natürlichen Inselchen umgeben und mit dem Festland durch drei Brücken verbunden ist. In nur wenigen Jahrzehnten hat sich das einstige Fischerdorf in eine rasant wachsende, hypermodernen Metropole verwandelt. Angesichts der Skyline mit ihren dicht an dicht stehenden Hochhaustürmen und Wolkenkratzern scheint es fast, als wollten die Planer aus Abu Dabi-Stadt ein zweites Dubai machen. Doch dieser Eindruck täuscht. Bei einer Fahrt über die breiten, schachbrettartig angelegten und von Palmen gesäumten Straßen tauchen allenthalben Parks und Gärten als Oasen der Ruhe und des Friedens auf. Das ganzjährige Grünen und Blühen verdankt sich Meerwasserentsalzungsanlagen und ist der ganze Stolz der Wüstenstaats.

Grüne Wüsten-metropole

Ein illuminierter »Triumphbogen« stimmt ein auf das Emirates Palace.

The New Presidential Palace

AR RAS AL-AKHDAR

MARINA MALL

1

Emirates Palace

Presidential Palace

Al-Dana Ladies' Beach

2

Breakwater

The Breakwater

5

Heritage Village

Abu Dhabi Theatre

Arabian Gu

Hilton Hotel

8

Corniche Street West

1st Street

High Court

Al Majlis Street

6th Street

Children's Garden

Al Bateen St.

AL-KHUBEIRAH

AL-KHALIDIYAH

Ministries

ABU DHABI

Water Tower

Khalidiyah Park

Zayed the

Al-Bateen Municipal Centre

Khalidiyah Mall

Al Bateen Street

Al Khaleeg Al Arabi Street

AL-BATEEN

Al-Falah Street

King Abdullah Bin Abdulaziz Al Saud Street

Municipal Market

Khalifa Bin Shakhbut

Mubarak Bin Mo

Hideriyyat

Palace

Sultan Mosque

Hazaa Bin-Zayed Street

Al Bateen Street

Al-Khaleeg Al-Arabi Street

Khor al-Bateen

Palace

Dalma Street

Bateen Palace

Palace

Omeir Bin Yousef Mosque

Mubarak Bin Mohammed Street

Mohammed Bin-Khalifa Street

Al Bateen Street

Al-Khaleeg Al-Arabi Street

Mushrif Palace

6

5

Race Track Golf Course

500 m

©BAEDEKER

🍴🍷

1 Al-Dhafra
2 Chinoy Haven
3 Abu Shakra
4 Café Firenze
5 Havana Café
6 Seven Spices
7 Meylas
8 Villa Toscana

🏠

1 Emirates Palace
2 Jumeirah at Etihad Towers
3 St. Regis
4 Yas Viceroy
5 Hyatt Capitol Gate
6 Aloft
7 Mina Hotel

Lulu Island

Iranian Souk

Mina Hurr/ Free Port

Fish Market

CORNICHE

Dhow Harbour

1

Corniche Street West

Corniche Street West

City Police Station

Ittihad Square

Formal Park

Heritage Park

Mina Street (3rd Street)

Sheikh Khalifa Mosque

Al-Waleed St.

Istiqlal St.

3

Sheikh Khalifa Bin-Zayed

Street

2 ✉

7

Saadiyat

3

Al-Nasr Street

AL-MARK

AZIYAH

Fort Al-Hosn

Cultural Foundation

Sheikh Hamdan Bin-Mohammed Street

Hazza Bin-Zayed Mosque ✉

First Street

Grand Mosque

Medinat Zayed Shopping Centre

Zayed the First Street

Zayed the First Street

(Elertra Street)

9th Street

10th Street

Etisalat

AL-MANHAL

Al-Manhal Palace

✉

MEDINAT ZAYED

Sheikh Bin-Zayed the First Street

Fatima Bint Mubarak Street

Sheikh Zayed Tunnel

ABU DHABI MALL

As Suwa Island

Airport City Terminal

Al-Falah Street

Al-Falah Street

Municipality

AL-TABBIYAH

East Road

(9th St.)

Sudani Social and Cultural Club

AL-DHAFRAH

ABU DHABI

Khor al-Baghal

Sudan Street

AL-ROWDAH

Al-Wahdah Sports and Cultural Club

Hazaa Bin-Zayed Street

6

Al-Karamah

AL-KARAMAH

Sheikh Rashid Bin-Saeed Al-Maktoum Street

Sheikh Bin-Zayed the First Street

Bus Terminal

AL-WAHDAH

(11th Street)

Sheikh Zayed Bin Sultan Street

Defence Street

MUSSALA EL EID

Prayer Yard

Mohammed Bin-

Khalifa Street

East Road

Dalma Street

Mushrif Khalifa Gardens

Sheik Zayed Grand Mosque

4

7

Airport / Flughafen Women's Association

National Theatre

4

ℹ

Yas Island, Khalifa Park

Sea Palace

Moderne Baukunst mit traditionellen Formen

Nicht erst die geplanten Museumsbauten auf Saadiyat Island zeigen, dass man in Abu Dhabi ein Faible für moderne und modernste Baukunst entwickelt hat. Schon jetzt kann die Hauptstadt mit einigen kühnen Zeugnissen zeitgenössischer Architektur wie dem **Capital Gate** oder den **Etihad Towers** punkten. Gleichwohl kommt die Tradition keineswegs zu kurz. Im Gegenteil: Modernes und Überliefertes sind in Abu Dhabi zu einer wunderbaren Synthese vereint, denn nicht nur die Moscheen, sondern auch viele Profanbauten spielen mit Elementen der traditionellen arabischen Architektur und zitieren deren Formensprache.

Symbole emiratischer Kultur

Ob an der Corniche, im Kreisverkehr oder auf öffentlichen Plätzen: Vielerorts in Abu Dhabi-Stadt nehmen oft meterhohe Nachbildungen von Gegenständen der emiratischen Alltagskultur den Blick gefangen. Den Ittihad Square im Herzen der Stadt beispielsweise schmücken ein riesengroßer Weihrauchbrenner, ein ebenso großer Rosenwassersprenkler und ein Wehrturm. Das Symbol arabischer Gastfreundschaft, eine Kaffeekanne samt Tassen, findet sich in allen Größen und Formen an vielen Orten der Stadt.

Wohnen in der Wüste

Abu Dhabi-Stadt wächst und wächst. Mittlerweile dehnt sich die Stadt weit über die Insel bis auf das Festland aus. Immer neue Flächen werden der Wüste abgerungen und für die Besiedlung urbar gemacht. Während in der Nähe des Zentrums viele aus Indien und Pakistan stammende Arbeitskräfte in älteren und einfacheren Hochhäusern leben, finden sich an den Randbereichen der Stadt großzügige, in dichtes Grün eingebettete Villen.

ROMANTISCH ERHABEN

Völlig abgehoben geht's zum Sonnenuntergangsdinner für Romantiker auf den Helikopterlandeplatz des Hotels St. Regis auf Saddiyat Island in 255 m Höhe. Bei fantastischem Ausblick und begleitet von Saxophon-Musik sowie prickelndem Champagner gibt es Kaviar, Austern und extravagante Kanapees (nur in den Wintermonaten, jeden 2. Fr. für max. 20 Pers., 500 Dh pro Pers., ▶ S. 63).

ABU DHABI-STADT ERLEBEN

ABU DHABI TOURISM
Tourism & Culture HQ
Nation Towers Corniche,
Building B
Tel. 02 4 44 04 44
www.visitabudhabi.ae

BUS
Die Busse des ÖPNV kann jedermann nutzen, wenn er 2 Dh in den Sammelbehälter neben dem Fahrer wirft.

RAD
Auf Radltouren lässt sich die Stadt ganz entspannt erkunden. ADCB Bikeshare wird von Cyacle auf Yas Island und am Al Raha Beach betrieben und verfügt über 11 Stationen mit insgesamt 75 Rädern. Ausgeliehene Räder können an jeder beliebigen Station zurückgegeben werden. Ein Tagespass kostet 15 Dh, Fahrten unter einer Stunde sind frei; danach kostet jede halbe Std. 10 Dh. www.cyacle.ae

ABRA
Während eines Törns mit einem traditionellen Holzboote auf dem Khor al Maqtaa, der Abu Dhabi Island vom Festland trennt, lernt man die Metropole aus einer neuen Perspektive kennen. Die Abras legen am Souk Qaryat al-Beri ab und halten unterwegs am Hotel Shangri-La, dem Ritz Carlton und dem Fairmont Bab al-Bahr. Dank der Kooperation der Hotels ist die Fahrt kostenlos.

BUS TOUR
Die Doppeldecker von »Big Bus Tours« fahren täglich zwischen 9 und 20 Uhr zu den Highlights der Stadt. Die Hop-On/Hop-Off-Busse starten alle 30 Min. an der Marina Mall und legen 17-mal einen Stopp ein, u. a. an der Sheikh Zayed Moschee, dem Emirates Palace, dem Heritage Village und dem Iranian Market. Die gesamte Tour dauert 2,5 Stunden; das Ticket (200 Dh, Kinder 100 Dh, Familien 500 Dh) gilt 24 Std. Tel. 8 00 24 42 87 www.bigbustours.com.

ABU DHABI VON OBEN
Ein Hubschrauberflug über Saadiyat Island, die Insel Yas mit Ferrari World und der Formel-1-Rennstrecke, das Hotel Emirates Palace und die Sheikh Zayed Mosque zeigt die Architekturwunder der Hauptstadt; Dauer: 10, 20 oder 30 Minuten, 385–980 Dh pro Person, www.falconaviation.ae Seawings bietet Rundflüge an der Küste und über die Stadt in einem Wasserflugzeug an, Dauer: 25 Min., 895 Dh pro Person, www.seawings.ae Ein preisgünstiger, aber dennoch aufregender Blick über die Stadt bietet sich bei einer Fahrt mit dem Riesenrad Marina Eye vor der Marina Mall. tgl. Do.–Sa. 11–1 Uhr, So.–Mi. 11–23 Uhr Erwachsene 50 Dh, Kinder 30 Dh

MARINA MALL
Die Mall ist glamourös und teuer. Mehr als 400 Geschäfte bieten Markenartikel für jeden Geschmack und jeden Bedarf an. Cafés und Restaurants servieren lokale Spezialitäten, und im Drehrestaurant des Aussichtsturms kann man die Aussicht auf Skyline und Corniche genießen. Breakwater Island Sa.–Mi. 10–22, Do. und Fr. 10–12 Uhr www.marinamall.ae

ABU DHABI MALL

Das traditionsreichste Shoppingcenter. Mehr als 200 Geschäfte verteilen sich auf vier Stockwerken. Das Angebot reicht vom Supermarkt über Modeboutiquen bis zu Elektrogeschäften.
Tourist Club Area,
10th Street, Al Zahaya 1
Sa.–Mi. 10–22, Do. und Fr.
10–23 Uhr
www.abudhabi-mall.com

MADINAT ZAYED SHOPPING CENTRE

Hier sind traditionsreiche Geschäfte aus den alten Souks ansässig, die der Modernisierung der Innenstadt zum Opfer fielen. Sie können günstig Kosmetik-, Bekleidungs- und Elektronikwaren erstehen. Gleich nebenan befindet sich das neue Gold Centre mit Schmuck- und Goldgeschäften sowie dem riesigen japanischen »Daiso« mit zum Teil originellen Billigwaren.
Madinat Zayed East Street,
4th Street | Sa.–Fr. 9–23 Uhr
Gold Centre: Sa.–Do. 9–22.30,
Fr. 16–23 Uhr
www.madinatzayed-mall.com.

SOUK AT CENTRAL MARKET

▶ S. 65
Hamdan Bin Mohammed Stret,
Mo.–Fr. 10–22, Sa., So. bis 23 Uhr
www.wtcad.ae

ABU DHABI POTTERY

Die Töpferei bietet nicht nur erlesene handgemachte Keramik, sondern auch Töpferkurse an.
16th Street, Khalidiya
Tel. 02 6 66 70 79
www. abudhabipottery.com

❽ VILLA TOSCANA €€€€

Der für viele beste Italiener der Stadt bereitet die klassischen Spezialitäten der toskanischen, umbrischen und emilianischen Küche im Stil der Haute Cuisine zu. Der Service ist perfekt, die Atmosphäre gediegen.
St. Regis, Nation Tower, Corniche
Tel. 02 6 94 45 53
www.villatoscana-abudhabi.com

❶ AL-DHAFRA €€€

Das Restaurant bietet abendliche Dinner Cruises mit einer traditionellen Dhau an. Während das Schiff langsam die hell erleuchtete Corniche mit der Skyline entlanggleitet, kann man am opulenten Buffet zwischen allerlei Leckerbissen, insbesondere Fisch- und Fleischspezialitäten wählen.
Dhow Harbour, Al-Mina
Tel. 02 6 73 22 66
www.aldhafrauae.ae

❹ CAFÉ FIRENZE €€

Ob auf der Veranda mit Blick in einen Park oder im großzügig eingerichteten Restaurant: Hier kommen u. a. italienische Gerichte auf den Tisch. Die Spinat-Cannelloni sind besonders schmackhaft.
Sheikh Hamdan Bldg., Tarek
Bin-Ziad Street/Al-Nasr Street
Tel. 02 6 33 10 80

❷ CHINOY HAVEN CHINESE RESTAURANT €€

Geboten werden Köstlichkeiten aus Fernost wie pfannengerührte Gemüse- und Fleischgerichte mit Ingwer und Knoblauch. Gegrillte Hummerkrabben und die feurig-scharfen Suppen sind eine Spezialität des Hauses.
Al Ain Palace Hotel, Corniche East
Tel. 02 6 79 47 77
www.alainpalacehotel.com

❼ MEYLAS €€

Wer authentische emiratische Esskultur erleben möchte, ist hier richtig: Im Meylas werden traditionelle arabische Gerichte mit frischen regionalen Zutaten zubereitet und in familiärer Atmosphäre serviert. Das Restaurant ist gemütlich eingerichtet und hat eine tolle Terrasse mit Blick aufs

Meer. Außerdem bieten einheimische
Künstler ihre Werke zum Kauf an.
Al Muneera, Al Raha Beach
Tel. 02 4 44 88 84
www.meylas.com

❸ ABU SHAKRA €
Hier gibt es ägyptische Küche fast
rund um die Uhr. Die leckeren
Gemüsesuppen und der arabische
Imbiss mit vorzüglichem Houmus
sind besonders zu empfehlen.
Istiqlal Street
(gegenüber Europcar)
Tel. 02 6 31 34 00

❺ HAVANA CAFÉ €
Dieser stylische Treffpunkt junger
Emiratis ist für einen Imbiss immer
gut. Freitags und samstags herrscht
bereits am Vormittag viel Betrieb,
da einheimische Familien sich dann
hier zum Frühstück treffen.
Breakwater Island
(gegenüber der Marina Mall)
Tel. 02 6 81 00 44

❻ SEVEN SPICES €
Das Restaurant hat sich die Be-
wahrung des kulinarischen Erbes
Arabiens auf die Fahnen geschrieben
und interpretiert es modern.
Salam Street, Nähe Bridgestone
Al Masaood | Tel. 02 6 33 33 08
www.7spices.ae

❶ EMIRATES PALACE €€€€
▶ S. 65 und Baedeker Wissen,
▶ S. 268
Corniche Road West
Tel. 02 6 90 90 00
www.emiratespalace.com

❸ ST. REGIS €€€€
Luxuriöses Wohnen in klassischer
Opulenz: Das St. Regis auf Saadiyat,
nicht zu verwechseln mit dem
Schwesterhotel an der Corniche,
liegt direkt am (fast) weißen Sand-

Einchecken unter der Goldkuppel über
dem Atrium des Emirates Palace

strand der Insel und ist wohl das nach
dem Emirates Palace beste Hotel Abu
Dhabis. Sterneköche sorgen in den
Restaurants des Hotels für das leibliche
Wohl der Gäste. Selbstverständlich
bietet das St. Regis Pools, Tennisplätze, ein Spa und einen Golfplatz.
Saadiyat Island
Tel. 02 4 98 88 88
376 Zi. und 64 Suiten
www.starwoodhotels.com

❺ HYATT CAPITAL GATE €€€
Das Hotel, das die Etagen 18 bis 33
des Capital Gate (▶ S. 67) belegt,
bietet seinen Gästen eine besondere
Perspektive. Hier kann man aus dem
um 18 Grad geneigten und damit
schiefsten Turm der Welt auf die
Metropole schauen. Im Restaurant
»18« werden mediterrane Gerichte
in Showküchen zubereitet.
Al Khaleej Al Arabi Street
Tel. 02 5 96 12 34
189 Zi. und 22 Suiten
www.hyatt.com

❷ JUMEIRAH AT ETIHAD TOWERS €€€

Wer hier eincheckt, befindet sich in allerbester Nachbarschaft, denn das Hotel residiert in einem der Etihad Towers gegenüber dem Emirates Palace. Das Interieur präsentiert sich als gelungener Mix aus minimalistischen Trends und arabischen Stilelementen. Im Observation Deck kann man seinen »High Tea« in 300 m Höhe bei einem fantastischen Rundblick über die Stadt genießen.
West Corniche Road, Ras al-Akhdar
Tel. 02 8 11 55 55
382 Zi. und Suiten
www.jumeirah.com

❹ YAS VICEROY €€€

Hier lässt sich die Formel 1 auch ohne Ticket hautnah erleben. Während der Rennen ist man ganz nah dran am Geschehen, an rennfreien Tagen kann man die Trainings beobachten oder sogar selbst über die Strecke jagen. Das futuristische Luxushotel hat sieben internationale Restaurants, zwei Außenpools und einen Nachtclub auf dem Dach. Die spektakuläre Außenfassade, die sich wie ein Netz über das Hotel spannt, leuchtet nachts dank zahlloser Leuchtdioden in allen Farben.
Yas Island
Tel. 02 6 56 00 00
499 Zi. und Suiten
www.viceroyhotelsandresorts.com

❻ ALOFT €€

Die Zimmer des Hotels sind komfortabel ausgestattet, und die Lobby bietet Loungeatmosphäre. Auf dem Dach mit Außenpool und Bar kann man die fantastische Aussicht und chillige Grooves genießen.
National Exhibition Centre
Tel. 02 6 54 50 00 | 408 Zi.
www.starwoodhotels.com/alofthotels

❼ MINA HOTEL €

Alle Zimmer des schmucken Stadthotels an der Corniche sind komfortabel und mit einer Küchenzeile ausgestattet. Die Küche des Al-Mina Restaurants ist international, im Café kann man herrlich entspannen.
Mina Street
Tel. 0 2 6 78 10 00
106 Zi.
www.aldiarhotels.com

❘ Wohin in Abu Dhabi-Stadt?

Ein Treffpunkt für Flaneure

Corniche

Wenn die Skyline Abu Dhabis im Licht der untergehenden Sonne glänzt und vom Meer eine kühle Brise weht, erwacht die sieben Kilometer lange **Strandpromenade** an der Nordwestküste von Abu Dhabi Island zum Leben. Während auf der parallel verlaufenden Corniche Road immer noch der Verkehr tost, genießen viele Emiratis auf der Flaniermeile ihren Feierabend. In den ausgedehnten Grünanlagen, die die Corniche fast durchgängig säumen, sind dann Jogger, Skater und – auf dem Bike Track – Radler unterwegs. Die Cafés und Restaurants füllen sich mit Gästen, und auf den Spielplätzen sieht man Kinder toben. Wie andernorts in Abu Dhabi-Stadt können auch an der Corniche monumentale Nachbildungen von Symbolen der arabischen Kultur bestaunt werden. Nach Einbruch der Dämmerung leuchten sie ebenso wie die Springbrunnen in allen Farben.

Geschichte zum Anfassen

Wer mehr über die traditionelle Lebensweise der Menschen in der Golf-region wissen möchte, dem sei das Heritage Village auf Breakwater Island empfohlen. Das inmitten einer palmenbestandenen Parkland-schaft gelegene Freilichtmuseum informiert auf beeindruckende Weise über die Geschichte Abu Dhabis und die jahrhundertealte Beduinen-kultur. Die Werkstätten des Souk führen in die Kunst altarabischer Holz-, Metall- und Webarbeiten ein. Im nachgebauten Wüstenlager kann man einen Blick in Beduinenzelte werfen und in der Falknerei die Flugkünste der Greifvögel bestaunen. **Breakwater Island** ist eine künstlich aufgeschüttete, weit ins Meer ragende Landzunge am west-lichen Ende der Corniche. Das Heritage Village an ihrer Ostseite bietet grandiose Ausblicke auf die Skyline von Abu Dhabi.

Breakwater Island: Mo.-Do., Sa. 9-17, Fr. 15.30-21 Uhr | Eintritt frei

Heritage Village

Ein Hauch von Orient

Als im Jahr 2003 der Hauptsouk von Abu Dhabi niederbrannte, schien ein Teil der traditionellen Alltagskultur unwiederbringlich verloren. Doch mit der Eröffnung der neuen, von Norman Foster entworfenen Mall, die an der Stelle des alten Souk errichtet wurde, kehrte ein Hauch davon zurück. Dem Architekten gelang es, moderne Architektur mit arabischen Bauformen zu verbinden. Die Gestaltung der Außenfassade knüpft an die Tradition der dekorativen Holzgitter (Mashrabiya) an, die einst im ganzen arabischen Raum Fenster und Balkone zierten und vor der Sonne schützen sollten. Gediegene Eleganz und warme Farben erwarten die Besucher innen; hier kehrt die Mashrabiya-Tradition in lichten Holzgittern an Decken und Wänden wieder. Der Souk at Cen-tral Market gehört zum **World Trade Center Abu Dhabi**. Er beher-bergt mehr als 200 Geschäfte, in denen man in die Wunderwelt des Orients eintauchen und nach Herzenslust stöbern kann. Sie bieten von kunstvollen Holzschnitzereien und glitzerndem Schmuck bis zu kost-baren Teppichen und Antiquitäten alles an, was edel und teuer ist. Na-türlich sind in so einer Mall auch moderne Designerlabels vertreten.

Al-Markaziyah: So.-Do. 10-22, Fr., Sa. bis 23 Uhr

www.centralmarket.ae

Souk at Central Market

Im Bann des Goldes

Mag eine Übernachtung im wohl luxuriösesten Hotel der Welt für die allermeisten Menschen auch unerschwinglich sein, zumindest die Lobby und einige andere Bereiche des Emirates Palace am Südende der Corniche sind jedermann zugänglich und können besichtigt wer-den. Wer die Eingangshalle betritt, kommt aus dem Staunen nicht mehr heraus und wähnt sich in einem **Palast aus 1001 Nacht**. Die riesige Kuppel über dem Atrium (▶ S. 63), in der Höhe misst sie 60 und in der Breite 42 m, ist reich mit silbernen und goldenen Mosaikka-cheln belegt. Überhaupt ist im Emirates Palace (fast) alles Gold, was

Emirates Palace

Pläuschchen an der Corniche mit Blick auf das Luxushotel Emirates Palace

glänzt. Ob von Treppengeländern oder Balustraden, ob von Wänden oder Säulen: Von überall her glitzert und funkelt es. Der Goldrausch setzt sich bei Speisen und Getränken fort. Wer im Café der Lobby einen Cappuccino bestellt, dem wird er mit echtem Blattgold serviert. Das Emirates Palace beeindruckt aber auch durch seine Größe. Seine in allen Farben der Wüste schimmernde Fassade ist 2,5 km lang, und der Torbogen am Eingang des Hotels überragt mit seinen 40 Metern Höhe das Brandenburger Tor um 14 Meter.

Über den Dächern von Abu Dhabi

Etihad Towers

Majestätisch ragen gleich gegenüber dem Emirates Palace die fünf Etihad Towers in den Himmel. Die zwischen 217 und 305 Meter hohen Wolkenkratzer sind ein Wahrzeichen von Abu Dhabi-Stadt und beherbergen renommierte Unternehmen, luxuriöse Apartments und einen edlen Shopping-Komplex. Das gewaltige Foyer des in einem der Türme residierenden »Jumeirah at Etihad-Towers«-Hotels wartet mit meterhohen Glasfenstern zum Meer, bunt leuchtenden Glaslüstern und minimalistisch gestalteten Springbrunnen zwischen den Sitzgruppen auf. Die verglaste **Aussichtsplattform im 74. Stock** des Hotels bietet fantastische Rundblicke über Abu Dhabi, das Meer und die Wüste. Eintritt: 75 Dh | www.etihadtowers.ae

Zeuge der Geschichte

Fort Al Hosn

Das Fort ist das älteste Gebäude der Stadt und steinerner Zeuge ihres Aufbruchs in die Moderne. Bis weit in das 20. Jh. drängten sich nur

Lehmhäuser und Palmhütten um die Festung, heute ist sie von glitzernden Hochhaustürmen und Wolkenkratzern umzingelt. Die Anfänge von Fort Al Hosn gehen auf einen Wachturm zurück, den Sheikh Dhijab Bin Isa aus der Al-Nahyan-Beduinenfamilie zum Schutz der kurz zuvor gefundenen Süßwasserquelle errichten ließ. Sein Sohn und Nachfolger erweiterte das Bauwerk ab 1795 zu einer mächtigen Festung, die den Bewohnern der Siedlung bei Piratenangriffen als Fliehburg diente. Bis 1966 residierte die Herrscherfamilie der Al-Nahyan hier. Erst seit einer umfassenden, 1983 abgeschlossenen Restaurierung erstrahlt das Fort ganz in Weiß und wird deshalb **»White Palace«** genannt. Einige Räume sind als Museum geöffnet, der nicht zugängliche Teil beherbergt einen Teil des Staatsarchivs. Eine Ausstellung in dem hinter dem Fort erbauten modernen Kulturzentrum erzählt die Geschichte Abu Dhabis aus einer ganz besonderen Perspektive: Historische Fotografien und Tonbandaufzeichnungen lassen den Alltag der Menschen in der Zeit vor dem Ölboom lebendig werden.

Fort Al-Hosn: zur Zeit wegen Renovierung meist geschlossen
Cultural Foundation: Zayed 1st Street/Al-Nasr Street
So.-Do. 8-22, Fr. 17-20, Sa. 9-13, 17-20 Uhr
Eintritt frei | Tel. 6 21 53 00 | www.tcaabudhabi.ae

Schiefer geht's nicht!

Das 18 Grad geneigte und 160 Meter hohe Capital Gate an der Arabian Gulf Street in der Nähe der Zayed Sports City ist Abu Dhabis Version des schiefen Turms von Pisa und zieht alle Blicke auf sich. Neben prestigeträchtigen Büros und Apartments ist im Capital Gate ein Hyatt-Hotel untergebracht (www.capitalgate.ae).

Capital Gate

Abbild des Paradieses

Im Licht der gleißenden Sonne wirkt Abu Dhabis neue Hauptmoschee aus weißem Marmor wie eine Himmelserscheinung. Nach Willen ihres Stifters Sheikh Zayed soll sie Abbild des Paradieses sein. Der 2004 verstorbene Gründer der VAE initiierte den Bau, gab seine Ausgestaltung vor, inspiriert durch den Koran. Die Gebetsnische (Mihrab) ist so angelegt, dass sie das Wort Allahs von den Flüssen aus Honig, die den Himmel durchziehen, in ein Schauspiel aus Licht und Wellen umsetzt. Wenn Sonnenstrahlen das Gewölbe durchbrechen, verwandeln sie sich in honiggelbe Linien, die dem Boden zustreben.

★★
Sheikh Zayed Grand Mosque

Die im neoislamischen Stil errichtete Moschee, mit 22 000 m² einer der größten islamischen Sakralbauten, ist in vieler Hinsicht ein Bau der Superlative: So besitzt sie vier 107 m hohe Minarette, die wie die drei großen und weiteren kleinen Kuppeln einen weithin sichtbaren Blickfang bilden. Ein 5600 m² großer, 47 t schwerer, im Iran von 1200 Webern gefertigter Teppich bedeckt den Boden ihres Hauptraums. Der riesige Kronleuchter, aus 2 Mio. Swarovski-Kristallen in Deutsch-

»Flüsse aus Honig« durchziehen die Sheikh Zayed Grand Mosque.

land hergestellt, soll der größte der Welt sein. Der arkadengesäumte Innenhof bietet 30 000, der Hauptraum 10 000 Gläubigen Platz.

Rashid al-Maktoum Road South | **Führungen** (alle Konfessionen): So.–Do. 10, 11, 17, Fr. 17 und 19, Sa. 10, 11, 14, 17 und 19.30 Uhr, zusätzl. freie Besichtigung für Nicht-Muslime: tgl. außer Fr. 9–10 Uhr, Gebetszeiten: Sa.–Do. 9–22 Fr. 16.30–23Uhr

Dresscode: Die Kleidung muss Arme und Beine bedecken. Frauen benötigen zusätzlich einen Kopfschal | www.szgmc.ae

Traditionelle emiratische Handwerkskunst

Dhau-Werft, Women's Handicraft Centre

Ein abendlicher Törn mit einer Dhau entlang der hell erleuchteten Corniche bildet für viele Urlauber das Highlight ihrer Abu Dhabi-Reise. Die traditionellen arabischen Segelboote werden bis heute in der **Dhau-Werft** von Bateen am Westende der Stadt mittels einer jahrhundertealten Technik von Hand gefertigt oder repariert. Auf einer geführten Tour kann man den Schiffsbauern über die Schultern schauen. Im **Women's Handicraft Centre**, fünf Kilometer südlich des Zentrums, führen Frauen das Weben von Textilien, das Flechten von Körben und die Anfertigung von erlesenem Kunsthandwerk mittels traditioneller Techniken vor. Im Souvenirladen kann man manches davon erstehen.

Bateen Shipyard: Bainuna Street
Women's Handicraft Centre: Karama Street, ab Airport Road, Al-Mushrif, So.–Do. 8–15 Uhr | Eintritt frei | Tel. 02 4 47 66 45

In die neue Zeit gerettet

Ganz im Norden der Stadt haben rund um den alten Dhauhafen einige traditionelle Souks der neuen Zeit getrotzt. Cbwohl das Angebot im **»Iranian Souk«** mittlerweile auch Elektrogeräte und Plastikwaren umfasst, kann man hier immer noch relativ preiswert handgeknüpfte Teppiche, kunstvolle Holzschnitzereien und Goldarbeiten sowie leckere Spezereien erwerben. Alle Waren werden seit je her mit Dhaus aus dem Iran hergebracht.

Dhau Harbour und Souks

Paradies für Kinder

Der moderne Erholungspark in der Nähe des alten C ty-Flughafens lockt mit viel Grün, schönen Spazierwegen, Wasserspielen und Spielplätzen. Er verfügt über eine Freilichtbühne und ist Standort eines **Meeresmuseums**. Die Miniatureisenbahn, die die Attraktionen verbindet, ist besonders bei Kindern beliebt.

Khalifa Park

So.-Do. 15-22, Fr., Sa. 11-23 Uhr | Eintritt: 3 Dh

▌Rund um Abu Dhabi Island

Saadiyat Island, die Insel der Glückseligen, soll sich in den nächsten Jahren als internationaler Hotspot für Kunst und Kultur etablieren. Mit dem Bau eines Ensembles von Museen auf der nordöstlich von Abu Dhabi Island gelegenen Insel will das Emirat seine Hauptstadt an die Spitze der weltweit bedeutendsten Kunstmetropolen katapultieren. Die größten Stars der internationalen Architekturszene konnte man für das Projekt gewinnen. Geplant sind Dependancen des Pariser Louvre (Jean Nouvel) und des New Yorker Guggenheim Museums (Frank Gehry), das Zayed National Museum (Norman Foster), ein Meeresmuseum (Tadao Ando) und ein Opernhaus, das die 20 6 verstorbene Zaha Hadid entworfen hat. Während die Fertigstellung der Museen noch auf sich warten lässt, ist der Bau des neuen Stadtteils schon weit fortgeschritten. Hier sollen einmal Apartmenthäuser für 160 000 Menschen und Ferienresorts stehen. Auch eine Marina und ein Naturpark sind in Planung. Am 9 Kilometer langen, feinsandigen **Saadiyat Beach** an der Nordwestküste haben der Saadiyat Golf Club und der Monte Carlo Beach Club sowie die Luxushotels Park Hyatt und St. Regis ihre Zelte aufgeschlagen. Ein Strandabschnitt ist aber weiterhin frei zugänglich. Die zum Park Hyatt Hotel gehörende **Saadiyat Beach Conservation Area** dient dem Schutz der seltenen Karett-Schildkröten, die den Strand in mondhellen Nächten zwischen April und Juli zur Eiablage aufsuchen. Auch wenn der Cultural District immer noch eine Baustelle ist: Bestaunen kann man schon heute den **Pavillon der VAE**, den Norman Foster für die Weltausstellung 2010 in Shanghai schuf und der auf Saadiyat Island eine neue Heimstatt gefunden hat. Die gewaltige Dachkonstruktion aus rotgolden leuchtendem Stahl ist durch die

Saadiyat Island

FERRARIS DER LÜFTE

Falkenmänner haben es einfach nicht drauf. »Bei der Jagd sind die Weibchen viel ausdauernder«, sagt Jannes Kruger. Deshalb werden für weibliche Jungvögel bis zu 200 000 Dh bezahlt. Der Falkner muss er wissen, denn er arbeitet schon seit mehr als 15 Jahren mit den Tieren und nimmt Hotelgäste gerne mit hinaus in die Wüste, wo sie den edlen Tieren beim Training zusehen dürfen.

Dann wird die dunkle Lederkappe, die sogenannte Burka, die zur Beruhigung des Raubvogels über seinen Kopf gestülpt war, gelüftet. Für die meisten zählt es zu den magischen Momenten ihres Ausflugs, wenn sie einen Falken selber auf den Lederhandschuh nehmen dürfen und ihn schließlich dazu bringen, sich vom ausgestreckten Arm zu erheben und eine Beuteattrappe zu verfolgen. Bringt der Raubvogel die Attrappe zurück, wird er mit einem kleinen Fleischbrocken belohnt. »Es geht nur ums

Fressen, deshalb kann jeder problemlos mit einem Falken jagen. Denn das Tier baut keine tiefe Beziehung zum Menschen auf wie beispielsweise ein Hund«, sagt Jannes. Damit keines der wertvollen Tiere verloren gehen kann, tragen alle Sender.

Tradition verpflichtet

Die Falknerei war für die Beduinen einst lebensnotwendig, um in der Wüste zu bestehen. Der Reichtum durch Erdöl hat das Leben zwar grundlegend verändert, die Falknerei aber ist ein fester Bestandteil der Emiratikultur geblieben. Weil Falken in der Vergangenheit den Lebensunterhalt vieler Familien gesichert haben, wird ihnen bis heute großer Respekt gezollt. Deshalb ist der Falke das **Wappentier der VAE** und ziert unter anderem auch die Flugzeuge der Fluggesellschaft Etihad, wo Besitzer ihren Falken sogar mit in die Kabine des

WUNDERSAMER FALKE

Es ist unglaublich, aber wahr: Jeder kann einen Falken vom ausgestreckten Arm abfliegen und – nachdem er seine Runden über der Wüste gedreht hat – auch dort wieder landen lassen. Er kommt zurück wie ein Bumerang! Natürlich ist ein kleiner Trick dabei: Denn der Raubvogel gehorcht jedem, der ihm bei Rückkehr auf die mit einem Lederhandschuh geschützte Hand einen Fleischbrocken als Belohnung anbietet … Auch der Vogel braucht ja seinen magischen Moment (Infos ▶S. 71).

»Sprechstunde« bei Dr. Müller in der Falkenklink von Abu Dhabi

Flugzeugs nehmen dürfen. Dabei seien die Vögel gar nicht auf der Arabischen Halbinsel beheimatet gewesen, erzählt Jannes. Von Russland, wo die Vögel ursprünglich brüteten, machten sie sich in Richtung Afrika auf, bevor der kalte Winter einsetzte. In den Emiraten legten sie einen Zwischenstopp ein, wurden von Beduinen eingefangen und für die Jagd abgerichtet. So landete auch mal ein Hase oder ein Steppenvogel auf dem sonst kargen Speiseplan der Wüstenbewohner. Bereits im ersten vorchristlichen Jahrtausend wurden die Jagdvögel dann hier gezüchtet. Im Sturzflug können Falken locker eine Geschwindigkeit von mehr als 100 m pro Sekunde erreichen. Bei einem Wanderfalken in Alaska wurden inzwischen sogar 400 m pro Sekunde gemessen – das ist bereits Schallgeschwindigkeit. Diese schnellsten Vögel der Welt gelten als Ferraris der Lüfte. Doch die körperliche Höchstleistung powert sie schon nach wenigen Minuten aus. Daher verbringen sie die meiste Zeit mit Ausruhen und Verdauen. Ein Falkner muss die Futtermenge seines Lieblings aufs Gramm genau berechnen, schließlich jagt ein Falke nicht mit vollem Bauch.

Falkenklinik

Wenn das kostbare Tier kränkelt, wird es nach Abu Dhabi gefahren, wo es in der Nähe des Flughafens ein eigenes Falkenhospital gibt. Seit mehr als einem Jahrzehnt wird es von der deutschen Tierärztin Dr. Margit Gabriele Müller geleitet. Rund um die Uhr werden hier pro Jahr inzwischen mehr als 11 000 Falken untersucht, geröntgt und operiert. Mittlerweile zählt das Falcon Hospital zu den wichtigsten Sehenswürdigkeiten des Emirats. Die Klinik besitzt ein Besucherzentrum, in dem Interessierte in einer Führung etwas über die Tiere erfahren können (Sweihan Road km 3, www.falcon hospital.com; Führungen: So.–Do. 10 und 14 Uhr, Anmeldung online oder unter Tel. 02 5 75 51 55, 170 Dh pro Person, Kinder bis 9 Jahre 60 Dh). **Ausflüge mit Falken** in die Wüste: Jannes Kruger, Wildflight, Tel. 04 2 86 55 87, www.wildflight.ae

Wüstenlandschaft inspiriert. Modelle der Museumsbauten und der Stadt sind im Besucherzentrum Manarat al-Saadiyat ausgestellt.
Manarat al-Saadiyat: tgl. 10–20 Uhr | Eintritt frei | Tel. 02 6 57 58 00
www.saadiyat.ae, www.saadiyatculturaldistrict.ae

Im Rausch der Geschwindigkeit

Yas Marina Circuit und Ferrari World

Die »Vergnügungsinsel« hat durch die erste **Formel-1-Rennstrecke** der VAE (www.yasmarinacircuit.com) Bekanntheit erlangt. Seit 2009 werden hier der Große Preis von Abu Dhabi und kleinere Rennen ausgetragen. Der nördlich der Rennstrecke gelegene Vergnügungspark **Ferrari World** besticht durch das feuerrote Zeltdach, das ihn überspannt. Hier dreht sich alles um die legendären Rennwagen aus Italien – und um Geschwindigkeit. Wer möchte, kann in einem Wagen der »Formula Rossa«, der schnellsten Achterbahn des Planeten, in fünf Sekunden auf 240 km/h beschleunigen oder aber in der »Flying Aces« eine Runde im weltweit steilsten Looping drehen. Auf der zweigleisigen Achterbahn »Fiorano GT Challenge« werden Rennen zwischen Nachbauten des Ferrari F 430 Spider simuliert. Eine Fahrt dauert nur 90 Sekunden – genug Zeit, um die gewaltigen Kräfte, die bei Beschleunigungen und Bremsmanövern auf den Körper wirken, intensiv zu spüren. Der Free-fall Tower »G-Force« ist 62 Meter hoch und reicht durch die Öffnung des Zeltdachs hindurch. Adrenalin-Junkies können sich in verglasten Kabinen zur Spitze des Turms katapultieren

Abu Dhabis Formel-1-Strecke auf Yas Island führt durch die beiden miteinander verbundenen Gebäude des Yas Hotels hindurch.

lassen, um dort für einen kurzen Augenblick die Aussicht über die Insel zu genießen und dann sekundenschnell in die Tiefe zu stürzen. Die **Yas Waterworld** (www.yaswaterworld.com) bietet Badevergnügen mit vielen bemerkenswerten Wasserrutschen. In der Nähe sind Luxushotels, eine Marina (www.cnmarinas.com) und ein Golfplatz (www.yaslinks.com) entstanden. Man erreicht Yas Island von der Corniche aus über die E 10, die nach Dubai führt.

tgl. 10–20 Uhr | Eintritt: 275 Dh, Premiumticket ohne Wartezeiten bei den Attraktionen 525 Dh

www.ferrariworldabudhabi.com, www.yasisland.ae

Ökostadt mit Zukunft

Nicht nur durch die Förderung von Kunst und Kultur geht man in Abu Dhabi andere Wege als in Dubai. Statt auf ungelenktes Wachstum setzt man hier auf Nachhaltigkeit. Die Entwicklung von Technologien zur Erzeugung erneuerbarer Energien soll ein zweites Standbein der Wirtschaft in der Zeit nach dem Öl werden. Westlich des Flughafens entsteht nach Plänen von Foster & Partners die autofreie Ökostadt Masdar City, in der einmal 40 000 Menschen CO_2-neutral leben sollen. Solarbetriebene Anlagen zur Meerwasserentsalzung gewährleisten die Wasserversorgung, und der Abfall wird recycelt. Ein unterirdisches Verkehrswegesystem mit fahrerlosen, individuell nutzbaren Kabinenfahrzeugen (Personal Rapid Transit) dient der Personenbeförderung. Vieles ist noch im Bau, doch nimmt die Stadt der Zukunft langsam Gestalt an. Eine Besichtigung lohnt sich deshalb in jedem Fall.

Masdar City

Masdar City, Bus 170 | tgl. 8–22 Uhr | Eintritt frei
www.masdarcity.ae

Neue Heimat für Oryx-Antilopen

Wer in Abu Dhabi authentische Natur sucht, wird auf Sir Bani Yas Island fündig. Sheikh Zayed erkor die Insel 1971 zu seinem Rückzugsort und rief ein aufwendiges Naturschutz- und Begrünungsprogramm ins Leben. Dank dieser Initiative hat sich auf der Insel ein kleines Naturparadies entwickelt. Das 87 km² große Schutzgebiet bietet Oryx-Antilopen und Tausenden von Vögeln, aber auch Giraffen und Geparden einen Lebensraum. Nach dem Tod des Scheichs 2004 wurde die Insel touristisch erschlossen. Heute kann man das Schutzgebiet auf geführten Touren erkunden, die **»Anantara Island Resorts«** bieten Luxus pur. Sir Bani Yas liegt 240 Kilometer westlich von Abu Dhabi vor der Küste der Halbinsel Dschabal az-Zanna. Boote, die in der Nähe des Danat Resorts starten, setzen regelmäßig auf die Inse über.

Sir Bani Yas Island

www.sirbanyasisland.com
Anantara Sir Bani Island Resorts: Tel. 02 8 01 54 00
www.sir-bani-yas-island.anantara.com
Jebel Dhanna Resort: Tel. 02 8 01 22 22
www.jebeldhanna.danthotels.com

 AL AIN

Einwohnerzahl: 450 000

Weitläufige Parks, blühende Gärten und riesige Palmenhaine: Die Oasenstadt Al Ain ist ein Flecken üppig sprießender Vegetation inmitten der lebensfeindlichen Wüste. Kein Platz oder Innenhof, der ohne Pflanzen wäre. Das allerorts sichtbare Grünen und Blühen hat Al Ain den Beinamen »Gartenstadt« eingebracht. Es verdankt sich dem 3000 Jahre alten Falaj-Bewässerungssystem, das Wasser aus den umliegenden Bergen in das Oasengebiet leitet.

Paradies aus einer Million Dattel- palmen

Während in Abu Dhabi City die Wolkenkratzer um die Wette in den Himmel zu streben scheinen, verschwinden in Al Ain viele Gebäude in einem grünen Meer aus Palmenhainen. Kein Haus darf hier nämlich mehr als sechs Stockwerke hoch sein. Nach dem Willen von Sheikh Zayed, der 1918 in Al Ain geboren wurde, sollte seine Heimatstadt den Charakter einer fruchtbaren Oase inmitten der Wüste bewahren und so ihr kulturelles Erbe pflegen. Die Kultivierung von Dattelpalmen,

Zur Dattelernte gehen die Pflücker – im wahrsten Sinne des Wortes – auf die Palme.

deren Früchte seit jeher das Überleben in der Wüste sichern, gehört unbedingt dazu. Im Stadtgebiet von Al Ain mit seinen sieben Oasen soll es mehr als eine Millionen dieser Pflanzen geben, und Datteln sind nach wie vor ein wichtiges Exportgut. Natürlich hat die stürmische Entwicklung, die Abu Dhabi seit Beginn der Ölförderung genommen hat, auch vor Al Ain nicht haltgemacht. Die Stadt ist enorm gewachsen und dehnt sich mittlerweile über ein Gebiet größer als Berlin aus. Die von Palmen oder Oleander gesäumten Hauptstraßen, die sie durchziehen, sind sechsspurig ausgelegt, und auch in den im neoislamischen Stil errichteten Verwaltungsgebäuden und in den modernen Moscheenbauten spiegelt sich der neue Reichtum wider. Trotz des allenthalben spürbaren Einbruchs der Moderne: Die Souks von Al Ain haben ihn überlebt. Hier wird man in die Zeit vor dem Öl entführt, als die Händler lautstark ihre Waren anpriesen und mit ihren Kunden lustvoll feilschten. Auch Al Ains Kamelmarkt, der größte in den Emiraten, ist in die neue Zeit hinübergerettet worden und von einem Hauch Beduinen-Romantik durchweht.

▍ Blick in die Geschichte

Archäologische Funde zeigen, dass das Gebiet bereits in Jungsteinzeit und Bronzezeit besiedelt war. In **Qarn Bint-Saud**, 15 Kilometer nördlich von Al Ain, und an den Hängen der Hafeet-Berge wurden steinerne Rundgräber mit Grabbeigaben aus der Zeit von 3000 bis 2700 v. Chr. entdeckt. In **Hili** im Nordosten von Al Ain haben die Archäologen überdies Reste von Siedlungen ausgegraben, die belegen, dass die Menschen hier schon vor 5000 Jahren Landwirtschaft betrieben. Bereits im Altertum muss die Oase ein wichtiger Kreuzungspunkt von Karawanenwegen gewesen sein. Natürlich war dieser fruchtbare Flecken Erde inmitten der Wüste immer hart umkämpft. Im 19. und 20. Jahrhundert stritten Saudis, Omanis und Abu Dhabis Al-Nahyan-Dynastie um die Herrschaft über die Region. Erst in den 1970er-Jahren verzichtete Saudi-Arabien auf alle Ansprüche. Abu Dhabi und das Sultanat Oman teilten das Gebiet unter sich auf. Heute ist Al Ain die zweitgrößte Stadt Abu Dhabis und Standort einer der größten Universitäten der VAE. Mit der 160 km entfernten Hauptstadt ist es durch eine Schnellstraße verbunden. Seit 2011 gehören die Oasen und die archäologischen Stätten Al Ains zum **UNESCO-Welterbe**.

Frühe Besiedlung

▍ Wohin in Al Ain?

Museum für Alltägliches und Außergewöhnliches
Wer noch nie in einem Madschlis, dem traditionellen, infolge der Geschlechtertrennung in zwei Bereiche geteilten Wohn- bzw. Empfangs-

Al Ain National Museum

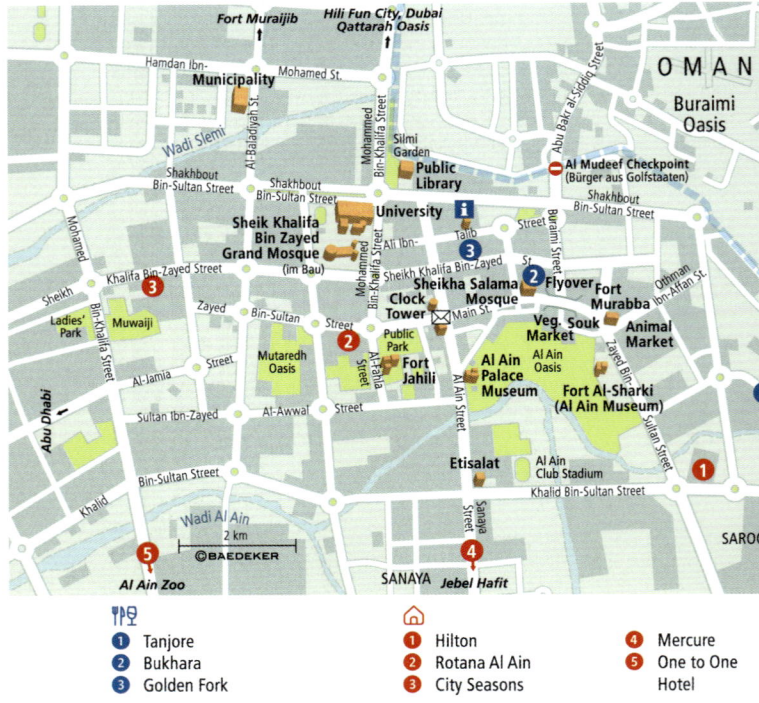

¶¶
1 Tanjore
2 Bukhara
3 Golden Fork

⌂
1 Hilton
2 Rotana Al Ain
3 City Seasons

4 Mercure
5 One to One Hotel

raum arabischer Familien, zu Gast war, der kann das in diesem Museum nachholen Es zeigt einen Nachbau, der die ganze Gastfreundschaft der Emiratis, aber auch die Strenge ihrer Etikette spiegelt.

Das Museum umfasst drei Abteilungen: Die ärchäologische Ausstellung zeigt bronze- und eisenzeitliche Fundstücke aus **Hili** und vom **Jebel Hafeet**. In der ethnografischen Abteilung sind Szenen aus dem Alltag der Beduinen in der Wüste und der Menschen an der Küste mittels lebensgroßer Puppen nachgestellt. Die Sammlung »Geschenke« schließlich umfasst die außergewöhnlichen Präsente, die der Verstorbene Sheikh Zayed von Staatsmännern aus aller Welt erhalten hat.

Seit 1971 residiert das Museum in einem neuen Gebäude auf dem Gelände des Fort Al-Sharki, das Sheikh Sultan Bin-Zayed al-Nahayan, der Vater von Sheikh Zayed, um 1910 errichten ließ.

Zayed Ibn Sultan Street
Sa.–Do. 9–19.30, Fr. ab 15 Uhr, Mo. geschl.
Eintritt: 3 Dh

Lauschiger Ort inmitten der lärmenden Stadt

In der großen Oase im Herzen Al Ains ist man der Hitze, dem Lärm und dem Staub der Stadt entronnen. Wer im Schutz Schatten spendender Dattelpalmen die sorgsam gepflegten Wege entlanggeht, fragt sich unwillkürlich, was wohl einst die Kaufleute empfanden, wenn sie nach tagelangen Märschen durch die Wüste mit ihren Karawanen an diesen kühleren und lauschigen Ort kamen. Die Al Ain-Oase wird seit 3000 Jahren bewirtschaftet und bis heute durch das Falaj-Bewässerungssystem mit Wasser versorgt. Heute gedeihen mehr als hunderttausend Dattelpalmen auf dem rund 1200 Hektar großen Areal. Die Oase ist nationales Kulturgut und gehört seit 2011 zum UNESCO-Welterbe.

★ Al Ain Oasis

AL AIN ERLEBEN

(i)

TOURISTENINFORMATION
Ali Bin Abi Taleb Street
Tel. 03 7 64 20 00
So.–Do. 8–16 Uhr
www.visitabudhabi.ae

❶ MAKANI €€€
Das Restaurant im Hilton Al Ain lädt zu genüsslichem Schlemmen unter Palmen ein. Zu arabischen Spezialitäten oder einer Seafoodplatte werden libanesische Weine und Wasserpfeifen gereicht. Im Hintergrund spielt eine arabische Live-Band auf.
Hilton Al Ain, Zhayed Bin Sultan Street (Hilton Road)
Tel. 03 7 68 66 66

❶ TANJORE €€€
Das wohl beste indische Restaurant am Ort setzt in Ambiente und Atmosphäre auf indische Noblesse. Die Küche bietet raffinierte Tandoori-Gerichte und Biryani in vielen Variationen. Der Linseneintopf ist ein Genuss.
Danat Al Ain Resort, Khalid Bin Sultan Street
Tel. 03 7 04 60 00
www.alain.danathotels.com

❷ BUKHARA €€
Hier genießt man Spezialitäten der nordindischen Küche in familiärer Atmosphäre. Das Lammcurry ist eine Wucht! Auf der Speisekarte stehen aber auch vegetarische Gerichte.
Town Square Shopping Centre
Khalifa Bin Zayed Street
Tel. 03 7 66 00 59
www.bukhararestaurants.com

❸ GOLDEN FORK €
Viele Leckerbissen der philippinischen und chinesischen Küche gibt's hier auch zum Mitnehmen.
Khalifa Bin Zayed Street
Tel. 03 7 66 03 36
www.goldenforkgroup.com

❶ HILTON €€€
Das Haus bietet allen erdenklichen Luxus und jede Menge Abwechslung. Man hat die Qual der Wahl zwischen drei Pools, einem Tennis- und einem Squashplatz sowie einem 9-Loch-Golfplatz. Sieben Restaurants sorgen für das leibliche Wohl der Gäste.
Zayed Bin-Sultan Street (Hilton Road), Al Sarooj District
Tel. 03 7 68 66 66; 220 Zi.
www.hilton.de/alain

2 ROTANA AL AIN €€€

Hier können sich die Gäste wie zu Hause fühlen. Das Frühstücksbuffet ist ausgesprochen opulent. Pool und Spa-Bereich sind vorhanden.
Zayed Bin-Sultan Street
Tel. 03 7 54 51 11
198 Zi. und Suiten
www.rotana.com

3 CITY SEASONS €€

Opulenz und klassischen Stil kennzeichnen die in warmen Gold- und Brauntönen gehaltenen Zimmer. Der Health Club ist mit Sauna und Fitnessbereich ausgestattet. Überdies gibt es einen Außenpool, ein Restaurant und einen Coffeeshop.
Sheikh Khalifa Bin-Zayed Street
Tel. 03 7 55 02 20
77 Zi.
www.cityseasonshotels.com

4 MERCURE GRAND JEBEL HAFEET €€

Wie eine moderne Burg thront das Mittelklassehotel 15 km südlich der Stadt in 915 m Höhe am Jebel Hafeet und verwöhnt seine Gäste mit einem einzigartigen Panoramablick auf Al Ain und die umgebende Wüste. Es ist das einzige Hotel auf dem Hausberg Al Ains. Tagsüber genießt man am Pool die exponierte Lage, und nach Sonnenuntergang glitzert tief unten das Lichtermeer der Stadt in der Nacht.
Jebel Hafeet Road
Tel. 03 7 83 88 88
124 Zi.
www.mercure.com

5 ONE TO ONE HOTEL & RESORT €–€€

In ruhiger Lage am Fuß des Jebel Hafeet unweit der heißen Quellen des Ain al-Faydah gelegen, ist das Haus bei Emiratis sehr beliebt. Hier lassen sich besinnliche Tage im Kreis von Einheimischen genießen. Die Zimmer sind gepflegt und in modernem arabischen Stil eingerichtet.
Haaza Ibn Sultan Street
(15 km südlich von Al Ain)
Tel. 03 7 01 44 44
www.onetoonehotels.com

Erinnerung an einen Abenteurer

Fort Al-Jahili

Der britische Abenteurer **Wilfred Thesiger** hat als Bezwinger der Rub al-Khali Berühmtheit erlangt. Zwischen 1945 und 1950 unternahm er Expeditionen in die größte Sandwüste der Erde und lebte dort mit Beduinen zusammen. Die Reiseberichte und Fotografien, die dabei entstanden, sind von unschätzbarem Wert, denn sie geben Zeugnis von der mittlerweile untergegangenen Beduinenkultur. Das Al Jahili Fort zeigt in einer Dauerausstellung über Thesiger, der mit Sheikh Zayed befreundet war, Dokumente aus dem Nachlass des Abenteurers. Der markante Lehmbau mit zwei mächtigen Rundtürmen wurde 1891 zum Schutz der Oase errichtet. Bei der umfassenden Sanierung 2007 gelangten ausschließlich traditionelle Baumaterialien wie luftgetrocknete Lehmziegel und ein Verputz aus Lehm und Stroh zum Einsatz. Der von den Emiratis hochverehrte Sheikh Zayed wurde vermutlich 1918 im Fort Al-Jahili geboren.
Di.–Do. u. Sa. 9–17, Fr. 15–17 Uhr | Eintritt: 3 Dh

Handelsplatz für Wüstenschiffe

Er ist in der letzte seiner Art in den VAE, und es geht rau zu. Auf Al Ains Kamelmarkt werden Tag für Tag rund 1000 Tiere verkauft und versteigert. An manchen Tagen hört man sogar **bis zu 5000 Kamele**, genauer gesagt einhöckrige Dromedare, röhren und fauchen. Die schwarzen Tiere kommen aus Saudi-Arabien, die braunen aus Afghanistan und die hellen, fast weißen aus dem Sudan. Sie bieten wunderbare Fotomotive, wenn man darauf achtet, keinem der selbst ernannten, aufdringlichen Guides in die Hände zu fallen. Am Wochenende (Do.–Sa.), wenn die Einheimischen mit Pick-ups aus Abu Dhabi-Stadt oder den anderen Emiraten anreisen, ist auf dem Kamelmarkt die Hölle los. Dann wird geschrien, geflucht und gefuchtelt, bis eines der wertvollen Rennkamele schließlich für manchmal mehr als umgerechnet 50 000 Euro den Besitzer wechselt. Bei Milch- oder Schlachtvieh wird man sich schon ab 1000 Euro einig. Die kostbaren Rennkamele

Camel
Market

Die Karawane fährt los – vom Kamelmarkt in Al Ain.

kann man auf der **Al-Wathba Race Track** von Oktober bis März (freitags- und samstagsmorgens) in Aktion sehen.
Mezyad Road, in der Nähe der Bawadi Mall
tgl. 7–17 Uhr | Eintritt frei

Ein Stück authentisches Arabien

Al Ain
Old Souk

Wohl nirgendwo sonst in Abu Dhabi ist man dem Orient so nah wie hier. Der alte Souk von Al Ain verzaubert durch Farben, Düfte – und durch emsige Geschäftigkeit. Frühmorgens und in den Abendstunden pulsiert hier das Leben. Wer ein Stück emiratische Kultur, ob in Form von kulinarischer Leckerbissen oder traditionellem Kunsthandwerk, mit nach Hause nehmen möchte, findet hier bestimmt etwas.
Gegenüber dem Public Park, Zayed Bin Sultan Street

Zu Gast beim Sheikh

Al Ain Palace
Museum

Bis zu seinem Wechsel nach Abu Dhabi-Stadt, wo er 1966 das Amt des Emirs von seinem Bruder Shakhbut übernahm, residierte Sheikh Zayed als Gouverneur der Eastern Region in dem 1937 errichteten Palast. 1998 wurde das Anwesen in ein Museum verwandelt, das dem Herrscher und seiner Familie gewidmet ist. Ein Rundgang durch die der Öffentlichkeit zugänglichen Räume gewährt Einblicke in ihr Privat- und Gesellschaftsleben. Besonders beeindruckend ist das in einem der Innenhöfe des Palastes aufgebaute Zelt, in dem Zayed hochrangige Gäste empfing.
Al Ain Street, am westlichen Rand der Al Ain Oase
Di.–So. 9–19.30, Fr. 15–20 Uhr, Mo. geschlossen
Eintritt frei

Künstlertreffpunkt

Fort
Al Qattarah

Das aufwendig restaurierte kleine Fort Al Qattarah beherbergt das **Qattarah Arts Centre**, ein renommiertes Kunstzentrum, in dem emiratische Künstler ihre Arbeiten präsentieren können. Überdies informiert eine sehenswerte Ausstellung mit historischen Fotos über das Leben der Oasenbewohner in der Zeit vor dem Ölboom.
Al Qattarah Oasis
Sa.–Do. 9–20, Fr. 16–20 Uhr
Eintritt frei

Park der Frauen

Basra Park

Zutritt nur für Frauen heißt es im Basra Park, der deshalb auch Ladies' Park genannt wird. Die Damen treffen sich hier mit Freundinnen, während sich ihr Nachwuchs – Jungs sind nur bis 10 Jahre zugelassen – an den Spielgeräten vergnügt. Für Touristinnen vielleicht eine der seltenen Gelegenheiten, einmal ungestört mit einheimischen Frauen in Kontakt zu kommen.
Zayed The First Street | Eintritt frei

6x
DURCHATMEN

Entspannen, wohlfühlen, unterkommen

1.
LAUTLOS IN DER WÜSTE

Stille findet man in der Rub al-Khali, die riesigen Sanddünen der Wüste schlucken jeden Laut. Wer von einem Dünenkamm in den **Liwa-Oasen** auf diese Landschaft blickt, hört das Pochen des eigenen Herzens. (▶ **S. 85**)

2.
IM SCHATTEN DER OASE

Bei einem Spaziergang durch die Palmenhaine der alten Oase von **Al Ain** ist man der Hektik der Stadt entronnen. Nur das Plätschern des Wassers, das Rascheln der Palmblätter und das Zwitschern der Vögel unterbrechen die Stille. (▶ **S. 77**)

3.
AUF DIE SPITZE GETRIEBEN

Wer zum Sonnenuntergang auf den **Jebel Jais** in **Ras al-Khaimah** fährt, sieht die Welt aus einer anderen Perspektive. Die Hektik der Küstenstädte ist weit weg, die Sonne färbt Himmel und Berge blutrot. (▶ **S. 164**)

4.
STRAND UND MEER

Fujairah bietet sich als Zufluchtsort für Zivilisationsmüde an. Noch heute leben viele Bewohner vom Fischfang, an einsamen Stränden kann man Fischer beobachten, wie sie prall gefüllte Netze in die Bucht schleppen. (▶ **S. 144**)

5.
ABBILD DES PARADIESES

Am schönsten ist es in der **Sheikh-Zayed-Moschee** in **Abu Dhabi** kurz vor Sonnenuntergang, wenn eine Brise durch die Arkadengänge weht – nach Willen ihres Stifters, Sheikh Zayed, Abbild des Paradieses ... (▶ **S. 67**)

6.
WÜSTEN-WUNDERGARTEN

Im **Dubai Miracle Garden** mit 45 Mio. Blütenpflanzen lassen sich Besucher von Blütenteppichen verzaubern, die Häuser, Windmühlen, Mauern, Skulpturen und sogar einen Airbus A380 überziehen. (▶ **S. 135**)

| Rund um Al Ain

Ausflug in die Bronzezeit

Hili Archaeo-
logical
Gardens

Als dänische Archäologen in den 1960er-Jahren nördlich von Al Ain die Grundmauern einer Siedlung und Rundgräber aus der Bronzezeit entdeckten, glich dies einer wissenschaftlichen Sensation. Zeigten die Funde doch, dass die Region bereits vor mindestens 5000 Jahren besiedelt war. Um sie zu schützen und der Öffentlichkeit zugänglich zu machen, wurde rund um die Fundstätte ein archäologischer Park mit weitläufigen Grünflächen eingerichtet. Den Mittelpunkt der ganzen Anlage bildet das monumentale **Great Hili Tomb**, das einen Durchmesser von zwölf Metern hat und eine Höhe von vier Metern erreicht. Seine beiden Eingänge sind kunstvoll mit eingravierten Menschen- und Tierfiguren geschmückt. Dank der Grabbeigaben konnten Siedlung und Gräber der **Umm-al-Nar-Kultur** (3000 bis 2000 v. Chr.) zugeordnet werden. Von Donnerstag bis Samstag ist der Park gut besucht, wenn emiratische Familien hier picknicken. Ein Restaurant bietet einfache Speisen und Erfrischungen an.

Mohammed Bin Khalifa Street | tgl. 16–23 Uhr | Eintritt: 1 Dh

Disneyland am Golf

Hili Fun City

Die Hili Fun City in unmittelbarer Nachbarschaft der Archaeological Gardens bietet moderne Freizeitvergnügen für die ganze Familie. Karussells, Achterbahnen und andere Fahrgeschäfte sorgen für Rummelplatz-Atmosphäre, Cafés und Restaurants für das leibliche Wohl der Gäste. Größte Attraktion aber ist die Eiskunstlaufbahn.

Ardh al-Jaw Street | Okt.–Mai Mo.–Do. 16–22, Mi., Fr., Sa. 12–22, feiertags 10–22 Uhr, Juni –Sept. Mo.–Do. 17–22, Fr., Sa. und feiertags 16–22 Uhr, Ruhetag: So. Mittwochs haben nur Frauen Zutritt. Eintritt: Mo., Di. 45 Dh, Mi.–Sa. 55 Dh (inkl. Attraktionen), für Kinder bis 0,89 m Körpergröße ist der Eintritt frei | www.hilifuncity.ae
Al Ain Ice Rink: Sa.–Do. 16–22, Fr. ab 10 Uhr
Eintritt: 10 Dh, Schlittschuhe 20 Dh

Wellness und Africa-Feeling am Hausberg Al Ains

Jebel Hafeet,
Ain al-Faydah,
Al Ain Zoo

Wie auf einem anderen Planeten schlängelt sich die 15 Kilometer lange Asphaltstraße in 21 steilen Kurven durch eine Mondlandschaft hinauf auf den **Jebel Hafeet**. Das Gestein des lang gestreckten, hoch aufragenden Bergrückens, der über Al Ain wacht, besteht aus zerklüftetem Kalkstein und ist reich an Meeresfossilien. Mit einer Höhe von 1240 Metern ist der Jebel Hafeet einer der höchsten Punkte der Emirate. Nach zehn Kilometern trifft man auf ein modernes Mercure-Hotel mit eindrucksvoller Architektur (▶ S. 78), und vier Kilometer weiter taucht ein Palast der Al-Nahyan-Familie auf. Das »Top of Hafeet Mountain Café« am Gipfel bietet – zumindest an klaren Tagen – wunderbare Fernsichten über das Land.

Der Jebel Hafeet bringt ein wenig Grün in die karge Wüstenlandschaft.

Am Fuß des Jebel Hafeet lädt der **Wasserpark Wadi Adventure** zu Kajak- oder Raftingtouren ein. Surfer können hier auf dre Meter hohen Wellen reiten. »Quelle der Wohltat« oder »Vater der Wärme« werden die heißen und heilenden **Mineralquellen** (A'n al-Faydah) genannt, die westlich des Wasserparks einen künstlichen See speisen. Das Gebiet hat sich zu einem beliebten Erholungsgebiet mit Hotel, Bungalows, Spielplätzen sowie Sport- und Freizeiteinrichtungen entwickelt. Araber wie Expatriates verbringen hier gern ein Wohlfühlwochenende.

Selten kommt man Wildtieren so nah im **Zoo** von Al Ain nördlich des Jebel Hafeet. Auf dem 400 Hektar großen Areal leben mehr als 4000 Tiere aus der Region, aus Afrika und Indien. Die Gehege sind ihren natürlichen Lebensräumen angepasst. Auf die Kids warten ein Streichelzoo, Spielplätze und eine Miniatureisenbahn. Im Zentrum des Zoos liegt das Sheikh Zayed Desert Learning Center mit fünf interaktiven Galerien, die über Abu Dhabis Wüste, ihre Geschichte sowie über die Menschen, die dort leben, informieren und dabei auch einen Blick in die Zukunft werfen. Der Zoo hat große Erfolge bei der Aufzucht und Auswilderung stark gefährdeter Tierarten wie der Oryx-Antilope (▶ S. 206).

Wadi Adventure Park: So.–Do. 11–20, Fr., Sa. ab 10 Uhr, Ladies Night Do. 18–23 Uhr | Eintritt: 50 Dh, Kinder 25 Dh, Familienkarte 100 Dh, Kajak: 150 Dh, Floß: 100 Dh, Surfen: 100 Dh
Tel. 03 7 81 84 22 | www.wadiadventure.ae
Ain al Faydah: Haza bin-Sultan Street
Zoo: tgl. 9–20 Uhr | Eintritt: 20 Dh, Kinder bis 10 J. 10 Dh
www.alainzoo.ae

Jenseits der Grenze

Buraimi Die Stadt Al Ain ist Teil eines größeren Oasengebiets, das über die Jahrhunderte unter dem Namen »Buraimi« bekannt war. Nachdem Abu Dhabi und das Sultanat von Oman es unter sich aufgeteilt hatten, behielt nur das nun zum Oman gehörende Gebiet den alten Namen bei. Buraimi ist heute eine mittelgroße Stadt mit rund 100 000 Einwohnern. Die alte **Oase** im Zentrum wartet mit Gemüsegärten, Palmenhainen und einem Falaj-Bewässerungssystem auf. Sehenswert ist aber auch das **Fort al-Khandaq** aus dem 19. Jahrhundert, das von einem breiten Graben umgeben ist. Wer von Al Ain nach Buraimi fahren möchte, nimmt den Hili Border Grenzübergang. Dort sind 35 Dh »exit fee« zu zahlen. Nur wer in in Buraimi übernachten will, benötigt ein omanisches Visum (200 Dh; man erhält es im 40 km entfernten Wadi Jizzi).

Fort al-Kandaq | Sa.–Do. 8–18, Fr. 8–12, 16–18 Uhr | Eintritt frei

Das »leere Viertel« ist nicht völlig leer: Wüstensohn mit Wüstenschiffen

★★ LIWA-OASEN

Einwohnerzahl: 50 000

*Sand, Sand, so weit das Auge reicht. Aus der Ferne scheinen
die Liwa-Oasen wie eine Fata Morgana im erdlosen Sandmeer
zu verschwinden. Sie bilden das Tor zur Rub al-Khali, der
größten Sandwüste der Welt. Nach Beduinen und Abenteurern
kamen Ölsucher, Ingenieure und bald erste Touristen.*

Die 50 Liwa-Oasen im Süden Abu Dhabis, rund 100 km von der Küste
entfernt, reihen sich wie Perlen einer Kette in weitem Bogen mehr als
100 km von West nach Ost. Im Süden türmen sich die gigantischen
Sanddünen der Wüste **Rub al-Khali**. Ihr arabscher Name bedeutet
»leeres Viertel«, und in der Tat ist das Gebiet bis heute weitgehend

E–G 9/10

*Am Rand
des »leeren
Viertels«*

SINGENDER SAND

Noch heute sprechen die Beduinen von »Singing Sands«,
wenn der Wind in der Wüste Musik macht, indem er die
feinen Sandkörner aneinanderreibt. Die Vielfalt der
Schattierungen und Farben der Sanddünen der
Liwa-Oasen werden keinem Besucher verborgen bleiben.
Bei Sonnenauf- oder Sonnenuntergang ist der
Himmel über der Wüste einfach atemberaubend,
besonders wenn man noch dazu auf einer Düne sitzt und
den Sandkörnern beim Musizieren lauscht.

85

RUB AL-KHALI – DAS LEERE VIERTEL

Mindestens 30 % der Erdoberfläche sind natürliche Wüstengebiete. Die meisten Wüsten breiten sich seit Langem aus, bedingt durch den Klimatrend und durch menschliche Eingriffe wie z. B. das Abholzen von Wäldern. Die größte Wüste der Welt ist die Sahara in Nordafrika. Sie erstreckt sich über elf Länder und ist mit ihren 9 Mio. km² fast so groß wie Europa.

▶ Die Sandwüste – Rub al-Khali

Die Rub al-Khali ist die größte Sandwüste der Welt. Sie bedeckt fast das gesamte südliche Drittel der arabischen Halbinsel.

Fläche	680 000 km², verteilt auf Saudi-Arabien, Jemen, Oman, VA▌
Länge/Breite	ca. 1000 km / ca. 500 km
Temperaturen	von 0 °C nachts bis über 60 °C tagsübe▌
Niederschlag	weniger als 50 mm pro Jah▌

▶ Entstehung von Sanddünen

Der Wüstensand wird vom Wind zu Dünen aufgetürmt. In der Rub al-Khali erreichen sie eine Höhe von bis zu 300 m.

Sicheldünen

Der Wind bläst längere Zeit aus einer Richtung und treibt den Sand an den Enden schneller voran als in der Mitte.

Längs- oder Strichdünen

Wesentlich höher türmen sich die Längs und Strichdünen auf. Sie laufen parallel zur Windrichtung.

Querdünen

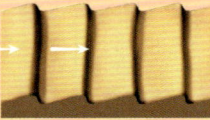

Die Dünen laufen quer zur Windrichtung und sind durch tiefe Furchen voneinander getrennt.

Sterndünen

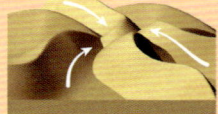

Bläst der Wind aus wechselnden Richtungen, bilden sich sternförmige Dünen. Sie verändern ihren Standort kaum.

Die Wüsten der Welt

- Wüstenklima
- Savannenklima
- Tundrenklima
- Eisklima

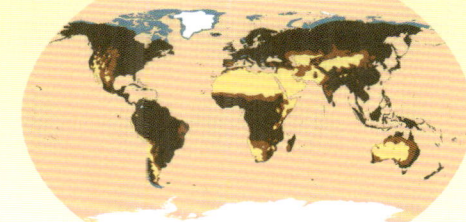

Wüstenarten

Geologen unterscheiden zwischen Kies- oder Geröllwüsten (Serir), Stein- oder Felswüsten (Hammada), Sand- oder Dünenwüsten (Erg), Salzkrustenwüsten (Sebka) und Mergel- oder Lehmwüsten (Takyr).

Salzwüste Salar de Uyuni

Land	Bolivien
Fläche	11 000 km²
Länge/Breite	ca. 110 km / 140 km
Niederschlag (pro Jahr)	150 mm

Die Wüste Gobi

Die Gobi ist geprägt durch ihre riesigen Sanddünen, die bis zu 400 m anwachsen. Aber auch karge Steppen, Gebirgszüge und Salzseen gehören zum Wüstenbild.

Ausdehnung	Zentralasien
Fläche	1 200 000 km²
Länge/Breite	ca. 2000 km / 800 km
Niederschlag (pro Jahr)	30 bis 200 mm

Die Wüste lebt

Augenscheinlich wirkt die Wüste kahl und leer. Doch viele Tier- und Pflanzenarten haben ihren Organismus perfekt an das Wüstenklima angepasst.

unerforscht und menschenleer. Die Temperaturen können tagsüber 60° C erreichen, in manchen Nächten auf den Gefrierpunkt sinken. Die Rub al-Khali bedeckt den Süden Saudi-Arabiens und reicht bis in den Jemen und Oman. Zwar ist es auch in den Liwa-Oasen heiß und trocken, dank reicher Grundwasssservorkommen bilden sie aber lebensfreundliche Inseln im Wüstenmeer. Vor 300 Jahren zog es Beduinen an den Ort. Heute werden hier Datteln, Obst und Gemüse kultiviert. Die Menschen leben in einfachen Hütten.

▌ Blick in die Geschichte

In den Liwa-Oasen nahm die Geschichte der VAE ihren Anfang. Die bis heute über Abu Dhabi und Dubai herrschenden Dynastien führen ihre Ursprünge auf die einst in der Oase lebenden Bani Yas Beduinen zurück. In der Mitte des 18. Jh.s verließen einige von ihnen die Wüste und zogen an die Küste. Während die Al-Nahyan-Familie Abu Dhabi gründete, siedelten die Al-Maktoums etwas weiter nördlich in einem Fischerdorf. 1833 übernahm Maktoum Bin Butti die Macht in dem kleinen Ort, sagte sich von Abu Dhabi los und gründete das Emirat Dubai. Für die Europäer waren das Hinterland der Piratenküste und die Wüste bis in das 20. Jh. terrae incognitae. Der britische Kolonialbeamte Wilfred Thesiger (▶ S. 236) war wohl der erste Europäer, der 1948 mit einer Kamelkarawane die Oasen erreichte.

Startpunkt fürs Oasenhopping

Mezirah
Die Oasen sind durch eine Schnellstraße mit ▶ **Abu Dhabi-Stadt** verbunden. Viele Hotels organisieren Tagesausflüge nach Liwa in geländegängigen Wagen. In Madinat Zayed, auf halber Strecke zwischen Abu Dhabi-Stadt und den Oasen, laden einige Cafés und Restaurants zu einem Zwischenstopp ein. Gut gestärkt passiert man dann die ersten links und rechts der Straße bis zu einer Höhe von 150 Metern sich aufbauenden Sanddünen. Immer wieder geraten frei umherziehende Kamele ins Blickfeld. Zäune hindern sie am Überqueren der Fahrbahn. Die Straße führt direkt ins neu gegründete **Oasenzentrum** Mezirah. Dort zweigen befestigte Straßen nach Westen wie nach Osten ab und führen in die Oasendörfer. Ist man mit einem Leihwagen unterwegs, kann man so ganz einfach von Oase zu Oase hüpfen. Das beeindruckende Fort Attab an der Strecke von Mezirah nach Hamin wurde umfassend restauriert und ist nun für Besucher geöffnet. Einst residierten die Anführer der Bani Yas-Beduinen in der Festung. An der **Moreeb-Düne** befindet man sich schon mitten in der Rub al-Khali. Das rund 120 Meter hohe und 1600 Meter breite Ungetüm zählt zu den höchsten bekannten Sanddünen der Welt. Es erhebt sich 25 Kilometer südlich von Mezirah aus dem Wüstenboden und ist durch eine asphaltierte Straße mit dem Oasenzentrum verbunden.

LIWA-OASEN ERLEBEN

MOREEB-DÜNE
Die Düne 25 km südlich des Oasen-
zentrums Mezirah ist Treffpunkt von
Fans ausgefallener Sportarten. Ende
Dezember/Anfang Januar ist die Düne,
die bei einem Steigungswinkel von
50 Grad rund 120 m aus dem Sand
aufragt, Austragungsort der Moreeb
Hill Championship. Quadfahrer versuchen, den Dünengipfel zu stürmen.
Auch Sandboarder sieht man im
Winter die Hänge hinuntergleiten.
Im Sommer ist das zu gefährlich, da
man sich im brütend heißen Sand
starke Verbrennungen zuziehen kann.

AL DHAFRA FESTIVAL
Welches ist das schönste im ganzen
Land? Jedes Jahr Mitte Dezember findet während des Al Dhafra Festivals
ein Schönheitswettbewerb für Kamele statt. Dann strömen Kamelbesitzer
aus allen Teilen der Arabischen Halbinsel herbei und präsentieren ihre
Tiere. Es gibt einen Kamelmarkt, Kamelrennen und viele Folklore-Shows.

DATTELFESTIVAL
Das traditionsreiche Fest, Ende Juli
stattfindet, lockt jedes Jahr rund
70 000 Touristen an. Geboten wird
ein bunter Strauß aus Folklore-
Shows, Wettbewerben und Märkten.

SUHAIL €€€€
Hier wird mehr geboten als kulinarische Genüsse und Tafelfreuden. Die
Dachterrasse des Qasr Al Sarab bietet spektakuläre Blicke auf die Sanddünen der Wüste. Die Küche ist international und anspruchsvoll.

Hamim, im Hotel Qasr Al Sarab
Tel. 02 8 86 20 88
http://qasralsarab.anantara.com

GREEN LIWA OASIS €€
Fans der arabischen und der vegeta-
rischen Küche kommen hier auf ihre
Kosten. Einen wunderbaren Blick auf
die Sanddünen gibt es gratis dazu.
Mezirah, im Liwa-Hotel
Tel. 02 8 82 20 00

LIWA RESTHOUSE €
Wer etwas vom ursprünglichen Flair
Arabiens schnuppern möchte, ist hier
richtig. Die einfache regionale Küche
wird hier in Ehren gehalten.
Mezirah, hinter der Polizeistation
Tel. 02 8 82 20 75

QASR AL SARAB €€€€
▶ Baedeker Wissen, S. 269
Qasr Al-Sarab Road. Hamim
Tel. 02 8 85 20 88
205 Zi. und Suiten
http://qasralsarab.anantara.com

LIWA HOTEL €€€
Komfort in der Sandwüste: Das Hotel
liegt auf einem Hügel inmitten grüner
Gärten, mit Pool und Tennisplätzen.
Mezirah
Tel. 02 8 82 20 00
66 Zi. und 3 Villen
www.almarfapearlhotels.com

LIWA RESTHOUSE €
Das einfache Hotel bietet lokales
Flair, besitzt dennoch einen Pool und
offeriert vielfältige Sportmöglichkeiten, darunter Sandskifahren.
Mezerah, auf dem Hügel hinter
der Polizeistation
Tel. 02 8 82 20 75
19 Z., 2 Suiten

AJMAN

Fläche: 259 km² | **Einwohnerzahl:** 263 000
Emir: Sheikh Humaid Bin-Rashid al-Nuaimi (seit 1981)

Um sich im Café Kranzler oder in der Sansibar zu treffen, müssen die Emiratis von Ajman nicht extra in einen Flieger nach Europa steigen. Nein, Lokale mit den klingenden Namen gibt auch in ihrem kleinem Land, und zwar im Beachclub des Kempinski Hotels, einem Pionier der Luxushotellerie in den VAE. Ajman sucht erst seit wenigen Jahren Urlauber ins Land zu locken und ist als Reiseziel bis jetzt eher wenig bekannt. Am feinsandigen Ajman Beach geht es deshalb immer noch ziemlich unaufgeregt zu.

Ajman ist das kleinste der sieben Emirate und landwärts komplett von Sharjah umschlossen. Erst 1820 sagte sich Sheikh Rashid Bin-Humaid al-Nuaimi vom größeren Nachbarn los und gründete ein eigenes Emirat, das aber schon bald – wie die anderen Emirate – britisches Protektorat wurde. Da es über keinerlei Öl- und Gasvorkommen verfügt, war Ajman in den letzten vier Jahrzehnten auf Finanzspritzen aus Abu Dhabi angewiesen. Dank dieser Unterstützung konnten eine florierende Werft, eine Fernsehstation und eine Stahlfabrik errichtet werden.

Im Schatten reicher Nachbarn

Ein Teil der Bevölkerung lebt aber immer noch vom Fischfang. In den beiden Exklaven Manama, 60 km östlich von Ajman, und Masfut im Hajar-Gebirge wird Landwirtschaft betrieben. Da die Lebenshaltungskosten vergleichsweise niedrig sind, wohnen in Ajman viele Pendler, die zum Arbeiten in eines der Nachbaremirate fahren. Auch Touristen nutzen die niedrigen Lebenshaltungskosten und wählen Ajman als Urlaubsdomizil, um von hier aus die Emirate zu erkunden. Dubai beispielsweise ist nur 30 Autominuten entfernt.

★ AJMAN-STADT

Einwohnerzahl: 220 000

J 3

Downtown Ajman geht es ausgesprochen entspannt zu. Nur wenige Hochhaustürme ragen aus dem Häusermeer. Bei einer Fahrt über die palmenbestandenen Straßen huschen kleine Läden und hin und wieder eine Bank oder ein arabisches Restaurant vorbei. Hast und Eile kennt man hier nicht.

Der Emir grüßt am Eingang des Ajman Museums in der einstigen
Herrscherresidenz.

Ajman ist um den Khor Ajman, einen tief ins Land schneidenden, weit
verzweigten Meeresarm des Persischen Golfs, gewachsen. Vor allen
Dingen östlich des Gewässers und am südlichen Rand der Stadt sind
Neubausiedlungen entstanden.

▌ Wohin in Ajman-Stadt?

Ein Koranschule, eine Polizeistation, Handwerkerstätten

Das Ajman Museum ist in einem Fort aus dem 18. Jh. untergebracht.
Das vorbildlich restaurierte Gebäude war die Residenz von Sheikh
Rashid al-Nuaimi, dem 1981 verstorbenen Vater des heutigen Herr-
schers. Dass die Gegend des heutigen Ajman bereits früh besiedelt
war, zeigen bronzezeitliche Grabbeigaben und das Modell eines 5000
Jahre alten runden Bestattungsplatzes, die in der archäologischen
Abteilung zu sehen sind. Im ersten Stock kann man einen Blick in eine
Koranschule und eine Polizeistation, aber auch in einen noch immer
funktionierenden **Windturm** werfen und dabei einiges über die
Funktionsweise dieser traditionellen Belüftungsanlagen erfahren
(▶ S. 176). Um alte Handwerkskunst geht es im großen Innenhof.
Hier können Nachbauten einer traditionellen Bäckerei, einer Schnei-
derei, eines Frisiersalons sowie die Praxis eines Kräuterheilers und
das Modell eines altarabischen Kaffeehauses bestaunt werden.
Ostseite des Central Square | Sa.-Do. 8-20 Uhr
Eintritt: Erwachsene 5 Dh, Studenten 1 Dh, Familien 15 Dh

Ajman
Museum

AJMAN-STADT ERLEBEN

AJMAN TOURISM DEVELOP-MENT DEPARTMENT

2nd floor, Shuafa Building,
Khalifa Street
Tel. 06 7 11 66 66
Sa.–Do. 7.30–14.30 Uhr
info@ajmantourism.ae
www.ajmantourism.ae

SOUKS

Der alte Souk an der Ostseite der Marina bietet hauptsächlich Lebensmittel wie Fleisch, Fisch, Gewürze, Obst und Gemüse. Besonders vielfältig ist das Angebot auf dem Fischsouk. Im Iranian Souk hinter dem Old Souk verkaufen die Händler importierte Haushaltsartikel, vor allem Plastikwaren in allen Größen, Formen und Farben. Der etwas überdimensionierten Goldsouk in der Omar al-Khatab Street ist ein Treffpunkt der Einheimischen. Der neue moderne Souk, das Ajman City Centre, mit seinen vielen Läden und mehreren Restaurants liegt außerhalb der Stadt an der Straße nach Ras al-Khaimah.

STRÄNDE

Der Strand im Norden der Khor Ajman-Mündung ist breit und feinsandig, dazu wenig genutzt, jedoch weitgehend ohne Infrastruktur, sein Pendant südlich der Mündung ist wenig ansprechend, nicht so sauber und nur vor dem Coral Beach und dem Ajman Beach Hotel gepflegt. An den Stränden von Ajman wird vor gefährlichen Strömungen gewarnt.

❶ FALCON €€

Ein Ort zum Wohlfühlen. Hier wird man in angenehmer Atmosphäre bedient. Das Restaurant serviert Spezialitäten der arabischen Küche.
Al-Khaleen Road
Tel. 06 7 42 33 44

❸ INDIA HOUSE €€

Wer es auch mal fleischlos mag, ist hier richtig: Die Gäste schätzen die vegetarische Küche, z. B. exotische Gemüse aus dem Tandoori.
Al Nakheel, Sheikh Humaid Bin-Abdul Aziz Street (neben Choithram)
Tel. 06 7 44 24 97
www.indiahouseajman.com

❹ AJMAN CITY CENTRE €

Der Foodcourt des Ajman City Centre ist nichts für ein abendliches Dinner, aber für einen Imbiss während der Stadtbesichtigung allemal gut.
Al Jurf, Ettehad Street
Tel. 06 7 43 28 88
www.ajmancitycentre.com

❷ AL-MASA CAFÉ €

Eine Shisha rauchen und dazu arabische Snacks genießen. In diesem Café können Sie das. Warum nicht mal probieren?
Corniche
Tel. 06 7 47 41 63

❶ AJMAN KEMPINSKI HOTEL & RESORT €€€

Der Beach Club am hoteleigenen Strand ist auch bei Emiratis populär. Das Haus bietet viele Sportmöglichkeiten, hat einen Kinderclub und ist ideal für Familien. Zimmer und Suiten

ZAWRAH

**Arab Heavy
Industries**

Arabian Gulf

Khor Ajman

**Iranian
Souk**

Old Souk
Marina

Leewars Street

Arabian Gulf Street

**Ajman
Chamber**

As Shuolah Street

Sheikh Rashid Bin Saeed Al Maktoom Street

Gulf Street

Bin El Khatab Street

**Ajman
Museum**

**Central
Square**   **Etisalat**

Abu Bakr Al Siddiq Street

Karahma St.

Arabian

Omar

Az Zahra Street

Ain Naheel St.

Al-Kar Street

Sheikh Rashid Street

Municipality

As Shuolah Street

Al Ittahad Street

Al Kuzan Street

Khalid Bin Al-Waleed Street

Rashid Street

Al Quds St.

**Sheikh Rashid
Bin Humaid
Al Nuaijmee
Mosque**

Badr Street

AJMAN

Sheikh

Al Rumailah St.

Kasr Az Zahr Street

Ruler's Palace

**Ladies'
Park**

Mrmar Bin Yasir Street

Al Ittahad Street

**Ajman
Fish Market**

Arabian Gulf Street

Sheikh Rashid Street

Al-Gharafah Street

Badr Street

Palace

Sheikh Khalifa Zayed Street

500 m

©BAEDEKER

AR RIFA'AH

Nuaimiya Street

Badr Street

Sheikh Khalifa Zayec Street

NU'AIMIYAH

**Cultural
Sporting Club**

Umm al-Quwain

① Falcon
② Al-Masa Café
③ India House

④ Ajman City Centre

① Kempinski
② Ajman Beach Hotel
③ Ajman Palace Hotel

haben Meerblick. Kulinarisch kann man wählen zwischen drei Spezialitätenrestaurants mit italienischer, chinesischer und indischer Küche, einem internationalen Buffet-Restaurant, sowie sechs Cafés und Bars.
Ajman Corniche
Tel. 06 7 14 55 55
189 Zi. und Suiten
www.ajmankempinski.com

❸ AJMAN PALACE HOTEL €€€
Im Ajman Palace Hotel verbindet sich zeitgenössisches Design mit traditioneller Architektur. Die Restaurants bieten gehobene mediterrane Küche bis hin zu Sushi und À-la-Carte-Menüs, offerieren aber keinen Alkohol. Selbstverständlich gehören Privatstrand und Pool zum Haus dazu.

Ajman Corniche
Tel. 06 7 01 88 88
254 Zi. und Suiten
www.hmhhotelgroup.com/theajmanpalace

❷ AJMAN BEACH HOTEL €€
Wer mit kleinem Budget verreist, ist im Ajman Beach Hotel recht komfortabel untergebracht. Das kleine Hotel liegt direkt am Strand. Ein Shuttlebus verkehrt täglich ins 20 km entfernte Dubai.
Al-Khaleej Road
(Ajman Corniche)
Tel. 06 7 42 33 33
65 Zi.
www.ajmanbeachhotel.com

Fotografieren verboten!

Rulers Palace Zwar lebt Emir Sheikh Humaid Bin-Rashid al-Nuaimi schon lange in einem neuen Palast an der nördlichen Arabian Gulf Street gegenüber dem Ajman Beach Hotel. Sein alter Herrschaftssitz an der Sheikh Rashid Street, in dem er nach seiner Amtseinführung 1981 zunächst residierte, darf trotzdem nur von außen besichtigt und nicht einmal fotografiert werden. Den im neoislamischen Stil gehalten Palast mit großer Kuppel und vier Wachtürmen umgeben gepflegte Rasenflächen und große Dattelpalmen.

Zukunftsmusik

Ajman Marina District Noch ist der neue Marina District mit Yachthafen, der kurz vor der Mündung des Khor Ajman in den Persischen Golf entsteht, nicht fertiggestellt, doch schon jetzt kann man die neue Uferpromenade entlang spazieren und das Treiben auf dem Wasser beobachten. Allenthalben gleiten vollbeladene Dhaus, Abras (Wassertaxis) und Fischerboote vorbei. Der Marina District ist ein Vorzeigeprojekt Ajmans, eine Stadt in der Stadt aus hypermodernen Bauten, in denen Hotels, Restaurants und Shopping Malls residieren sollen. Schon jetzt erstrahlt auch die 2015 wieder eröffnete **Corniche**, die sich über vier Kilometer die Küste des Persischen Golfs entlang zieht, in neuem Glanz. Besonders in den Abendstunden sind hier Flaneure, Jogger und Biker unterwegs.

Erinnerung an alte Zeiten

Dhau-Werft Es ist noch nicht so lange her, da war Ajman das größte Zentrum für den Dhaubau am Persischen Golf. Die Werften der Stadt belieferten

In Ajman werden Dhaus noch immer so wie in alten Zeiten gebaut.

die ganze Region mit Schiffen, die mittels einer jahrhundertealten Technik zusammengebaut wurden. Obwohl heute oft moderne Materialien im Einsatz sind, wendet man die überlieferte Methode auf der Dhau-Werft von Ajman immer noch an. Interessierte Besucher können hier Schiffe im Rohbau bestaunen und so den ganzer Produktionsprozess vom Skelett bis zur fertigen Dhau zurückverfolgen.

Ein **tolles Mitbringsel** sind die hin und wieder auf dem Werftgelände angebotenen detailgetreuen Nachbildungen der großen Dhaus, die die Arbeiter in ihrer Freizeit anfertigen.

DUBAI

Fläche: 3885 km² | **Einwohnerzahl:** 2,4 Mio.
Emir: Sheikh Mohammed Bin-Rashid al-Maktoum (seit 2006)

Nur wer sich ständig ändert, bleibt sich wirklich treu. Dieses Motto lebt wohl kaum eine andere Stadt am Golf intensiver als Dubai. Zur großen Verwunderung mancher Besucher. Denn wo vor ein, zwei Jahren noch nichts zu sehen war, sind plötzlich komplett neue Inseln oder Hochhausriesen entstanden. Kaum jemand wundert sich noch darüber, dass in Dubai mehr als 20 Tonnen Schnee pro Nacht fallen. Und auch das ist nicht etwa als Scherz gemeint: Seit Neuestem gibt es ein Ministerium für Glück und Toleranz.

Glückliches
Dubai!

Dubai wäre nicht Dubai, würde man den aktuellen Glückszustand seiner Einwohner nicht auch gleich in einem **»Happiness Index«** ermitteln (http://happydubai.ae/). Ihm kann man entnehmen, dass in der Tat zwischen 80 und 90 Prozent der Bevölkerung glücklich sind. Vielleicht liegt es daran, dass hier Menschen aus fast 200 Nationen wohnen und arbeiten? Dubai ist das touristische Zentrum der VAE: Die Auswahl an Restaurants ist schon allein aufgrund der vielen Nationalitäten riesig (▶ S. 12). Nirgendwo gibt es bessere Einkaufsmöglichkeiten und mehr

luxuriöse, ausgefallene Hotels, die sich vor allem am langen Jumeirah Beach aneinanderreihen. Das zweitgrößte Emirat der VAE hat rund 70 Kilometer Küstenlinie und dehnt sich ca. 80 Kilometer weit ins Hinterland aus. In den anderen Emiraten hat Dubai noch drei Exklaven, darunter als größte Hatta.

▌ Blick in die Geschichte

Die Geschichte des modernen Dubai beginnt 1833, als Sheikh Maktoum Bin Butti aus dem Stamm der Bani Yas Beduinen mit rund 800 Gefolgsleuten Abu Dhabi verließ und am Dubai Creek ein neues Emirat gründete. Zu Beginn des 20. Jh.s ließen sich persische Händler in Dubai nieder und errichteten großzügige, mehrstöckige Residenzen aus Korallenkalkstein. Ausgrabungsfunde in **Qusais**, 13 km nordöstlich von Dubai-Stadt, belegen, dass in dem Gebiet des heutigen Emirats schon im 2. Jt. v. Chr. ein bedeutender Handelsplatz lag. In Jumeirah fanden Archäologen die Überreste eines Gebäudes aus der Zeit um 500 v. Chr. und die Mauern einer rund 20 Räume umfassenden Karawanserei, die um die Zeitenwende entstanden sein muss. Während der omayyadischen Epoche (661–750) war

Burj Khalifa – noch das höchste Gebäude der Welt

der Ort eine wichtigen Raststation für Karawanen auf dem Weg vom Oman nach Mesopotamien. Heute ist Dubai als Mitglied der VAE ein international bedeutender Handelsplatz und Verkehrsknotenpunkt. Der Dubai International Airport ist der drittgrößte der Welt. Derzeit entsteht bei Jebel Ali ein noch größerer Flughafen, der Al-Maktoum International Airport. Er ist teilweise bereits eröffnet.

Wankende Ökonomie

Zu Beginn des 21. Jh.s nahm Dubais wirtschaftliche Entwicklung einen geradezu stürmischen Verlauf: Zunächst erregte das Emirat, das im Geld zu schwimmen schien, durch spektakuläre Bauten wie das Luxushotel **Burj al-Arab** (S. 266) oder den **Burj Khalifa** (S. 128) weltweite Aufmerksamkeit. Doch dann kam 2008 die Finanzkrise, und Dubai stand vor dem Ruin. Viele Bauprojekte mussten gestoppt oder ihre Fertigstellung hinausgezögert werden. Selbst der Bau des Burj Khalifa, des bis heute höchsten Gebäudes der Welt, geriet ins Stocken. Der 2010 eingeweihte, 828 Meter hohe Wolkenkratzer konnte erst vollendet werden, nachdem Abu Dhabi dem Bauherrn mit einer Finanzspritze unter die Arme gegriffen hatte, und ist nun nach dem Emir des Nachbarstaates benannt. Trotz der Krise ist Dubai nach wie vor eines der großen Handelszentren Asiens und **Port Jebel Ali** nicht nur ein wichtiger Handelshafen, sondern mit mehr als 7000 Firmen auch der größte Industriestandort am Persischen Golf. Dank des **Dubai World Trade Centre** und der jährlich mehr als 70 Messen hat sich das Emirat überdies zum bedeutendsten Messestandort des Nahen Ostens entwickelt. Um möglichst viele innovative Unternehmen anzusiedeln, hat man 25 Kilometer außerhalb der Stadt eine Freihandelszone mit einer »Internet City«, eine Art »arabisches Silicon Valley«, errichtet. Im **Port Rashid** nahe des historischen Stadtzentrums können fünf Kreuzfahrtschiffe gleichzeitig anlegen. Damit unterstreicht der Cruiseterminal die wachsende Bedeutung Dubais als Kreuzfahrtziel – und als Destination für betuchte Touristen.

⋆⋆ DUBAI-STADT

Einwohnerzahl: 2,2 Mio.

Hier ist alles mindestens zwei Nummern größer: gigantische supermoderne Wolkenkratzer, riesige Shoppingmalls und künstliche Inseln vom Zuschnitt ganzer Stadtteile. Dubai boomt, eine Stadt mit vielen Facetten, eine glitzernde Metropole, in wenigen Jahrzehnten aus dem Wüstenboden gestampft und heute unumstrittenes Handels- und Wirtschaftszentrum des Nahen Ostens, die Drehscheibe für Waren, Finanzen und Dienstleistungen.

1001 und eine Nacht sieht sicher anders aus. Hier soll man also Urlaub machen? Aber ja, denn jenseits von verrückter Architektur und Kaufrausch bietet die touristisch bedeutendste Stadt der sieben Emirate herrlich feinsandige Strände und – im historischen Zentrum – viel Orientromantik. Ansonsten zeigt das Stadtbild aber überwiegend westliches Gepräge und gibt sich recht grün. Dank unterirdisch verlaufender Bewässerungsanlagen wachsen und blühen nicht nur auf den Mittelstreifen der Stadtautobahnen Dattelpalmen, Bougainvilleen, Rosen und Oleander. Hinter hohen Mauern verstecken sich die prächtigen Wohnpaläste der einheimischen Oberschicht.

Orientalisches Märchen?

Die Stadt, die niemals ruht

Ehe man sich aber versieht, sieht diese Stadt schon wieder ganz anders aus. Überall in Dubai wird gebaut. Um Platz für hypermoderne Bauvorhaben zu schaffen, werden entweder Gebäude aus den 1970er- und 1980er-Jahren schon wieder abgerissen oder Inseln künstlich geschaffen. Und so ist seit Ende 2016 das Stadtzentrum vollständig von Wasser umschlossen. Denn man hat den **Dubai Creek** (Al-Khor), einen tief ins Land schneidenden Meeresarm des Persischen Golfs, um rund 12 km verlängert. Das Gewässer führt nun in einem großen Bogen um das alte Bur Dubai und den neuen Stadtteil Downtown Dubai herum wieder zum Meer.

Anhaltender Bau-Boom

▎Das alte und das neue Dubai

Beiderseits des Dubai Creek

Der bis zu 800 m breite Dubai Creek zerschneidet das historische Zentrum der Millionenmetropole und bildet immer noch eine ihrer wichtigsten Lebensadern. Nach wie vor verkehren Abras, die traditionellen Wassertaxis, zwischen beiden Ufern, und nach wie vor steuern schwer beladene Dhaus die alten Hafenanlagen am Nordufer an. Hier, im historischen Viertel **Deira**, konnte sich zwischen glitzernden Hochhaustürmen ein Teil des alten Dubai in die neue Zeit retten. In engen Gassen der traditionsreichen Souks geht es wie eh und je laut und munter zu. Auch in **Bur Dubai** im Süden des Creek erinnern traditionsreiche Märkte sowie einige restaurierte Wohnhäuser und Repräsentativbauten an die Zeit vor dem Ölboom.

Deira, Bur Dubai

Stadt der Zukunft

Südlich der Altstadt wächst entlang der Sheikh Zayed Road das neue Stadtzentrum Downtown Dubai heran. Beiderseits der zwölfspurigen Schnellstraße, die über 52 km bis nach Abu Dhabi führt, stehen – an dem Teilstück zwischen dem Dubai WTC und dem Burj Khalifa – hypermoderne Wolkenkratzer Spalier. Die Sheikh Zayed Road verläuft parallel zum berühmten Jumeirah Beach, der sich südlich des Port Rashid

Downtown Dubai

Zukunft trifft auf (künstliche) Tradition: Auf »The Palm Jumeirah« bringt die Monorail Gäste zum Hotel Atlantis.

über 20 Kilometer die Küste des Persischen Golfs bis zum neuen Stadtteil Dubai Marina entlangzieht. An dem hellsandigen Traumstrand haben nicht nur Luxushotels wie das auf einer künstlichen Insel errichtet Burj al-Arab oder das Jumeirah Beach Hotel, sondern auch reiche Emiratis ihre Zelte aufgeschlagen. Mittlerweile ist Jumeirah das teuerste Wohnviertel im ganzen Emirat.

Künstliche Inselwelten

Palm Islands   Vor Jumeirah ragt **Palm Jumeirah** (▶ S. 126) 4,5 km weit ins Meer hinaus. Die künstlich aufgeschüttete Insel, deren Grundriss einer stilisierten Palme nachempfunden wurde, ist das einzige von vier großangelegten Bauprojekten vor der Küste, das bisher in vollem Umfang realisiert werden konnte. Die Fertigstellung der drei anderen künstlichen Inselwelten verzögert sich infolge der Finanzkrise von 2008 bis heute. »Deira Island« vor der Küste des gleichnamigen Stadtteils sollte ursprünglich ebenfalls Palmenform haben und »The Palm Jumeirah« an Größe bei Weitem übertreffen. Doch der Archipel wird nun deutlich kleiner und ohne Palmenblätter realisiert. Auch der Aufbau von »The World« südlich von Port Rashid geht nur schleppend voran. »The Palm Jebel Ali« in der Nähe des neuen Containerhafens besitzt zwar Palmenform, die Bebauung steht aber noch an.

DUBAI-STADT ERLEBEN

GOVERNMENT OF DUBAI DEPARTMENT OF TOURISM AND COMMERCE MARKETING

Al-Fattan Plaza, Airport Road,
Deira, Dubai
Tel. 04 2 82 11 11
So.–Do. 8.00–14.00 Uhr
www.dubaitourism.ae
In den großen Shoppingmalls gibt es
Informationskioske.

ABRAS

Zwischen 6 und 24 Uhr verkehren
einfache, dieselmotorbetriebene
Holzboote (Abras) auf dem Creek
und verbinden Deira und Bur Dubai.
Es gibt 6 ausgewiesene Haltestellen.
Eine einfache Fahrt kostet 1 Dh.
Bitte halten Sie das Fahrgeld abge-
zählt bereit!

WASSERBUS

Bequemer als Abras sind die klimatisierten Passagierboote (Waterbus),
die von 7 bis 22 Uhr im 15-Minuten-
Takt zwischen der Al-Shindagha Station am Sheikh Saeed House und
der Al-Seef Station in Deira verkehren. Eine einfache Fahrt kostet 2 Dh.

METRO, TRAM, BUS

Seit 2009 verbinden zwei Metrolinien
die wichtigsten Punkte der Stadt. Die
meisten Sehenswürdigkeiten lassen
sich so schnell und einfach erreichen.
Nur unter der Creek verlaufen die
Strecken unterirdisch, die meiste
Zeit verkehren die vollautomatischen
Züge auf bis zu sechs Meter hohen
Viadukten. Die **Red Line** führt vom
Flughafen über die Innenstadt Rich-
tung Südwesten bis nach Port Jebel
Ali. Die **Green Line** verbindet Wohn-
und Gewerbegebiete auf beiden
Seiten des Dubai Creek (▶ Karte
S. 34).
Seit November 2014 verkehrt die
Dubai Tram zwischen Jumeirah
Beach, Dubai Marina und Al Sufouh
(mit Umstiegsmöglichkeiten zur Met-
ro und zur Monorail zur Palminsel
The Palm Jumeirah; ▶ S. 126). Meh-
rere **Buslinien** verbinden Dubai und
Sharjah-Stadt (▶ S. 168; Haltestelle in
Dubai: Baniyas Square, in Sharjah: Al
Wahda Road)
Betriebszeiten der Metro: Sa.–Mi.
5.30–24 Uhr, Do. bis 1, Fr. erst ab
10 Uhr im 5- bis 8-Min.-Takt.
Informationen über den öffentlichen
Nahverkehr sowie zu den Bussen
nach Hatta, Al Ain, Sharjah, Abu Dhabi-
Stadt und in die anderen Emirate:
Roads & Transport Authority (RTA)
Tel. 8 00 90 90 (gebührenfrei)
www.rta.ae
Ticketpreise: Eine einfache Fahrt mit
dem ÖPNV ohne Prepaid-Karte
(Standard-Papierticket) kostet zwi-
schen 4 Dh (1 Zone, ca. 3 km, Gültig-
keit 90 Min.) und 8,50 Dh (5 Zonen,
Gültigkeit 3 Std.). Mit einer Prepaid-
Karte (No/Ticket) sind es weniger.
Am besten kauft man eine No/Silver
Card für 20 Dh. Sie gilt den ganzen
Tag für alle Zonen und kann am
nächsten Tag wieder aufgeladen
werden.

SIGHTSEEING-BUS

Offene Doppeldeckerbusse fahren von der Wafi Mall, der Dubai Mall
oder dem Deira City Centre alle 30
Minuten zu den wichtigsten Sehenswürdigkeiten der Stadt und halten
unterwegs an insgesamt fast 40 Stationen. Die Busse befahren drei Routen: die Strandtour, die Stadttour
und die Marinatour. Da Sie beliebig
oft an jedem Haltepunkt in den

nächsten oder übernächsten Bus wechseln können, haben Sie die Möglichkeit, die Sehenswürdigkeiten Dubais in Ihrem eigenen Tempo zu erkunden.

The Big Bus: Tel. 04 3 40 77 09
www.bigbustours.com
tgl. 9.00–20.00 Uhr
Tickets: Erwachsene 200 Dh,
Kinder 100 Dh, Familie 540 Dh.

HELIRUNDFLUG

Nicht zuletzt dank der gigantischen künstlichen Inseln vor der Küste gibt es zurzeit wohl nirgendwo sonst so spektakuläre Luftbildmotive wie in Dubai. Abheben und über Superlative staunen: Einmal The Palm Jumeirah, den Burj Khalifa und den Burj al-Arab von oben sehen. Ein Helirundflug zeigt auch das gigantische Ausmaß der noch offenen Bauvorhaben. Alpha Tours bietet Flüge ab 15 Minuten an (754 Dh pro Person). Hauptstartplatz ist der Helipad des Hotel Atlantis auf Palm Jumeirah.

Fly High Dubai Helicopter Services
Tel. 04 7 01 91 11
www.alphatoursdubai.com

WASSERFLUGZEUG

Die Cessnas der Fima »Seawings« starten am Hotel Jebel Ali oder auf dem Creek vor dem Park Hyatt Hotel und fliegen über Dubai Marina, Palm Jumeirah, Burj al-Arab, The World und über das Stadtzentrum (40 Min., 1695 Dh).

Seawings
Club Joumana, Jebel-Ali-Hotel
Tel. 04 8 83 29 99
www.seawings.ae

CREEK-RUNDFAHRT

Die Roads & Transportation Authority bietet Törns mit dem Wasserbus für 25 Dh an.
www.rta.ae

Mit Abras geht's rasch und günstig über den Dubai Creek.

Dubai ist als Einkaufsparadies in aller Welt bekannt. Bei der überbordenden Fülle an Angeboten in den Souks und Shoppingmalls der Metropole verliert man leicht den Überblick. Dennoch gehört ein Bummel zumindest durch einen der fast 100 Konsumtempel zu jedem Dubai-Trip dazu. Im Folgenden deshalb ein paar Tipps und Adressen, die bei der Suche nach den richtigen Geschäften helfen können.

Antiquitäten, teilweise auch Silberarbeiten aus dem Jemen und Oman, findet man im Souk al-Bahar (gegenüber der Dubai Mall) und im Souk Khan Murjan der Wafi City. Die größte Auswahl an **Büchern** (der VAE) hat die »Book World« in der Dubai Mall. Der Courtyard an der Sheikh Zayed Road ist ein Spezialist für arabische **Keramik und Bleiverglasungen**. Regionale zeitgenössische **Kunst und Kunsthandwerk** bieten die Majlis Gallery und die XVA Gallery (mit zwei Patios und Restaurant) in Bastakiya. Die bekanntesten **Shoppingkomplexe** sind die Mall of the Emirates im Süden der Stadt sowie die Wafi Mall, die Dubai Mall und das Deira City Centre.

AL-GHURAIR CENTRE
Dubais erste Shopping Mall mit 130 Geschäften, Restaurants und Cafés ist nach einer umfassenden Renovierung ein beliebter Treffpunkt von Einheimischen wie Touristen. Hier haben u. a. French Connection, Guess, Esprit, Marks & Spencer, Swarovski sowie Kosmetikfirmen und Sportartikelhersteller Boutiquen eröffnet.
Ecke Al Rigga Road, Omar Ibn al-Khattab Road, Deira, beim Gold-Souk
Metro: Al Rigga
So.–Mi. 10–22, Do.–Sa. 10–12 Uhr
www.alghuraircentre.com

AL-KARAMA
Strassbesetzte High Heels, gefakete Handtaschen bekannter Designerlabels und jede Menge Textilien und Sportartikel, dafür ist die ein wenig heruntergekommene Karama Shopping Area in Bur Dubai berühmt und berüchtigt. Vor den Geschäften wird man – in Dubai sonst nicht üblich – auch angesprochen. Schnäppchenjäger aus Europa seien aber gewarnt: Die Einfuhr gefälschter Marken- und Designerwaren in die EU ist verboten.
Metro: Al-Karama

DEIRA CITY CENTRE
Von A wie Armani bis V wie Versace: Rund 370 Boutiquen und Läden bieten Mode, Schmuck, Accessoires, Lederwaren und vieles andere im mittleren und oberen Preissegment. Für Gourmets gibt es einen Food Court mit Selbstbedienung sowie einige Cafés und Restaurants.
Al-Garhoud Road, Deira (gegenüber Dubai Creek Golf & Yacht Club)
Metro: Deira City Centre
tgl. 10–22 Uhr
www.deiracitycentre.com

THE DUBAI MALL
▶ S. 132

HAMARAIN CENTRE
Die Mall ist bekannt für die regelmäßig stattfindenden Gold- und Diamantenschmuck-Auktionen. 75 Geschäfte, darunter Top-Modemarken, bieten Lederwaren, Handwerkskunst, Elektronik, Schmuck und Kosmetik an. Die Küchen der zehn Restaurants sind international.
Abu Bakr al-Siddique Road, neben dem Marriott Hotel
Metro: Abu Baker al-Siddique
Sa.–Do. 10–22, Fr. 14–22 Uhr
www.hamaraincenter.ae

Das kann teuer werden: Verführerisch glänzen Schmuck und Accessoires im Gold Souk.

IBN BATTUTA MALL

Diese Mall ist nach dem großen arabischen Gelehrten (▶ Interessante Menschen, S. 235) benannt. Die Ausgestaltung ihrer sechs Höfe wurde durch die Architektur der Länder inspiriert, die Ibn Battuta bereiste und beschrieb. Hinter Fassaden im andalusischen, persischen, tunesischen, chinesischen und mogulzeitlichen Stil verstecken sich 250 moderne Geschäfte, Restaurants und Food Courts. Im ägyptischen Hof kauft man unter den Augen einer Sphinx ein.
Sheikh Zayed Road, Jebel Ali (zwischen 5th und 6th Interchange)
Metro: Ibn Battuta
So.–Mi. 10–22, Do.–Sa. 10–24.00 Uhr
www.ibnbattutamall.com

MAJLIS GALLERY

Allein das stattliche Kaufmannshaus, in dem die Galerie residiert, ist einen Besuch wert, denn man gewinnt einen Eindruck davon, wie wohlhabende Emiratis in der Zeit vor dem Öl gelebt haben. Die Galerie ist eine erste Adresse für ausgefallenes zeitgenössisches Design. Sie bietet aber auch traditionelles Kunsthandwerk.
Al Musalla Roundabout
Metro: Al-Fahidi
Sa.–Do. 10–18 Uhr
www.themajlisgallery.com

MALL OF THE EMIRATES
▶ S. 133

MERCATO MALL

Florentinische Renaissance-Palazzi, venezianische Brücken und historische Springbrunnen prägen die kleine, überschaubare Mall. 120 Geschäfte residieren hier, darunter: Next, Mango, Laura Ashley und ein Spinney's-Supermarkt. Die Cafés unter der gewaltigen Glaskuppel sind ein Treffpunkt europäischer Expatriates, die in Jumeirah wohnen.
Jumeirah Road, Jumeirah II
Metro: Burj Khalifa
tgl. 10–22 Uhr
www.mercatoshoppingmall.com

WAFI SHOPPING MALL

Diese Mall ist an der ausgefallenen Pyramidenarchitektur aus Glas und Chrom leicht zu erkennen. Im Außenbereich fallen die Repliken ägyptischer Pharaonen-Standbilder auf, während Atrien und Säulengänge das opulente Innere prägen. Unter den 300 Geschäften, die hier residieren, finden sich zahlreiche Designerboutiquen. Der im Stil eines traditionellen Marktes errichtete Souk im Untergeschoss ist eine Fundgrube für Liebhaber erlesener Antiquitäten und feinen Kunsthandwerks. Bekannt ist das Wafi auch für das vorzügliche Spa im Obergeschoss. Die Wafi Shopping Mall liegt einige Querstraßen westlich des Creekside Park im alten Stadtzentrum.
Oud Metha Road ab Sheikh Zayed Road,
Metro: Healthcare City
Sa.–Mi. 10–22, Do., Fr. bis 24 Uhr
www.wafi.com

❻ DHAU DINNER CRUISE

In Dubai bieten verschiedene Veranstalter Dinner Cruises auf dem Creek an (ab 250 Dh pro Person, ▶ Magischer Moment, S. 251).
Tel. 04 2 80 78 60
www.creekcruises.com
Tel. 04 3 24 14 44
www.alboom.ae

❸ AL-MAHARA €€€€

Ein riesiges, raumhohes Aquarium bildet die perfekte Kulisse für exquisites Seafood. Ob poschierte Austern, Hummer-Risotto oder Oktopus-Carpaccio: Alle Gerichte tragen die Handschrift des britischen Sternekochs Nathan Outlaw, sein Schüler Peter Briggs regiert in der Küche dieses Spitzenrestaurants.
Im Burj al-Arab, Jumeirah Beach
Tel. 04 3 01 76 00 (unbedingt rechtzeitig reservieren)
www.almaharadubai.com

❷ AT.MOSPHERE €€€€

Wer im höchsten Restaurant der Welt die Aussicht genießen will, muss tief in die Tasche greifen. In 44 Sekunden erreicht der Lift das »At.mosphere« in 442 m Höhe mit Platz für 210 Gäste. Wandhohe Glasfronten, Kalksteinböden und Mahagoni sorgen für gediegen-moderne Atmosphäre. Die Lounge serviert Fingerfood & Co., das Restaurant internationale Haute Cuisine.
Burj Khalifa, 1 Emaar Boulevard, Downtown Dubai
Metro: Burj Khalifa
Tel. 04 8 88 38 28 (unbedingt rechtzeitig reservieren)
www.atmosphereburjkhalifa.com

❶ SEVEN SANDS €€€

Bei Sonnenuntergang ist die Restaurantterrasse der ideale Platz für ein stimmungsvolles Abendessen. Deckenhohe Fenster machen aber auch die Innenräume zu Wohlfühloasen. Hier wird emiratische Küche modern interpretiert, und das Auge isst immer mit. Zu den Vorspeisen wird knuspriges warmes Fladenbrot gereicht. Das Hühnchen-Kebab, aber auch die Desserts wie Pannacotta mit Rosenwasser sind eine Wucht.
Dubai Marina, Makani
No. 1145374508
Tel. 04 5 51 66 52
www.sevensandsrestaurant.com

❺ DANIAL €€

Hier gibt's traditionelle iranische und internationale Küche am All-You-Can-Eat-Büffet sowie ein preiswertes Tagesmenü. Der Kebab ist besonders lecker.
Twin Towers, 3. Stock, Deira, Baniyas Road | Metro: Baniyas
Tel. 04 2 27 76 69
www.danialrestaurant.com

❹ BAYT AL-WAKEEL €€

▶ S. 115
Souk al-Kabeer,
Bur Dubai
Tel. 04 3 53 05 30

🍴🍷
1. Seven Sands
2. At.mosphere
3. Food Court
4. Bayt al-Wakeel
5. Danial
6. Dhau Diner Cruise

⌂
1. Atlantis
2. Madinat Jumeirah
3. Burj Al-Arab
4. Kempinski
5. Nikki Beach Resort
6. Ahmedia Heritage
7. Radisson Blue
8. XVA Art Hotel
9. Rove Downtown
10. Vida Downtown
11. W Dubai
    Al Habtoor City
12. Al Maha
13. Bab al-Shams

Dubai Marina

Jumeirah Beach Residence 2
Jumeirah Beach Residence 1
Mina Al Seyahi
Media City
THE PALM JUMEIRAH
Knowledge Village
Al Sufouh

Marina Towers
Palm Jumeirah

Dubai Marina Mall
Jumeirah Lake Towers
Dubai Marina
Sheikh Zayed Road
University
Dubai Tram
Dubai internet City
AL-SUFOUH

Detailkarte *Dubai Tram*

Metro
🔴──🔴 🟢──🟢
Red Line   Green Line

THE PALM JUMEIRAH

Burj Al-Arab

Dubai Marina

Ibn Battuta Mall
The Gardens
Sheikh Zayed Road
Wild Wadi
AL-SUFOUH
UMM SUQEIM
Al-Was
AL-SAFA

MONTGOMERIE
The Montgomerie
Emirates Golf Club
THE LAKES
Ski Dubai
Mall of the Emirates

THE LOST CITY
Discovery Gardens
EMIRATES HILLS
JUMEIRAH VILLAGE
AL-BARSHAA
AL-QUOZ IND. AREA

Jebel Ali Harbour

Sheikh Mohammed Bin Zayed Road

JUMEIRAH VILLAGE

GREEN COMMUNITY VILLAGE
New Hibab Road
JUMEIRAH GOLF ESTATES
The Els Golf Club
DUBAI SPORTS CITY
Dubai Autodrome
DUBAI GROSSRAUM
Nad Al-She
Dubai Airport

Jebel Ali Hibab Road

DUBAI INVESTMENT PARK
Arabian Ranches
Sheikh Mohammed Bin Zayed Road
LEGENDS

CITY O ARABI
Global Village (Cities of the World)
IMG Worlds of Adventur
Emirates Road

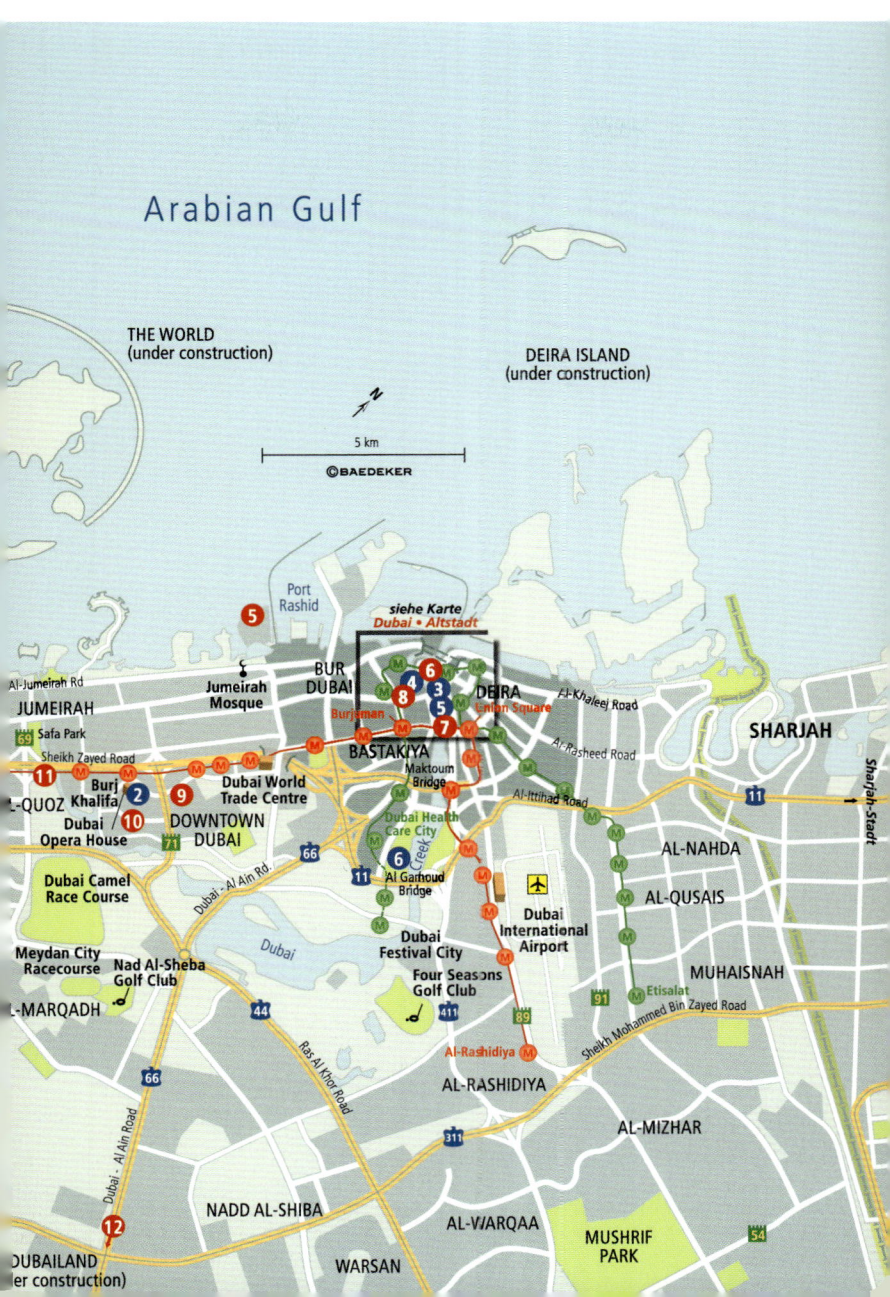

Arabian Gulf

THE WORLD
(under construction)

DEIRA ISLAND
(under construction)

N

5 km

©BAEDEKER

Port
Rashid

siehe Karte
Dubai • Altstadt

5

THE WORLD

Al-Jumeirah Rd

JUMEIRAH

Jumeirah
Mosque

**BUR
DUBAI**

Burjuman

6
8 **4** **3**
5
7

DEIRA
Union Square

El-Khaleej Road

Al-Rasheed Road

SHARJAH

Safa Park

Sheikh Zayed Road

11

Burj
Khalifa

L-QUOZ

2

9

Dubai World
Trade Centre

BASTAKIYA

Maktoum
Bridge

Al-Ittihad Road

11

**DOWNTOWN
DUBAI**

10

Dubai
Opera House

Dubai - Al Ain Rd.

66

71

Dubai Health
Care City

Creek

AL-NAHDA

AL-QUSAIS

**Dubai Camel
Race Course**

11

Al Garhoud
Bridge

Dubai

**Meydan City
Racecourse**

**Nad Al-Sheba
Golf Club**

L-MARQADH

**Dubai
Festival City**

**Four Seasons
Golf Club**

**Dubai
International
Airport**

MUHAISNAH

Sheikh Mohammed Bin Zayed Road

Etisalat

91

44

411

89

NADD AL-SHIBA

Ras Al Khor Road

Al-Rashidiya

AL-RASHIDIYA

AL-MIZHAR

12

DUBAILAND
(er construction)

Dubai - Al Ain Road

66

311

WARSAN

AL-WARQAA

**MUSHRIF
PARK**

54

SHARJAH

Sharjah-Stadt

11

❸ FOOD COURT €

Der schönste Food Court der Stadt befindet sich in der Shopping Mall der Deira Twin Towers. Wer sich beim Shoppen eine Pause gönnen möchte, kann zwischen der klimatisierten Halle und einer Terrasse mit Blick auf den Creek wählen. Auf der Terrasse des Café-Restaurants »Apple« kann man abends, von einer sanften Brise umweht, den Sonnenuntergang bei einer Wasserpfeife genießen.

Deira Twin Towers, Baniyas Road
Metro: Baniyas
www.applecaferestaurant.net

⓬ AL MAHA DESERT RESORT & SPA €€€€

Oryx-Antilopen (arab. Al-Maha) bewegen sich wie Fabelwesen durch die Oase, in der das Al Maha Desert Resort & Spa, keine Stunde von Dubai entfernt, ein luxuriöses Zeltlager aufgeschlagen hat. Ein unterirdisches natürliches Wasserreservoir speist nicht nur die Wasserlöcher, zu denen die Tiere morgens und in der Abenddämmerung kommen, sondern auch die Pools des Hauses. Ausritte auf Araberpferden, Safaris, Tierbeobachtungen, Kamelreiten, Falknereivorführungen und Bogenschießen.

Dubai–Al Ain Road
ca. 40 km auf der Autobahn E 66 Richtung Al Ain bis Exit 47 und weiter knapp 10 km auf Sandpiste.
Tel. 04 8 32 99 00
42 Suiten | www.al-maha.com

❶ ATLANTIS €€€€

Dubais größtes Hotel liegt auf Palm Jumeirah und bietet Ferien in einer Fantasiewelt. Mit seinem riesigen Freizeit- und Wasserpark ist es eigentlich auf Familien ausgerichtet, doch hat es auch anderen Gästen einiges zu bieten. Wer etwas für submarine Welten übrig hat, kann in den Unterwassersuiten Poseidon und Neptune

(14 000 Dh) nächtigen und/oder im Unterwasserrestaurant Ossiano in Gesellschaft von Haien und Rochen speisen. In den 20 Restaurants des Hauses verwöhnen internationale Spitzenköche die Gäste.

Crescent Road, The Palm Jumeirah
Tel. 04 4 26 20 00
1500 Zimmer und Suiten
www.atlantisthepalm.com

⓭ BAB AL-SHAMS DESERT RESORT & SPA €€€€

Das im Stil eines arabischen Forts erbaute Wüstenresort fasziniert in erster Linie durch die gewaltigen Sanddünen, die es umgeben. Die 115 Zimmer verteilen sich auf 16 zweistöckigen Gebäuden, die durch Innenhöfe, verschlungene Gänge, Gärten und drei Pool-Areale miteinander verbunden sind. Das Interieur ist luxuriös und modern ausgestattet, spiegelt aber auch die Lehmarchitektur früherer Jahrhunderte wider – ein gelungener Kontrast.

Al Qudra Road, ca. 70 km südöstlich vom Zentrum Dubais
Tel. 04 8 09 64 98
www.meydanhotels.com

❸ BURJ AL-ARAB €€€€

▶ S. 121 und S. 266
Jumeirah Beach
Tel. 04 3 01 77 77
www.jumeirah.com/burjalarab

❹ KEMPINSKI HOTEL MALL OF THE EMIRATES €€€€

Vorhang auf, und draußen rieselt der Schnee. Highlight des Kempinski Hotels sind die 20 atemberaubenden Aspen Ski Chalets (ab 1875 Dh) mit Blick über die gepuderten Pisten von Ski Dubai. Vor allem bei arabischen Gästen sind die alpenländischen Hütten mit Kamin ein Renner. Das Hotel ist Teil der Mall of the Emirates.

Sheikh Zayed Road
Metro: Mall of the Emirates
Tel. 04 3 41 00 00 | 393 Zi. u.Suiten
www.kempinski.com

❷ MADINAT JUMEIRAH €€€€

Die Hotels in der Madinat Jumeirah (▶ S. 124) schwelgen in orientalischer Pracht. Schwere, geschnitzte Holztüren, steinerne Alkoven und üppige Vorhänge: Die Zimmer (ab 50 m²) der Hotels »Al Qasr« (Der Palast) und »Mina al-Salam« (Hafen des Friedens) sind alle gleich opulent ausgestattet. Noch luxuriöser sind nur noch die Suiten und Villen der ebenfalls zur Madinat Jumeirah gehörenden Anlage »Dar Al Masyaf & Malakiya Villas«.

Jumeirah Beach Road
Tel. 04 3 66 88 88
www.jumeirah.com

❺ NIKKI BEACH RESORT & SPA €€€€

Das Resort gleicht einem Luxus-Strandclub, dessen minimalistisch-

WHATEVER, WHENEVER

Ein gewöhnlicher Concierge besorgt Karten, reserviert einen Tisch, zeigt den Weg auf dem Stadtplan. In den W-Hotels gibt es dagegen »whatever, whenever« – was immer, wann immer. »Ich bin in 30 Minuten zurück im Zimmer und möchte dann bitte ›Wind of change‹ von den Scorpions hören.« Und der WhatsApp-Wunsch wird tatsächlich Realität: »Great choice!«, die erste Antwort nach einer Minute. Zurück im Zimmer liegt ein Tablet auf dem Bett. Ein Druck auf die Play-Taste und tatsächlich: »Wind of change« erklingt …

elegantes Interieur mit vorwiegend beige, blau und weiß gehaltenem Dekor die Elemente Strand, Himmel und Meer aufgreift. Dabei kommen Materialien wie Kieselsteine, Äste oder sogar Algen zum Einsatz. Das Resort liegt, eingebettet in einen großzügig und ansprechend gestalteten Garten mit Pool, auf der Insel Pearl Jumeirah und besitzt einen 400 m langen Privatstrand.
Pearl Jumeira
Tel. 04 3 76 60 00 | 117 Zi., 15 Villen
www.nikkibeachhotels.com,

⑪ W DUBAI AL HABTOOR CITY €€€€
► S. 267
Al Habtoor City
Sheikh Zayed Road
Tel. 04 4 36 66 66 | 356 Zi., 76 Suiten
www.wdubaialhabtoorcity.com

⑦ RADISSON BLU €€€
Zu dem Hotelkomplex direkt am Creek in Deira gehören eine Ladenpassage mit Mode- und Antiquitätenläden sowie mehrere Lokale, darunter das außergewöhnliche Seafood-Restaurant »Fischmarket«. Die Gäste wählen hier, mit einem Einkaufskorb in der Hand, an einer gewaltigen Theke frischen Fisch, Schalentiere sowie Beilagen aus und lassen dann alles in der Küche zubereiten.
Baniyas Road 476, Deira
Metro: Union Square
Tel. 04 2 22 71 71 | 275 Zi. u. Suiten
wwww.radissonblu.de

⑩ VIDA DOWNTOWN €€€
In diesem schicken Designerhotel mitten in Downtown Dubai werden arabische Stilelemente gekonnt mit moderner Architektur kombiniert. In den Innenräumen dominieren gedämpfte Farben und minimalistisches Design. Die Lobby wartet mit großen Fensterflächen und hohen Bücherregalen

auf. Fürs Frühstück auf der Poolterrasse kann man einen Picknickkorb ordern.
Mohammed Bin Rashid Boulevard, Old Town
Tel. 04 4 28 68 88 | 156 Zimmer
www.vida-hotels.com

⑥ AHMEDIA HERITAGE GUESTHOUSE €€–€€€
Historisch und komfortabel wohnt es sich in dem kleinen, aber feinen Hotel in der Nähe der Ahmadiya-Schule und der Souks. Das in traditioneller Emirati-Architektur restaurierte Gästehaus hat 15 große Zimmer mit Aussicht in einen schönen Innenhof.
Al-Ras Road, Al-Ras, Deira
Metro: Al Ras
Tel. 04 2 25 00 85
www.ahmediaguesthouse.com

⑧ XVA ART HOTEL €€–€€€
Dieses ruhige Boutiquehotel residiert im Altstadtviertel Bastakiya in einem im traditionellen Stil erbauten Haus mit Windturm. Die 14 Zimmer sind individuell und geschmackvoll eingerichtet. Die Gäste können es sich aber auch in der schönen Lobby oder im luftigen Innenhof gemütlich machen. Im Haus gibt es eine Kunstgalerie und ein kleines Café.
Al Fahidi Neighborhood, Bur Dubai
Tel. 04 3 53 53 83
www.xvahotel.com

⑨ ROVE DOWNTOWN €€
Hier fühlt sich die Generation der Millennials wohl: zentral gelegen, günstig und gut angebunden. Zum Schnäppchenpreis gibt es obendrein noch einen Burj Khalifa-Blick. Das Hotel bietet schnörkelloses Design mit Werken zeitgenössischer Künstler aus der Region und überraschenden Ideen wie einer Kunstwand mit hängendem Fahrrad.
312 Al Sa'ada Street, Zabeel 2
Tel. 04 5 61 99 99 | 420 Zimmer
www.rovehotels.com

❙ Wohin in Deira?

Nirgendwo sonst ist der Wandel, den Dubai in den letzten 40 Jahren erlebt hat, so spürbar wie nördlich des Creek wo Tradition und Moderne aufeinander treffen. Während an der parallel zum Creek verlaufenden **Baniyas Road** hypermoderne Hochhaustürme aufragen, liegen an den alten Kaianlagen davor traditionelle Dhaus vor Anker. Nicht nur hier, sondern auch in den Souks von Deira geht es heute wie vor 100 Jahren laut und geschäftig zu.

Welt betörender Düfte

In den engen Gassen des Souk stapeln sich die Säcke voller exotischer Kräuter und Gewürze. Die Luft ist von verlockenden Gerüchen erfüllt. Es duftet nach Kardamon, Zimt und Vanille, nach Weihrauch und Myrrhe. Wer die Aromen Arabiens mit nach Hause nehmen will, kann sie hier für wenige Dirham erstehen. Die Händler wiegen die Gewürze in kleine Beutel ab. Der **Gewürzsouk** ist Teil des Deira Old Souk (nicht zu verwechseln mit dem Old Souk in Bur Dubai) und dank der beiden Windtürme an seinem Eingang leicht zu finden. Im Old Souk kann man Stoffe, Teppiche, Wasserpfeifen, Keramiken, kurz alles, was der Orient zu bieten hat, erstehen. Wer etwas für ätherische Öle übrig hat, darf einen Abstecher in den nahegelegenen **Parfümsouk** nicht versäumen. In einigen der kleinen Läden wird man von erfahrenen Parfümeuren beraten und kann sich sogar einen individuellen Duft zusammenstellen lassen. Dubais Old Souk entstand bereits im 19. Jh. auf der Halbinsel Al-Ras, die kurz vor dessen Mündung in den Golf in den Creek hinausragt. Um 1910 war er der größte an der Golfküste.

Deira
Old Souk

Metro: Baniyas Square | Sa.–Do. 10–13, 16–22, Fr. ab 16 Uhr

Verführerische Schätze

Die VAE importieren jährlich 300 Tonnen Gold, ca. 10 bis 15 % der Weltproduktion, und das meiste davon landet im Gold Souk von Dubai und dem New Gold Building. Der Gold Souk in der Nähe des Deira Old Souk ist eines der touristischen Highlights im Emirat. Tagsüber drängen sich hier die Touristen und staunen über die Schätze in den Auslagen der Geschäfte. Sobald es dunkel wird, halten an den Ausgängen der **»City-of-Gold«** Limousinen mit dunkel getönten Scheiben, und heraus steigen in schwarze Abayas gekleidete Araberinnen aus den Nachbarstaaten, die sogleich in den Geschäften verschwinden. Im Gold Souk ist keineswegs alles unbezahlbar teuer, was glänzt. Ketten und Ringe sind schon für unter 50 Euro zu haben, und Feilschen gehört zum Geschäft unbedingt dazu. Wenn man mehrere Stücke erwirbt, gibt es einen Rabatt und bei großen Einkäufen ein Goldgeschenk als Dreingabe. Der Preis hängt immer vom aktuellen Goldpreis ab.

Gold Souk

Metro: Baniyas Square | Sa.–Do. 10–13, 16–22, Fr. ab 16 Uhr
www.city-of-gold.com

300 m

©BAEDEKER

🍴🍷
1 Seven Sands*
2 At.mosphere*
3 Food Court
4 Bayt al-Wakeel
5 Danial
6 Dhau Diner Cruise*

⌂
1 Atlantis
2 Madinat Jumeirah*
3 Burj Al Arab*
4 Kempinski*
5 Nikki Beach Resort*
6 Ahmedia Heritage
7 Radisson Blue

8 XVA Art Hotel
9 Rove Downtown*
10 Vida Downtown*
11 W Dubai
   Al Habtoor City*
12 Al Maha*
13 Bab al-Shams*

*Pandziele**
siehe Karte
Dubai • Großraum

Deira Fish,
Meat & Vegetable Market

Deira
us Station

Women's
Museum
AL-
GHAYA

Palm
Deira

Green Line

Galleria
Centre

AYAL NASIR

L-SABKHA

Naif
Souq

Al-Wasi
Souq

AL-MURAR

Naif Road

Al-Khaleej Street

Deira
Tower

Baniyas
Sq.

NAIF

he Carlton
ower

3
Twin
Towers
5

AL-RIQQA

Al Baraha Street

Al Rasheed Street

7
17

Memorial
Plaza

Union
Square

Fish
Roundabout

AL-MUTEENA

Al Mateena Street

Municipality
Building

Union
Square

Umer Ibn Al-Khattab Road

Al-Ghurair
City

Salah Al-Din 2rd

Etisalat
Building

Emiratische Frauenpower

Women's Museum — Unabhängig davon, ob sie künstlerisch tätig waren oder als Ehefrauen und stille Beraterinnen ihrer Männer Einfluss hatten: Dieses Museum ist vielen unsichtbar gebliebenen, aber dennoch bedeutenden Frauen gewidmet und präsentiert überdies die Werke zeitgenössischer Künstlerinnen aus der Region. So hört man u. a. die kräftige Stimme der Dichterin Ousha Bint Khalifa, die ihre Verse öffentlich vorträgt. Das kleine und engagiert geführte Women's Museum befindet sich am Rand des Goldsouks.
Bait Al Banat, Sikka 28
Metro: Al Ras | Sa.-Do. 10–19 Uhr
Eintritt: 20 Dh | www.womenmuseum.com

Wo der Emir zur Schule ging

Al-Ahmadiya-School — Dubais erste Schule wurde 1912 gegründet. Auch der heutige Herrscher Sheikh Mohammed Bin-Rashid al-Maktoum hat sie besucht. Sie

IM GOLDRAUSCH

Einmal durch Straßen voll Gold wandeln – im Goldsouk von Deira gehört das zum Alltag. Etwa 300 Geschäfte in der »City of Gold« bieten eine Schaubühne von Kunst und Kultur. Filigrane, ornamental gearbeitete 24-Karat-Schmuckstücke vermitteln Tradition und arabische Kreativität. Schauen kostet nichts. Und träumen ist so wunderbar ...

residierte in einem traditionell aus Lehmziegeln errichteten Haus mit zwölf um einen Innenhof gelegenen Klassenzimmern, das der Kaufmann Sheikh Mohammed Bin-Ahmad Bin-Dalmouk in Auftrag gegeben hatte. Anfangs wurden nur erwachsene Männer unterrichtet, erst ab 1926 durften auch Jungen den Unterricht besuchen, Mädchen wurden nie aufgenommen.

Heute ist in dem Haus ein **Museum** untergebracht, das über die Entwicklung des Schulwesens in Dubai informiert. Es liegt in einer Seitengasse der Al-Ahmadiya Street in der Nähe der Souks und wird zur Zeit restauriert.

Metro: Al-Ras | Sa.–Do. 8.30–20, Fr. 14.30–16.30 Uhr
Eintritt frei

Opulente Grünanlage

Eine ganze Heerschar ausländischer Arbeitskräfte und ein ausgeklügeltes unterirdisches Bewässerungssystem machen es möglich, dass in der Wüste üppig grünender Rasen gedeiht. Der 18-Loch-Golfplatz erstreckt sich über eine Fläche von 80 Hektar und verbraucht 1,5 Milliarden Liter pro Jahr, denn trübe und regnerische Tage, an denen nicht bewässert werden muss, sind in Dubai selten.

Dubai Creek Golf & Yacht Club

Auch wer sich nicht für Golf interessiert: Eine Besichtigung der makellos gepflegten Anlage am Creekufer in der Nähe des Flughafens lohnt sich in jedem Fall. Das 35 Meter hohe Dach des Clubhauses ist den Segeln einer traditionellen Dhau nachempfunden und ein echter Blickfang.

Ebenso sehenswert ist nur einen Steinwurf weit entfernte Clubhaus des Jachthafens, das dem Oberdeck eines Luxusliners ähnelt. Der Golfplatz avancierte innerhalb kurzer Zeit zum Austragungsort hoch dotierter Meisterschaftsturniere.

Metro: Deira City Centre | www.dubaigolf.com

▌ Wohin in Bur Dubai?

Dass auch eine Metropole, die wie Dubai auf der Überholspur vorwärts stürmt, zurückschauen und ein Faible für die eigene Geschichte entwickeln kann, zeigt Bur Dubai, der älteste Stadtteil im Südwesten des Creek. Ob in den tradtionellen Souks des Viertels, ob in den Museumsdörfern von Shindagha oder dem aufwändig restaurierten Bastakiya-Viertel, in dem einst persische Kaufleute lebten: Im historischen Zentrum der Metropole wird das kulturelle Erbe bewahrt und gepflegt.

Restaurant mit Aussicht

Ein idealer Ort, um das Treiben auf dem Creek zu beobachten! Das Bayt Al-Wakeel, 1934 als Verwaltungsgebäude errichtet, beherbergt heute ein **Schifffahrtsmuseum** und ein Restaurant mit Terrasse, das

Bayt Al-Wakeel

Spezialitäten der arabischen Küche serviert. Touristen kehren gern hier ein und lassen sich beim Blick auf das Wasser und die Skyline von Deira Seafood oder Lammkebab schmecken.

nahe des Bur Dubai Old Souk und der Bur Dubai Abra Station
Metro: Al-Fahidi

Feinstes Kaschmir und edle Seide

Bur Dubai Old Souk

Seit der umfassenden Restaurierung im Jahr 2002 hat der alte Haupt-souk (nicht zu verwechseln mit dem Deira Old Souk) ein festes, im traditionellen Stil gefertigtes Holzdach, das durch schmale Öffnungen Licht einlässt. Der Markt ist für die kostbaren Stoffe und Kleidungsstücke, die hier angeboten werden, bekannt. Natürlich kann man auch Gewürze, Kunsthandwerk und Dinge des täglichen Bedarfs erstehen.

Dubai Underground

National-museum im Fort Al-Fahidi

Mitten im alten Stadtkern steht das **Fort Al-Fahidi**, die älteste Befestigungsanlage im Emirat. Sie wurde 1787 aus Lehmziegeln und Korallenblöcken um einen großen Innenhof errichtet und diente als Wach- und Beobachtungsstation. Der Turm an der Nordwestseite, in dem Vieh und Schießpulver untergebracht waren, kam erst später dazu. Im 20. Jh. diente das Fort als Gefängnis und Polizeistation. Nach einer umfassenden Restaurierung zog Dubais **Nationalmuseum** ein. Man betritt die Anlage durch ein von zwei Kanonen flankiertes und mit Nägeln beschlagenes hölzernes Eingangstor, das aus dem Sheikh Saeeds House im Stadtviertel Shindagha stammt. Im Innenhof sind Boote ausgestellt, die noch bis Mitte des 20. Jhs im Einsatz waren, sowie eine aus Palmblättern und Holzstangen errichtete Hütte mit einem Windturm auf dem Dach. Über eine Wendeltreppe geht es hinab in die Tiefe zu den unterirdischen Ausstellungsräumen. Lebensgroße Puppen sowie Licht- und Toneffekte sollen hier das Alltagsleben im alten Dubai anschaulich machen. Die Szenen zeigen u. a. Fischer und Perlentaucher, Händler beim Wiegen und Prüfen von Perlen sowie Jungen, die in einer Koranschule Suren aus dem heiligen Buch lesen, während der Lehrer den Takt dazu schlägt. In einem Raum wurde ein Souk der 1960er-Jahre nachgebaut, in einem anderen ein Beduinenlager in der Wüste: Sterne funkeln über den weißen Zelten, während eine Gruppe von Männer um ein Lagerfeuer sitzt und einem Geschichtenerzähler lauscht. In der archäologischen Abteilung sind 3500 Jahre alte Grabfunde aus Hatta und Al-Qusais ausgestellt.

Metro: Al-Fahidi | Sa.–Do. 8.30–17.30, Fr. 14.30–17.30 Uhr | Eintritt 3 Dh

Große Moschee

Schon von Weitem sichtbar ragt das 70 Meter hohe Minarett dieses zwischen 1996 und 1998 erbauten Gotteshauses aus dem Häusermeer von Bur Dubai. Auffällig sind auch die neun großen und 45 klei-

116

Letzter Ankerplatz: eine alte Dhau im »Trockendock« vor dem Nationalmuseum

nen Kuppeln mit bunten Bleiverglasungen. Architektonisches Vorbild war der an gleicher Stelle um 1900 errichtete Vorgängerbau. Die Moschee ist das bedeutendste islamische Gotteshaus im Emirat und bietet 1200 Gläubigen Platz. Nichtmuslime dürfen sie allerdings nicht betreten. Die Moschee liegt gegenüber dem Fort Al-Fahidi.

Vom Händler- zum Künstlerviertel
Ein Spaziergang durch Bastakiya entführt in die Zeit um 1900, als Händler aus dem Iran sich in Dubai ansiedelten und dort Wohnbauten im Stil der Architektur ihrer südiranischen Heimat errichteten. Die meist zweistöckigen, aus Korallenstein und Muschelkalk erbauten Häuser besitzen luftige Innenhöfe und haben **Windtürme** (▶ S. 176) auf dem Dach, die für angenehme Kühle in den Wohnräumen sorgten. Auch die kunstvoll geschnitzten Holztüren und Fenstergitter zeugen vom Wohlstand der Bewohner. Als mit Beginn der Öl-Ära in den 1970er-Jahren die reichen Familien aus dem engen Bastakiya wegzogen, schien das Viertel dem Verfall preisgegeben und vom Abriss bedroht. 2005 jedoch wendete sich das Blatt. Dubais Stadtplaner starteten eine umfassende Sanierungsaktion, und viele der historischen Bauten konnten gerettet werden. In Ihnen residieren nun nette Cafés, Restaurants,

Bastakiya

Galerien und Ateliers, Cafés und Restaurants, dazu Windtürme: Das historische Händler-Viertel Bastakiya hat sich in ein Künstler-Refugium verwandelt.

Galerien und Ateliers. Das alte Kaufmannsviertel ist zu einem hippen Refugium für Künstler geworden.

In einem restaurierten Haus mit Windturm ist auch das **Sheikh Mohammed Centre for Cultural Understanding** (Magischer Moment, S. 120) untergebracht.

House 26, Al Musallah Road | Metro: Al-Fahidi | So.–Do. 9–18, Sa. bis 13 Uhr | Tel. 04 3 53 66 66 | www.cultures.ae

Erinnerung an Dubais Seefahrertradition

Diving & Heritage Village

In Shindagha, gleich hinter Port Rashid an der Mündung des Creek in den Golf, lassen zwei Museumsdörfer die Zeit vor dem Ölboom wieder lebendig werden. Das **Diving Village**, das aus niedrigen Lehmhütten mit Palmblattdach besteht, versetzt in ein Fischer- und Perlentaucher-dorf des 19. Jahrhunderts. Einige Dhaus erinnern an die jahrhunderte-alte Seefahrertradition Dubais. Vom Diving Village zum **Heritage Village** (Al-Tourath) ist es nur ein Katzensprung. In dem nachgebau-ten Souk wird Kunsthandwerk zum Kauf angeboten. Hier kann man Töpfern und Webern bei ihrer Arbeit über die Schulter schauen und auf dem Markt Süßigkeiten aus Datteln und Mandeln erstehen. Während der Wintermonate werden regelmäßig Volkstänze aufgeführt oder traditionelle Feste wie z. B. beduinische Hochzeiten veranstaltet.

Al Shindagha | Metro: Al Ghubaiba
Sa.-Do. 8–20, Fr. 15–22 Uhr | Eintritt: frei

Nostalgische Fotoerinnerungen

Sheikh Saeed al-Maktoum, der Großvater des jetzigen Emirs, regierte von diesem Palast aus fast 50 Jahre lang den kleinen Wüstenstaat. Als die Maktoums schon bald nach dem Tod Saaeds im Jahre 1958 in eine neue Residenz umzogen, schien er zunächst dem Verfall preisgegeben. Doch 1986 besann man sich des historischen Erbes, ließ es restaurieren und wandelte es in ein Museum um. Heute zeigt der Palast wieder die alte Pracht und lässt erahnen, wie die Sheikhs der Golfregion in der Zeit vor dem Öl lebten.

Sheikh Saeed House

Die Ausstellungen beinhalten Fotografien, Briefmarken, Geldscheine und andere historische Dokumente von unschätzbarem Wert. Besonders interessant sind die Schwarz-Weiß-Aufnahmen der Herrscherfamilie aus dem ersten Drittel des 20. Jh.s und historische Ansichten von Dubai aus der Zeit zwischen 1948 und 1953, die im **Al Maktoum-Flügel** zu sehen sind. Münzen vom Ende des 18. Jh. und Briefmarken mit dem Aufdruck »Trucial States« (▶ S. 225) aus dem 19. Jh. faszinieren sicherlich nicht nur Münz- und Briefmarkensammler. Die Ausstellung im **Marine Wing** zeigt historische Fotos von Perlentauchern, Fischern und Dhaus sowie maßstabsgetreue Schiffsmodelle und die Gerätschaften der Perlentaucher (▶ S. 180). Eine andere Ausstellung ist dem sozialen, kulturellen und religiösen Leben im Dubai der 1950er-Jahre gewidmet. Zur Zeit ist das Haus für Renovierungen vorübergehend geschlossen.

Shindagha Road | Metro: Al-Ghubaiba

Grünes Paradies mit Aussicht

Mit seinen nicht enden wollenden Rasenflächen und botanischen Gärten ist dieser Park ein wunderbares Freizeit- und Erholungsgebiet mitten im Stadtzentrum. Er liegt östlich von Bastakiya direkt am Ufer des Creeks und ist ein Lieblingsprojekt der Maktoum-Dynastie, die Dubai schon immer in eine grüne Oase verwandeln wollte und sich diese Anlage etwa 100 Millionen Dh kosten ließ. Planer aus aller Welt schufen ein wahres Paradies mit üppigem Baumbestand. Das **Amphitheater**, in dem regelmäßig Theateraufführungen und Konzerte stattfinden, bietet 1200 Zuschauer Platz. Die **»Children's City«** will interaktive Lernerlebnisse fördern. Für die Kids wurden außerdem u. a. Kinderspielplätze und eine Gokart-Bahn angelegt. In 30 Meter Höhe überspannt eine **Seilbahn** die ganze Anlage und bietet herrliche Ausblick auf das Treiben am Creek. Das **Dubai Dolphinarium** auf dem Gelände des Parks veranstaltet regelmäßig Shows.

Creekside Park

Metro: Healthcare City | tgl. 8–22 Uhr, Mi. nur für Frauen geöffnet
Eintritt: 5 Dh; Cable Car 25 Dh pro Person
Fahrzeit: 30 Minuten, Leihräder 30 Dh/Std.
www.dubaidolphinarium.ae

▌ Wohin in Jumeirah?

**Ein Platz an
der Sonne**

Eine erste Adresse für sonnenhungrige Urlauber ist der Strand von Jumeirah, der sich von Port Rashid über 20 Kilometer Richtung Südwesten erstreckt. Hier findet man Hotels der Superlative und die bekanntesten Einkaufszentren der Metropole. Strand heißt jedoch nicht immer auch öffentlich zugänglicher Badestrand. Große Abschnitte des Jumeirah Beach sind nämlich in Privatbesitz und gehören zu den großen Hotelanlagen. Nichthotelgäste, die hier in der Sonne liegen

ARABISCHE GASTLICHKEIT
Das **Sheikh Mohammed Centre for Cultural Understanding** am östlichen Rand von Bastakiya bietet geführte Spaziergänge durch das Viertel an und lädt montags und mittwochs um 10 Uhr zu einem echten emiratischen Frühstück (80 Dh) ein. Von Sonntag bis Donnerstag wird um 13 Uhr ein traditionelles Mittagessen (90 Dh) serviert. Sonntags, dienstags und donnerstags gibt es um 19 Uhr Abendessen (100 Dh) und jeden Samstag um 10.30 Brunch (Reservierung erforderlich; ▶S. 118).

möchten, müssen eine Tagesmitgliedschaft in einem der hoteleigenen Beachclubs erwerben. Öffentlich zugänglich sind dagegen der **Jumeirah Beach Park** und der **Kite Beach**. Hier kann man Liegen sowie Sonnenschirme ausleihen und die Aussicht auf den Burj al-Arab und den Burj Khalifa genießen. Ohne Strandleben, jedoch sehr erholsam ist der **Safa Park**, eine sehr schöne Grünanlage landeinwärts in Höhe des Jumeirah Beach Parks gelegen.

Jumeirah Beach Park: tgl. 8-23 Uhr, Mo. nur Frauen, Eintritt: 5 Dh
Safa Park: tgl. 8-22, Do., Fr. bis 23 Uhr, Eintritt: 3 Dh
Kite Beach: freier Eintritt

Von der verrückten Idee zur Architekturikone

Tradition und Futurismus in einem Bauwerk vereint – wie geht das? Nun, in Dubai stellt man ein technisch und architektonisch hypermodernes Hotelhochhaus ins Meer und lässt es aussehen wie das geblähte Segel einer Dhau. Mit dem Burj al-Arab betrat Dubai im Jahr 1999 endgültig die Bühne der Zukunftsarchitektur und spendierte sich ein bis heute spektakuläres Wahrzeichen. Auf einer künstlichen Insel reckt sich das Luxushotel 321 Meter in die Höhe. Der Wermutstropfen bei aller Begeisterung: Es ist eben **ein Hotel und keine Touristenattraktion**. Wer nicht dort wohnt, kommt nur mit einer Restaurantbuchung hinein. Aber die hat es in sich: mit Aussicht von der in der 27. Etage liegenden »Skyview Bar« oder verschwenderisch in der mit Blattgold ausgestatteten Bar »Gold on 27« (mit dem auch manche Speisen »gewürzt« sind ...), dazu Panoramaverglasung für den Blick auf die Küste und das Meer. Oder doch lieber näher am Wasser? Dann ins Unterwasserrestaurant »Al-Mahara« zum Seafood oder auf das neue, 10 000 m² große Poo deck bei kalifornischer Küche im »Scape« Restaurant (▶ S. 266).

★★
Burj al-Arab

Juwel moderner islamischer Architektur

Hier beten freitags auch die Mitglieder des Herrscherhauses. Unübersehbar ragt die wohl beeindruckendste Moschee Dubais aus einem Palmenhain südwestlich des Port Rashid an der Jumeirah Beach Road hervor. Tagsüber glänzt der elfenbeinfarbene Kalkstein ihrer Fassaden hell im Sonnenlicht, nach Einbruch der Dunkelheit erstrahlt des Gotteshaus in künstlichem Licht. Die zwischen 1975 und 1978 errichtete Moschee wird oft als herausragendes Beispiel moderner islamischer Architektur gerühmt und ist doch auch von der Baukunst der mittelalterlichen ägyptischen Fatimiden-Dynastie inspiriert. Zwei 70 Meter hohe, schlanke Minarette flankieren den Haupteingang und vier kleine Kuppeln rahmen die majestätische Hauptkuppel ein. Filigrane Steinmetzarbeiten schmücken Kuppeln, Minarette und Außenfassaden, zusätzlich nehmen hohe Bogenfenster dem Bauwerk jede Schwere. Die Moschee steht auch Nichtmuslimen offen und kann im Rahmen von Führungen besichtigt werden, die das **Sheikh Mohammed**

★
Jumeirah-
Moschee

Centre for Cultural Understanding (▶ S. 118, Magischer Moment, S. 120) unter dem Motto »Open Doors. Open Minds« organisiert.

Metro: Emirates Towers
75-minütige Führung: Sa.–Do. 9.45 Uhr | Eintritt 20 Dh
Dresscode: lange Hosen für Männer, Frauen erhalten Kopftücher und Abayas | www.cultures.ae

Die ganze Welt als Archipel

The World   Die ganze Welt im kleinen neu zu erschaffen, das sah der ambitionierte Plan von Dubais Herrscher vor. Ein Archipel aus 253 Inseln und Inselchen bildet nun »The World« und sieht auf Satellitenaufnahmen tatsächlich (fast) wie eine Weltkarte aus. Die einzelnen Inseln sind wie die Länder der Erde geformt und so angeordnet, dass sie zusammen alle sechs Kontinente abbilden. Ursprünglich wollte man jede Insel zu Preisen zwischen 15 und 50 Millionen US-Dollar an private Investoren verkaufen und ihnen Bebauung und Nutzung überlassen. Doch infolge der Finanzkrise 2008 zogen sich viele Interessenten zurück und »The World« stand erst einmal still. Mittlerweile scheint es – wenn auch schleppend – wieder voranzugehen. Einige Hotelprojekte nehmen konkrete Gestalt an, und auf **Lebanon Island** eröffnete bereits der Royal Island Beach Club mit Restaurant, Bar, Cabanas und Pool. Er ist vom Jumeirah Fishing Harbour 1 mit dem clubeigenen Boot zu erreichen. Bei der Aufschüttung der Inseln, die auf Fundamenten aus 34 Millionen Tonnen Felsgestein ruhen, wurden 320 Millionen Kubimeter Sand verbraucht. Der ganze Archipel umfasst eine Fläche von 63 Quadratkilometern und liegt zwischen drei und acht Kilometer vor der Küste.

Fahrten zum Royal Island Beach Club: tgl. 11–18 Uhr (alle 30 Min)
Tel. 05 06 17 65 07 | Eintritt: 300 Dh | www.royalislandbeachclub.ae

Exkursionen in die Vergangenheit

Dubai Archaeo-logical Site, Al-Sufouh   Wer sich für die Geschichte Dubais interessiert, sollte sich **Dubai Archaeological Site** anschauen. Archäologen fanden dort die Reste einer Residenz sowie einer Karawanserei, einer Moschee, eines Souks und mehrerer Wohngebäude aus frühislamischer Zeit. Eine Besichtigung in Begleitung eines Archäologen ist seit einiger Zeit möglich. Die Genehmigung erhält man im Nationalmuseum (▶ S. 116). Hier sind auch viele Grabungsfunde ausgestellt. Auch Reisebüros organisieren Touren. Auch die **Ausgrabungsstätte von Al-Sufouh** kann im Rahmen einer Reisebürotour. Als Archäologen in den 1990er-Jahren in dem Stadtteil südlich des Burj al-Arab die Überreste eines Rundgrabs mit zwei Eingängen entdeckten, ging ein Raunen durch die Fachwelt. Die große Ähnlichkeit mit den Grabanlagen von Umm-Al-Nar (▶ S. 222) und ▶ Al Ain ließ nämlich nur den Schluss zu, dass die Träger der bronzezeitlichen Umm-Al-Nar-Kultur auch auf dem Gebiet des heutigen Dubai siedelten. Die ausgegrabenen Grabbeigaben, fein geabeitete

OBEN: Abras schippern auf künstlichen Kanälen in der lagunenartigen
Anlage des Hotels Madinat Jumeirah
nahe des Burj al-Arab.

UNTEN: Wer mag, schwimmt im
Infinity Pool des Burj al-Arab nach
dem Dinner der untergehenden Sonne
entgegen.

Schmuckstücke, Keramik und Bronzespeerspitzen, sind im Nationalmuseum von Dubai ausgestellt.

Zwischen Safa Park und Jumeirah Beach Park, östlich von der
Al-Maktoum-Schule | Metro: Business Bay | So.–Do. 9.00–14.00 Uhr
Eintritt frei

Luftige Sommerresidenz

**Umm Al
Sheif Majlis**
Im Vergleich zu den herrschaftlichen Villen, die heute Jumeirah prägen, wirkt das **Sommerhaus von Sheikh Rashid Bin Saeed
al-Maktoum** geradezu unscheinbar. Als der Vater des heutigen Emir
es Mitte der 1950er-Jahre errichten ließ, war Jumeirah allerdings
auch nur ein kleines Fischerdorf am Persischen Golf. In den heißen
Sommermonaten zog Rashid sich oft hierhin zurück und genoss die
kühlenden Meeresbrisen. Das Haus ist ausgesprochen luftig gebaut
mit großen Veranden im Erd- und im Obergeschoss. Im Zuge einer
Restaurierung im Jahre 1994 wurde der ursprüngliche Zustand wieder hergestellt und die Räume mit kostbaren Teppichen und Kissen
ausgestattet. In dem behaglich-luxuriösen Empfangsraum (Majlis)
im Obergeschoss pflegte Rashid Ratgeber um sich zu versammeln
und mit ihnen zu debattieren. Zum Anwesen gehört ein Garten, der
durch Aflaj bewässert wird.

Jumeirah Beach Road, südlich des Jumeirah Beach Park,
beim »No. 1 Supermarket«
Metro: Business Bay | So.–Do. 7.30–14.30, Fr. und Sa. geschlossen
Eintritt: 1 Dh

Badevergnügen auf der längsten Wasserrutsche der Welt

**Wild Wadi
Water Park**
Tief durchatmen, Augen zu und hinab in die Tiefe: In diesem Freizeitpark können Kids vor der Kulisse des Superhotels Burj al-Arab aus
schwindelerregender Höhen die **»Jumeirah Sceirah«** oder eine andere der insgesamt 28 Wasserrutschen hinabsausen. Nicht weniger
als 23 Schwimmbecken bieten Badevergnügen für jedermann und
etliche Cafés sorgen für das leibliche Wohl der Besucher. Seinen Namen verdankt der Park übrigens einem 18 Meter hohen künstlichen
Wasserfall auf dem Gelände, der einem reißenden Wadi ähneln soll.

Jumeirah Beach Road | Tel. 04 3 48 44 44 | tgl. Nov.–Febr. 10–18,
März–Mai, Sept./Okt. bis 19, Juni–Aug. bis 20 Uhr
Eintritt: 275 Dh, Kinder (bis 1,10 m) 215 Dh | www.wildwadi.com

Lagunenstadt aus der Retorte

**Madinat
Jumeirah**
Mehr als ein Ensemble von Fünf-Sterne-Hotels und Resorts ist die
2004 eröffnet Madinat Jumeirah eine »Stadt in der Stadt«, die ein
weit verzweigtes **Kanalsystem** durchzieht und die deshalb den Beinamen »Dubais kleines Venedig« erhalten hat (▸ Abb. S. 123). In den
Abendstunden, wenn Restaurant, Bars und Clubs stimmungsvoll er-
leuchtet sind, erwacht hier das Leben. Die Abras, die auf dem Kanal

6x

EINFACH UNBEZAHLBAR

Erlebnisse, die für Geld nicht zu bekommen sind

1.
WASSER MARSCH!

Vor dem **Burj Khalifa** erfreut abends ab 18 Uhr ein 5-minütiges Spektakel alle 30 Minuten die Passanten. Dann tanzen zu klassischer oder arabischer Musik, von bunten Lichtern angestrahlt, bis zu 150 m hohe Fontänen auf dem See. (▶ **S. 132**)

2.
ABRA-KADABRA

Dank Kooperation einiger Hotels ist eine **Abra-Fahrt** auf dem Khor Al Maqtaa in Abu Dhabi kostenlos. Die 20-minütige Tour startet am Souk Qaryat Al Beri, an den Hotels werden Zwischenstopps eingelegt. (▶ **S. 61**)

3.
BUNTE SCHIRME IM WIND

Nachmittags, wenn Wind und Brandung zunehmen, bieten in Dubai am frei zugänglichen **Kite Beach** (auch für Kinder ideal) Kitesurfer, die auf dem Wasser umherwirbeln, ein spektakuläres Schauspiel. (▶ **S. 240**)

4.
MACH MAL PAUSE

In den VAE wird man zu jeder Gelegenheit mit einer Tasse **Kaffee** begrüßt. Das starke Getränk, meist mit Kardamom, Nelken oder Zimt gewürzt, ist Zeichen arabischer Gastfreundschaft. Ablehnung kommt einer Beleidigung gleich. (▶ **S. 254**)

5.
SANDBILDER

Sie leuchten rot, rosa, ocker oder weiß. Sobald der Wind Wellenmuster in die Dünen zaubert und der Wüstensand in wilden Spiralen über den Boden tanzt, zeigt sich die Vielfalt der Schattierungen und Farben der Sanddünen in den **Liwa-Oasen**. (▶ **S. 85**)

6.
BEIM KAMEL-RENNEN

Heute treiben Roboter-Jockeys die nur scheinbar schwerfälligen Tiere an. Feuern Sie in **Abu Dhabi** Ihr Lieblingskamel an und lassen Sie sich überraschen, ob es als Erstes durchs Ziel galoppiert. (▶ **S. 242**)

verkehren, bringen dann Nachtschwärmer zu ihren Zielen. Natürlich hat die Madinat Jumeirah auch tagsüber einiges zu bieten. Im **Souk** laden mehr als 75 exquisite Geschäfte zum Stöbern und Staunen ein. Nicht nur der Souk, alle Gebäude der Madinat Jumeirah sind im Stil traditioneller arabischer Architektur errichtet.

Metro: Mall of the Emirates | www.madinatjumeirah.com

Künstliches Paradies

The Palm
Jumeirah

Bislang ist sie die einzige fertiggestellte und bewohnbare der vier künstlichen Inselwelten. »The Palm Jumeirah« erstreckt sich vor der Küste Jumeirahs 4,5 Kilometer hinaus auf das Meer. Auf den insgesamt 16 aus Sand aufgeschütteten Palmwedeln sind luxuriöse Villen und auf dem Stamm mehrstöckige Apartmenthäuser entstanden. Der **Jachthafen »Anchor Marina«**, vor den ersten Wedeln beiderseits des Stamms angelegt, bietet 600 Booten Platz. Zum Schutz vor stürmischer See ist »The Palm Jumeirah« von einem künstlichen Riff umgeben, auf dem Luxushotels residieren und das mit dem Palmenstamm durch einen unterseeischen Tunnel verbunden ist. 2008 eröffnete gleich gegenüber der Palmenspitze das sündhaft teure Hotel Atlantis, ein gewaltiger Palast mit einem gigantischen Freizeitangebot. Auch Nichthotelgäste können im **»Aquaventure«** – im Glastunnel versteht sich – durch ein Haifischbecken sausen oder im **Aquarium »Lost Chambers«** seltene Meerestiere beobachten und sogar füttern. »The Palm Jumeirah« lässt sich gut auf einer Fahrt mit der komfortablen Monorail erkunden. Die **Hochbahn** verkehrt im 15-Minuten-Takt zwischen der Gateway Station auf dem Festland und dem Hotel Atlantis. Den besten Blick auf »The Palm Jumeirah« bietet aber das Restaurant Observatory in der 52. Etage des Mariott-Hotels in Dubai Marina.

www.palmjumeiràh.ae

Monorail: tgl. 9-21.45 Uhr im 15-Minuten-Takt von der Gateway Station auf dem Festland, letzte Fahrt vom Hotel Atlantis: 22 Uhr www.palm-monorail.com

Aquarium »Lost Chambers« im Hotel Atlantis:
tgl. 10–22 Uhr | Eintritt: 100 Dh

Wasser Park »Aquaventure« im Hotel Atlantis:
tgl. 10 Uhr bis zum Sonnenuntergang | www.atlantisthepalm.com

Hotel Mariott: Al-Sufouh Road, Dubai Marina | Metro: Dubai Marina ab 12 Uhr | Tel. 04 3 19 47 95 | www.marriott.de

Ein wenig wie Manhattan

Dubai
Marina

Spektakulär spiegeln sich die teilweise über 400 Meter hohen Wolkenkratzer im Wasser des riesigen Yachthafens. Ihre Skyline erinnert ein wenig an New York. Ausgesprochen urban geht es dann auch in der seit 2003 aus dem Boden gestampften Retortenstadt rund 25 Kilometer südlich des Dubaier Zentrums zu. Besonders abends, wenn die

Hitze des Tages nachgelassen hat, füllt sich die Uferpromenade mit Leben und lädt zu entspanntem Flanieren ein. In den Bars und Restaurants herrscht reger Betrieb. Den glanzvollen Mittelpunkt von Dubai Marina bildet aber das Restaurant des Yachtclubs, in dem sich die Jeunesse Dorée des Emirats zum Dinner trifft.

Metro: Dubai Marina | www.dubai-marina.com

Spaziergang im Eisnebel

Dubai ist keine Stadt für Fußgänger. Allerdings gibt es kleine Oasen, für die es sich lohnt, das Auto stehen zu lassen. Eine davon ist der »JBR Walk«, der westlich der Dubai Marina am pompösen Ritz-Carlton beginnt und sich auf einer Länge von 1,7 Kilometer die Apartmenthäuser der Jumeirah Beach Residence entlangzieht. Obwohl die palmenbestandene Flaniermeile für Autos nicht gesperrt ist, geht es hier – zumindest für Dubaier Verhältnisse – ungemein entspannt zu. Breite Bürgersteige räumen Fußgängern genügend Platz ein. Dank der vielen Cafés und Restaurants, die die Straße säumen, herrscht immer Urlaubsatmosphäre. Während der heißen Sommermonate sorgen Ventilatoren, die Eisnebel versprühen, für angenehme Kühle.

The Walk at JBR

Metro: Dubai Marina

Dubais Flaniermeile »The Walk at JBR« ist eine eisgekühlte Oase für Fußgänger.

▌ Unterwegs in Dubais Business District

In der Stadt von übermorgen
Den bemerkenswerten Wolkenkratzern, die seit der Jahrtausendwende in Dubais Business District an der Sheikh Zayed Road zwischen dem Dubai WTC und dem Burj Khalifa entstanden sind, verdankt das Emirat den Beinamen »Übermorgenland«. Bauwerke wie die Emirates Towers oder der Rose Tower werden als zukunftsweisende Architekturwunder gerühmt. Absolutes Highlight ist natürlich der Burj Khalifa, das mit 828 Meter zurzeit höchste Gebäude der Welt. Das von dem US-amerikanischen Architekten Adrian Smith entworfene neue Wahrzeichen des Emirats bildet das Zentrum eines am Reißbrett entworfenen Stadtteils, der den klangvollen Namen **»Downtown Dubai«** trägt. Mehr als ein reines Geschäftsviertel ist Downtown Dubai eine »Stadt in der Stadt«, in der rund 100 000 Menschen wohnen, arbeiten, einkaufen und auch ihre Freizeit verbringen können.

Fast schon Geschichte

World Trade Centre
Das Handels- und Kongresszentrum steht am Beginn von Dubais Aufstieg zu einer der bedeutendsten Wirtschaftsmächte der arabischen Welt. Als es 1979 in Anwesenheit der britischen Königin Elisabeth II. eröffnet wurde, ahnte noch niemand so recht, welch rasante Entwicklung die Stadt nehmen würde. Nach wie vor zählt es zu ihren prestigeträchtigsten Geschäftsadressen. Etwa 200 Firmen residieren im 39-stöckigen Turm des WTC, der bis heute ein Wahrzeichen Dubais ist und bis zur Fertigstellung des Luxushotels Burj al-Arab (▶ S. 121, Baedeker Wissen, S. 266) auch ihr höchstes Gebäude war.

In 60 Sekunden auf 456 Meter Höhe

Burj Khalifa
Von welcher Seite man sich Dubai auch nähert, zumindest bei klarem Wetter ist das bis heute höchste Gebäude der Welt schon in 100 Kilometer Entfernung zu erkennen. Wie eine überdimensionierte spitze Nadel ragt der sich nach oben stark verjüngende Burj Khalifa in den Himmel empor. Für die einen ist er ein schönes Beispiel menschlichen Größenwahns, für die anderen ein Meisterwerk der modernen Architektur. Nicht erst seit seiner Einweihung im Januar 2010 sorgt der Burj Khalifa weltweit für Diskussionen. Besonders die Baukosten von vermutlich 1,5 Mrd. Dollar lösen bis heute Kopfschütteln aus. Aber auch wenn längst nicht alle Räumlichkeiten an den Mann bzw. die Frau gebracht sind: Das Riesending zieht mittlerweile rund 4000 Besucher täglich in seinen Bann. Aus aller Welt reisen sie an, um sich in einem der 57 Fahrstühle in nur 60 Sekunden zu der 360-Grad-Besucherplattform **»At The Top«** in der 125. Etage bringen zu lassen. Hier lässt sich die Aussicht über Dubai aus der schwindelerregenden Höhe von 456 Metern im Schutz von wandhohen Glasfronten genießen. Wer möchte, kann aber auch einen Blick von der Außenterrasse im 124. Stock wagen. Getoppt wird all das aber noch mit

»At The Top Sky«, einer Luxuslounge in der 148. Etage, in der man die Aussicht in 555 m Höhe bei Häppchen und Getränken genießen kann. Seit Januar 2011 residiert in der 122. Etage des Burj Khalifa das Restaurant »At.mosphere«, bereits im April 2010 zog das Armani Hotel Dubai in die 1. bis 8. sowie in die 38. und 39 Etage ein.

Financial Centre Road, ab Sheikh Zayed Road, 1st Interchange Metro: Dubai Mall/Burj Khalifa | Tickets für die Besucherplattformen (tgl. 8.30–23.00 Uhr) gibt es im Erdgeschoss der Dubai Mall oder online | Eintritt: »At The Top« 125–300 Dh; »At The Top Sky« 350–500 Dh | Fr. und Sa. gibt es Sonnenaufgangstouren ab 5.30 Uhr www.burjkhalifa.ae

ÜBER DEN WOLKEN...
Auf der höchsten Aussichtsplattform im höchsten Gebäude der Welt, dem Burj Khalifa, zu stehen, bereitet Gänsehautfeeling. Vor allem wenn man im Winter die Inversionswetterlage erlebt und man wie im Flugzeug gleichsam über den Wolken schwebt, weil so hoch oben noch immer die Sonne scheint.

IM HÖHENRAUSCH

Der Turm der Superlative wurde im Januar 2010 eingeweiht und ist das höchste Bauwerk mit den meisten und auch mit den höchstgelegenen nutzbaren Stockwerken der Welt. Architekt Adrian Smith ließ sich von den drei Blütenständen der aus Mittelamerika stammenden, in den Emiraten kultivierten Wüstenblume Hymenocallis (Schönhäutchen) inspirieren.

▶ **Der Burj Khalifa in Zahlen**

Burj Khalifa – architektonische Wüstenblume

11 300 Stufen

189 Etagen

57 Aufzüge

Bauzeit von **2004 – 2010**

Kosten ca. **3 Mrd. €**

Fläche **517 240 m²** ~ **72** Fußballfelder

330 000 m³ Beton

In **22 000 000** Mannstunden errichtet

1044 Apartmentwohnungen

Schwankungen von bis zu **1,5 m**

ca. **18 Millionen KWh** pro Jahr

1000 m

828 m

▶ **Noch ist er der Höchste**

553 m

540 m

443 m

300 m

Eiffelturm	**Empire State Building**	**Ostankino Tower**	**CN Tower**	**Burj Khalifa**	**Jeddah Tower** (Baubeginn Januar 2013)
Paris Frankreich	New York USA	Moskau Russland	Toronto Kanada	Dubai	Jeddah Saudi Arabien

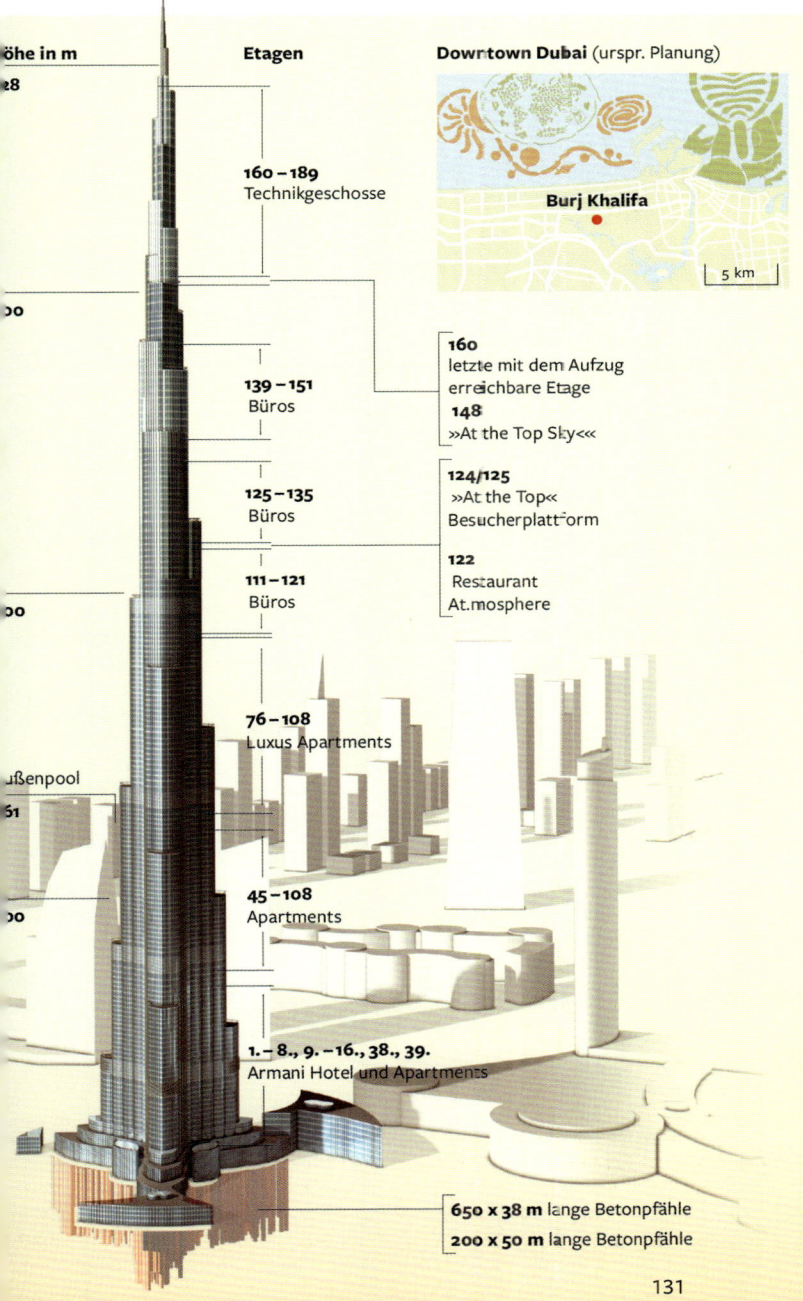

öhe in m

≥8

Etagen

Downtown Dubai (urspr. Planung)

Burj Khalifa

5 km

160 – 189
Technikgeschosse

160
letzte mit dem Aufzug
erreichbare Etage
148
»At the Top Sky«

139 – 151
Büros

124/125
»At the Top«
Besucherplattform

125 – 135
Büros

122
Restaurant
At.mosphere

111 – 121
Büros

76 – 108
Luxus Apartments

ußenpool
51

45 – 108
Apartments

1. – 8., 9. – 16., 38., 39.
Armani Hotel und Apartments

650 x 38 m lange Betonpfähle
200 x 50 m lange Betonpfähle

131

Wasserballett der anderen Art

Dubai Fountain

Den Burj Khalifa umgeben begrünte Flächen, die im Süden an einen künstlichen See grenzen. Hier schießen auf einer Länge von 275 m Wasserfontänen bis zu einer Höhe von 150 m in die Luft. Die Dubai Fountain zählt zu den größten ihrer Art in der Welt. Allabendlich findet ab 18 Uhr im 30-Minuten-Takt ein unglaubliches Spektakel statt. Dann tanzen die Fontänen im Rhythmus arabischer, aber auch klassischer Musik auf dem Wasser und werden dabei von Tausenden von Lichtern illuminiert.

Shopping Mall und Freizeitpark

Dubai Mall

Wer das Erdgeschoss der in unmittelbarer Nachbarschaft des Burj Khalifa gelegenen Dubai Mall betritt, glaubt sich zunächst vielleicht in einen Zoo versetzt. Dort zieht nämlich ein sich über mehrere Etagen erstreckendes Aquarium alle Blicke auf sich. Hinter dicken Glaswänden tummeln sich Rochen, Haie und andere Meeresbewohner. Insgesamt sollen etwa 33 000 von ihnen im **Dubai Aquarium & Underwater Zoo** leben. Mit etwas Glück bekommt man einen Taucher zu Gesicht, der die Futterstellen kontrolliert. Die Dubai Mall war bei ihrer Eröffnung im November 2008 die größte Shoppingmall der Welt. Insgesamt bieten hier 1200 Geschäfte internationale Mode, Schmuck und vieles andere an. Von Luxuslabels wie Cartier oder Dior bis zu Billigmarken wie H&M oder Zara ist hier alles vertreten, was in der Welt der Fashionistas einen Namen hat. Für jeden Geschmack und jeden Geldbeutel ist etwas dabei. Wer befürchtet, in dem Drunter und Drüber den Überblick zu verlieren, kann in der Concierge Lounge eine Shopping-Begleitung buchen, die zu den richtigen Läden führt. 120 Cafés und Restaurants bieten Gelegenheit zum Verschnaufen. Shopping Malls sind in Dubai Teil der Alltagskultur und werden von den Emiratis gerne als Treffpunkt genutzt. In der Dubai Mall finden das ganze Jahr über Unterhaltungsshows statt. Es gibt ein Multiplex-Kino mit 22 Sälen und für Kids ein Abenteuerland. Größte Attraktion ist aber die **Eislaufhalle**, in der Jung und Alt bei Außentemperaturen von 40 Grad ihre Runden drehen. Gegenüber der Mall liegt der **Souk Al-Bahar** mit 100 Boutiquen für arabisches Kunsthandwerk, Teppiche, Schmuck und Kunst.

Financial Centre Road ab Sheikh Zayed Road, 1st Interchange
Metro: Burj Khalifa/Dubai Mall (ein 800 m langes Laufband führt zur Mall) | Mo.–Mi. 10–24, Do.–So. bis 1 Uhr | www.thedubaimall.com
Dubai Aquarium & Underwater Zoo: Eintritt: 100 Dh
www.thedubaiaquarium.com

Von Klassik bis Jazz und Rock'n Roll

Dubai Opera

Kein Geringerer als Placido Domingo stand als erster Tenor auf der Bühne der neuen Dubai Opera, die im Sommer 2016 zu Füßen des Burj Khalifa Eröffnung feierte. Das neue Opernhaus, das in seiner

Form einem traditionellen arabischen Holzboot (Dhau) ähnelt, bietet 2000 Zuschauern Platz und bildet das Herzstück des ebenfalls neu angelegten Opera District in Downtown Dubai. Auch Musicals, Ballett, klassische Konzerte, Jazz und Theaterstücke kommen zur Aufführung. Auf dem Dach eröffnet ein Restaurant mit Garten und Blick auf den Burj Khalifa und die Dubai Fountain.

Sheikh Mohammed Bin Rashid Boulevard
Tel. 04 4 40 88 88
Tickets über: www.dubaiopera.com

Ausflug zu Vollblutpferden

Südöstlich von Downtown Dubai liegt der neue Stadtteil Meydan City, dessen Herz die **Pferderennbahn** ist, die den in die Jahre gekommenen Nad al Sheba Race Course ersetzt. Während des alljährlich zwischen Januar und März stattfindenden Dubai World Cup (▶ S. 258) füllt sich die 1,6 Kilometer lange Tribüne mit mit den Hoheiten der arabischen Welt und internationalen Besuchern. Bei einem geführten Rundgang durch die weltberühmten Ställe des **Meydan-Gestüts** kann man die Rennpferde aus nächster Nähe bewundern. Mit dem Meydan Hotel besitzt die wohl größte Pferderennbahn der Welt auch eine standesgemäße Fünf-Sterne-Herberge.

Meydan City

www.meydan.com
Stable Tours: Sept.–April Di. und Mi. 7.30–11.30 Uhr, die Tour beginnt mit einem Frühstück um 7.30 und startet dann um 8.15 Uhr
Erwachsene: 275 Dh, Kinder 150 Dh
Tel. 04 3 81 34 05
E-Mail: tabletours@meydanhotels.com

Winterzauber

Skifahren in der Wüste: In Dubai ist das kein Problem. In der zur Emirates Mall gehörenden 85 Meter hohen **Skihalle** rieseln jede Nacht bis zu 20 Tonnen Neuschnee auf die Pisten. Sessellifte bringen die Skifahrer zu den fünf unterschiedlich schwier gen Abfahrten. Auf der mit 400 Meter längsten Piste müssen sie einen Höhenunterschied von immerhin 60 Metern überwinden. Snowboarder können sich auf einer 90 Metern langen Halfpipe austoben und Kinder im **Snowpark** Schlitten fahren oder aber Eselspinguine bei ihrem Spiel beobachten. Nach dem Sport treffen sich viele Skibegeisterte im »Café Avalanche« zum Après-Ski bei heißer Schokolade. Wem es in der Halle zu frostig ist, kann das winterliche Treiben bei angenehmen Temperaturen hinter Glasscheiben in der vollklimatisierten **Mall of the Emirates** bestaunen. Mehr als 450 Geschäfte, darunter internationale Designerlabels, haben in der Mall ihre Zelte aufgeschlagen. Die »Emporio Armani Boutique« und das benachbarte »Armani Café« haben es modebewussten Emiratis besonders angetan. Der Mall of the Emirates sind drei Luxusherbergen angeschlossen, darunter ein Kempinski-

Ski Dubai

Flirrende Hitze draußen, Schneefall drinnen -- Wintersport in der Skihalle der Mall of the Emirates erscheint fast schon bizarr ...

Hotel, in dem man in alpenländischen Chalets mit Blick auf die Skipiste unterkommen kann.

Ski Dubai: Mall of the Emirates, Sheikh Zayed Road, 4th Interchange
So.–Mi. 10–23, Do. 10–24, Fr. 19–24, Sa. 19–23 Uhr
Eintritt: Erwachsene 200 Dh, Kinder 180 Dh, Spezialangebote wie die Pinguinshow zwischen 260 und 510 Dh | www.theplaymania.com
Mall of the Emirates: So.–Mi. 10 –22, Do.–Sa. 10–24 Uhr
Metro: Mall of the Emirates | www.malloftheemirates.com

Dubais Greenwich Village

Künstler-
viertel
Al Quoz

Im Schatten der glitzernden Wolkenkratzer hat sich auch in Dubai eine Kreativszene entwickelt, die neue Wege geht und mit alternativen Formen experimentiert. In einigen alten Lagerhäusern des Industriegebiets von Al Quoz etwa 10 Kilometer südlich von Downtown Dubai haben mittlerweile 60 Galerien ein angemessenes Domizil gefunden. Sie stellen zeitgenössische Kunst aus der ganzen arabischen Welt vor. Das hippe **Kulturzentrum »Alserkal Avenue«**, das regelmäßig Ausstellungen, Happenings und Diskussionsabende organisiert, ist Treffpunkt der Szene.

Alserkal Avenue, Street 8, Al Quoz 1
www.alserkalavenue.ae

▌ Highlights an der Peripherie

Entlegenes Schmuckstück

In dem nördlich von Dubai-Stadt an der Grenze zu Sharjah gelegenen Beach Park scheinen Glitzer und Glamour der Metropole weit weg. Hinter dem hellsandigen, fast weißen **Strand** locken wunderbar gepflegte, weitläufige und palmenbestandene Grünanlagen, in den en sich Familien zum Picknick treffen. Das Meer ist hier sehr ruhig und daher für Kinder ideal. Alle Strandabschnitte bieten Umkleideräume, Liegestühle, Sonnenschirme und andere für einen angenehmen Urlaubstag nützlich Dinge an. Es gibt drei Pools mit Wasserrutschen, Kioske und Restaurants.

Al Mamzar Beach Park

Al-Mamzar Lagoon, Al-Khaleej Road, Hamriya
tgl. 8–22 Uhr, mittwochs nur Frauen und Kinder
Eintritt: 5 Dh, pro Auto 30 Dh

Refugium für Zugvögel

In Dubai überwintern oder rasten Abertausende von Zugvögeln. Besonders das Südende des Dubai Creek ist ein bevorzugter Sammelplatz der Tiere, da die sumpfigen Ufer reichlich Nahrung bieten. Der Meeresarm weitet sich hier zu einem flachen See mit mehreren kleinen Inseln, eine paradiesische Umgebung für Wattvögel. Bislang wurden 88 verschiedene Vogelarten identifiziert, darunter Kormorane, Fischadler und verschiedene Reiherarten. Einen besonderen Blickfang bilden die in kräftigem Rosa leuchter den Flamingos, die der Emir mit karotinhaltiger Nahrung füttern lässt, auf dass ihr Gefieder auch weiterhin rosa leuchte. Das Gebiet steht unter Naturschutz und seit 2007 auch auf der Liste international bedeutender Biotope, die auf Initiative der UNESCO geführt wird. **Vogelbeobachtungsplätze** findet man ab der Ras Al Khor Road (Gurm/Mangrove), im Stadtteil Al Jaddaf (Buhaira/Lagoon) und abseits der Oud Metha Road (Fanhir/Flamingo).

Naturschutzgebiet Ras Al Khor

Metro: Creek | Sa.–Do. 9–16 Uhr | Eintritt frei

Flower Power in der Wüste

Im größten Blumengarten des Planeten blühen 45 Millionen Blumen nicht nur auf Beeten oder Rabatten. Nein, hier sind ganze Häuser, Wälle, Windmühlen und Skulpturen aller Art mit Blütenteppichen überzogen und leuchten in allen Farben. Herzförmige Blumenspaliere überspannen die Spazierwege, und aus ausrangierten Autos wachsen Geranien. Allerorten finden sich Motive für ein Selfie mit bunt blühendem Hintergrund.

Dubai Miracle Garden

Al Barsha South 3, Barsha/Dubailand Area
So.–Do. 9–21, Fr.–Sa. 9–23 Uhr. geschlossen Ende Mai bis Oktober
Eintritt: Erwachsene 40 Dh, Kinder 30 Dh
Tel. 04 4 22 89 02 | www.dubaimiraclegarden.com

DIE MILCH MACHT'S

Kameldamen sind Diven. Sobald ihnen eine Kleinigkeit nicht passt, werden sie zickig und geben keine Milch mehr. Maximal sieben Liter sind das pro Tier und Tag. Das ist im Vergleich zu 40 Litern, die eine Kuh täglich geben kann, recht wenig. Doch in Dubai gibt es jetzt die erste Kamelmilchfarm. Sogar Schokolade wird aus Kamelmilch hergestellt, ein ganz besonderes Wüstenleckerli, weil es sogar gesund ist.

Auf der ersten vollautomatischen **Kamelmilchfarm** der Welt in Umm Nahad, nur eine halbe Autostunde von Dubai entfernt, werden mehr als 4000 Kamele gestreichelt, getätschelt und mit Biomöhren verwöhnt, schließlich sollen sie sich wohlfühlen und reichlich von ihrer wertvollen Milch geben. Bislang ist das nur dem Mikrobiologen und Chefveterinär Ulrich Wernery gelungen. Der Deutsche hat bereits die kostbaren Rennkamele für das Herrscherhaus von Dubai betreut, das für eine Stute auch mal 1,2 Mio. Euro ausgibt. Der Preis für ein junges Kamel liegt auf dem Markt zwischen 1500 und 5000 Euro, so viel wie für ein gebrauchtes Auto. Die genügsamen Tiere sind auf der Arabischen Halbinsel bereits seit 4000 Jahren bekannt. Die Besiedlung der Region wurde überhaupt erst durch Kamele möglich. Denn die Tiere sind optimal ans Wüstenleben angepasst. Sie können innerhalb von 15 Minuten hundert Liter Wasser trinken und damit bis zu drei Wochen auskommen. Wobei der Begriff Kamel allerdings nicht ganz korrekt ist. Domestiziert wird auf der Arabischen Halbinsel das einhöckrige Dromedar, Arabisch »El Gamal«. Schon in früheren Zeiten wurden die Tiere vor allem als Fleisch- und Milchlieferanten geschätzt.

Elixier der Wüste

Als der Scheich nach dem Verzehr von Kamelrohmilch über Bauchschmerzen klagte, machte sich Ulrich Wernery auch da ans Werk. Sein Forschungsinstitut entwickelte nicht nur die erste haltbare Kamelmilch, sondern kam auch zu dem Schluss, dass dieses ureigene Beduinengetränk nur halb so fett wie Kuhmilch ist und fünfmal so viel Vitamin C, aber kaum Zucker enthält. Außerdem soll Kamelmilch besonders allergenarm und für Menschen mit Laktoseintoleranz besser verdaulich sein.

Dieses Gesundheitsversprechen überzeugt längst nicht nur Emiratis, denn seit 2013 dürfen Kamelmilchprodukte

Leckeres Schoko-Kamel – natürlich aus Kamelmilch

Kamel-Milkshakes mit fruchtigem Geschmack

der Marke **»Camelicious«** auch nach Europa exportiert werden. Die leicht wässrig-salzig schmeckende Milch gibt es inzwischen in den verschiedensten Geschmacksrichtungen, als Trinkjoghurt, Käse und Speiseeis. Seit 2008 wird daraus sogar die weltweit erste Schokolade hergestellt.

Auch hier leistete ein Deutscher Pionierarbeit. Der gebürtige Kölner Martin van Almsick, Chef der Kamelmilch-Schokoladen-Firma **»Al Nassma«** (»Erfrischende Wüstenbrise«), hat sein Handwerk einst bei Stollwerck erlernt. Nur etwa 100 Tonnen Schokolade jährlich werden bislang mit Kamelmilch produziert, sei es in Tafelform, als Pralinen oder kleine Schokokamele. Der Kakao stammt von der Elfenbeinküste, die Vanille aus Madagaskar und die Milch von Kamelen aus Dubai. Diese Exklusivität hat ihren Preis. Eine 70-Gramm-Tafel kostet etwa sieben Euro.

In der Dubai Mall, dem größten Shoppingcenter der Welt, können Schleckermäuler im **»The Majlis Café«** solche Produkte aus Kamelmilch probieren. Denn verkauft wird die Luxus-Schokolade bislang nur in einigen internationalen Hotels und Duty-free-Geschäften. »Kamelmilch ist das Lebenselixir der Wüste«, schwärmt van Almsick. Und er hat es nun zu einem authentischen Souvenir aus den Emiraten verarbeitet, das jeder mit nach Hause nehmen kann.

Infos: www.al-nassma.com
www.camelicious.ae

CAMEL LATTE

Latte macchiato war gestern. »Camel Latte« heißt das Getränk der Stunde – zumindest in Dubai. Dort wurde 2008 nicht nur die erste Kamelmilch-Schokolade hergestellt, auch einige Cafés bieten ihre Getränke mit Kamelmilch an. Das ist nicht nur exotisch, sondern auch gesund, weil die Milch von Kamelen mehr Vitamine und weniger Fett hat als die von Kühen. Seit 2013 darf Kamelmilch auch in EU-Länder importiert werden.

Der Miracle Garden ist wirklich ein wundersamer blühender Ort mit von Blumen überzogenen Häuschen und so manch skurriler Skulptur.

(K)ein Disneyland im Wüstensand

DubaiLand   Mit »DubaiLand« entsteht seit 2008 in der Nähe des neuen Flughafens auf einer Fläche fast so groß wie München eine »Stadt in der Stadt«, die nicht nur Apartmenthäuser, Shopping Malls und Hotelanlagen, sondern auch olympiataugliche Sportstätten und gleich mehrere Freizeit- und Themenparks umfassen soll. Zwar führte die Finanzkrise 2008 zu einem Baustopp, doch mittlerweile wird das Projekt, nunmehr abgespeckt, wieder vorangetrieben. So eröffnete im August 2016 auf dem Gebiet von »DubaiLand« der zurzeit größte Indoor-Freizeitpark der Welt, die **»IMG Worlds of Adventure«**. Hier kann man u. a. mit Spiderman durch die Lüfte schwingen, im 3D-Kino Hulk gegen das Böse kämpfen sehen oder sich im »Lost Valley« in die Welt der Dinsaurier entführen lassen.

E311, Sheikh Mohammed Bin Zayed Road, City of Arabia
So.–Mi. 11–21, Do.–Sa. 11–22 Uhr
Eintritt: Erwachsene 245 Dh, Kinder 225 Dh | www.imgworlds.com

Treffpunkt der Kulturen der Welt

Im Global Village stellen mehr als 30 Nationen ihre Kultur mit Miniaturmodellen berühmter Bauwerke, Kunsthandwerk, Folkloreshows und kulinarischen Spezialitäten vor. Dank Achterbahn, Autoscooter und Riesenrad herrscht im »Dorf« aber auch Jahrmarktsatmosphäre. In dem 6000 Zuschauer fassenden Amphitheater finden Light-Shows statt. Das Village liegt auf dem Gebiet von DubaiLand. **Global Village**

Exit 37, Sheikh Mohammed Bin Zayed Road
Nov.–April, Sa.–Mi. 16–24, Do., Fr. bis 1 Uhr | www.globalvillage.ae

Welt aus bunten Steinen

Seit Oktober 2016 hat nun auch Dubai sein Legoland. Auf dem Areal von Dubai Parks & Resorts entstand eine Miniaturwelt aus 15 000 Nachbildungen berühmter Bauwerke, darunter die Sheikh Zayed Moschee und der Burj Khalifa, der auch in Legoland alles überragt und eine Höhe von immerhin 17 Meter erreicht. Insgesamt wurden beim Bau der kleinen Stadt 60 Millionen Legosteine verwendet. Für zusätzliche Abwechslung sorgen mehr als 15 Wasserrutschen, interaktive Fahrgeschäfte und Shows speziell für Familien mit Kindern im Alter von zwei bis zwölf Jahren. **Legoland Dubai**

Sheikh Zayed Road gegenüber von Palm Jebel Ali
tgl. 10–18 Uhr | Tagespass: Erwachsene 295 Dh, Kinder 250 Dh
Tel. 04 8 20 00 00 | www.legoland.com/dubai,

 HATTA

Einwohnerzahl: 12 000

Auch das ist Dubai: Der Kontrast zwischen der schillernden Wolkenkratzermetropole und der Exklave Hatta könnte kaum größer sein. Hoch sind hier die Berge des Hajar und die Sanddünen, angenehm kühl ist das Klima in den weitläufigen Dattelpalmenhainen. Zusätzliche Erfrischung verschaffen die Hatta Pools, natürliche Wasserbassins in den Felsen eines Wadis, 17 km südlich der Ortschaft.

Die gut ausgebaute Straße (Hatta Road/E 44) führt von Dubai-Stadt an gepflegten Wohnvierteln und Moscheen vorbei, die allmählich von den einfachen, würfelförmigen Häusern der Beduinen und schließlich von immer höher aufragenden Sanddünen abgelöst werden. Hier ist die Wüste in den Morgen- und Abendstunden in nahezu rotes Licht getaucht – ein ideales Revier für Sandboarder, die am frühen Nach-

Ausflug aufs Land

LEBENSADERN AUS ZEMENT

Ohne den Wassermeister geht gar nichts. Denn der sogenannte Wakil muss dafür sorgen, dass in den steinernen weitverzweigten Bewässerungskanälen immer genügend Wasser läuft, sonst würde so manche grüne Oase rasch zu Staub vertrocknen. Von den Falaj genannten, alten Wasserkanälen sind heute in den Emiraten nur noch wenige erhalten oder restauriert, denn längst haben Meerwasserentsalzungsanlagen die Wasserversorgung übernommen.

Sie durchlaufen Palmenhaine und Gärten und plätschern an den Rändern von Wadis entlang. Die Emiratis nennen sie **Falaj** (Pl. **Aflaj**) ein arabisches Wort für verteilen. Und so leitet der Wassermeister an kunstvollen Abzweigungen und Verteilerstellen durch Umstellen von Steinen das Wasser in andere Kanäle und damit zu anderen Gärten. Auch Badehäuser und Viehtränken werden auf diese Weise versorgt. Die 20 bis 50 cm breiten und hohen Kanäle, aus Lehm und Steinen gebaut und mit Zement befestigt, teilweise aus dem Fels geschlagen, sind von unterschiedlicher Art. Vor rund 2500 Jahren brachten die Perser diese Technik in das Gebiet der heutigen VAE und des Oman.

Wasser von König Salomon

Nach einer alten Sage war es der als Prophet verehrte König Salomon selbst, der die Not der Menschen in den wasserlosen Regionen mildern wollte und seinen Helfern befahl, ein System steinerner Wasserkanäle anzulegen. Zwei Systeme lassen sich hier unterscheiden: oberirdisch (Ghail-falaj) und unterirdisch (Qanat-falaj) verlaufende Kanäle. Am meisten verbreitet sind die oberirdisch verlaufenden **Ghail-falaj**: Liegt die Quelle leicht erhöht, dann baut man neben ihr ein Becken und lässt von diesem das Wasser über einen Überlauf in den Kanal fließen, den man mit nur geringem Gefälle kilometerweit bis ins Dorf und zu den Feldern führt. Schwieriger ist es, einen unterirdisch

Die schmalen, jahrhundertealten Kanäle wie dieser in der Nähe der Hatta Pools ...

verlaufenden **Qanat-falaj** zu bauen.
Er wird im Gebirge an das Grundwasser
angeschlossen und führt das Wasser
in einem Tunnel durch das Gestein. Da
auch in diesem Fall das Gefälle gering
sein muss – der Tunnel müsste sonst
größer sein und wäre damit noch
schwieriger zu bauen –, wird der Falaj
oft mehrere Kilometer weit durch den
Berg getrieben. Auch werden Schächte
angelegt, um die Wartung des Falaj
sicherzustellen, was eigens die Aufgabe
des Wassermeisters ist.

... werden manchmal auch »zweckentfremdet«.

Wakil – Herr des Wassers

Der Herr des Wassers wird von der
Dorfgemeinschaft gewählt und hat die
Aufsicht über das kostbare Nass. Nach
einem festgesetzten Plan ändert er an
den Nahtstellen und Abzweigungen
die Verteilung des Wassers. Je nach
Größe der zu bewässernden Flächen,
nach überlieferten Rechten und hinzu-
gekauften Anteilen lässt er das Wasser
unterschiedlich lang zu den Abnehmern
fließen. Heute gibt es in den VAE nur
noch wenige Reste des alten Wasser-
systems, die Meerwasserentsalzung
hat die mühselige Technik abgelöst. In
Oman hingegen lebt die Tradition fort.
Im ganzen Land bewässern funktionie-
rende und gut gewartete Aflaj die Felder.
Einem sehenswerten System begegnet
man in der **Oase Buraimi** bei Al Ain
(▶ S. 84), das 2011 zum UNESCO-
Weltkulturerbe ernannt wurde.

Das Wasserbuch

Die genaue Verteilung des Wassers wird
seit Jahrhunderten für jedes Kanalsystem mit Angaben über die Familien,
die im Einzugsbereich des Kanals leben,
die Grundstücksgrößen und den Zweck
der Wasserzufuhr – für den Haushalt,

das Vieh oder die Bewässerung des
Gartens – in Falaj-Büchern festgehalten.
Die einzelnen Rechte, im Wesentlichen
Tageszeit und Dauer der Wasserzufuhr,
deren Erwerb oder Veräußerung, werden vom Wakil wie in einem Grundbuch
eingetragen und kontrolliert. Dies erfordert Umsicht und Gewissenhaftigkeit,
da ein Kanal bis zu hundert Familien mit
Wasser versorgt. Streitigkeiten konnten
so oft frühzeitig verhindert werden.
Denn die Geschichte der Arabischen
Halbinsel ist auch geprägt von Kämpfen
um Oasen und Wasserrechte. Diese
Auseinandersetzungen haben manchmal sogar zum Bau von mächtigen Festungen um und über Wasserquellen geführt. Ein festes Regelwerk ordnet den
Umgang mit dem kostbaren Wasser. So
steht an erster Stelle die Versorgung
mit Trinkwasser: Das Wasser wird zum
lokalen Brunnen geführt, aus dem es
die Dorfbevölkerung entnimmt, gelenkt
vom Verantwortungsgefühl für die Ge-
meinschaft. Dieser Teil des Falaj wird
oft mit Steinplatten abgedeckt, um
das Wasser des Kanals vor Verunreini-
gungen zu schützen. Danach wird das
kostbare Nass zu Bade- und Reinigungs-
plätzen, z. B. Moscheen, gelenkt. Anschließend werden das Vieh und die
landwirtschaftlichen Flächen versorgt.

mittag in Scharen mit ihren Geländewagen in die Dünen abbiegen. Nach rund 100 Kilometern öffnet sich vor der Kulisse des Hajar-Gebirges eine weite Ebene mit einer grünenden Oase. Hatta ist erreicht. Die Exklave war einst eine wichtige Handelsstation an der Route zwischen dem Oman und dem Persischen Golf, heute zieht es dank des angenehmen Klimas an den Wochenenden viele gestresste Städter hierher. Das **alte Dorf** liegt auf einer Anhöhe in einem Dattelpalmenhain und wird von einem Fort mit zwei Wachtürmen überragt. An den einfachen Häusern fallen die farbenfrohen Eingangstore aus Eisen auf. Sie sind mit Nachbildungen traditioneller arabischer Symbole – Kaffeekanne, Dattelpalme, Dromedar – verziert und belegen die Verbundenheit der Oasenbewohner mit der überlieferten Kultur.

Neubau mit historischen Materialien

Heritage
Village
Wie ein emiratisches Dorf früher einmal aussah, zeigt das Heritage Village von Hatta, ein ursprünglich aus dem 16. Jahrhundert stammendes Oasendorf, das lange stark verfallen war und 2001 originalgetreu restauriert wurde. Beim Wiederaufbau griff man auf überlieferte Techniken zurück. Mit Stroh vermischter und an der Sonne getrockneter Lehm diente als Baumaterial, fehlende Türen und Fenster wurden in den anderen Emiraten oder im arabischen Ausland beschafft. So entstanden das alte Fort mit seinen zwei mächtigen Wachtürmen aus dem Jahr 1800, die 1780 erbaute Moschee und zwei Dutzend Lehmhäuser und Palmdachhütten noch einmal neu. Ein Spaziergang durch das Dorf führt die alten Häuser entlang zu **Falaj-Kanälen** (▶ Baedeker Wissen, S. 140), die die Gärten bewässern. Die Innenausstattung der Häuser spiegelt die traditionelle Lebensweise der Oasenbewohner wider und informiert über die Dorfkultur.
Sa.–Do. 8 –20, Fr. 14–20 Uhr | Eintritt frei

Badevergnügen in der Wüste

Hatta Pools
Fische tummeln sich im Wasser, Vögel zwitschern, Frösche quaken – kaum zu glauben, dass man sich in der Wüste befindet. Die Hatta Pools, ganzjährig wasserführende Bassins, die die Erosion schuf, bieten eine willkommene Möglichkeit, sich nach einer staubigen Fahrt zu erfrischen. Ein Bad mit Blick auf das umgebende Bergmassiv gehört zu den unvergesslichen Naturerlebnissen in den Emiraten. Während sich auf dem Weg dorthin noch viele von Palmen beschattete Plätze für ein **Picknick** (das das Hatta Fort Hotel gern zusammenstellt) finden lassen, ist man an den Bassins selbst der prallen Sonne ausgesetzt. In der Umgebung führen allerdings zahlreiche gut erhaltene bzw. restaurierte Falaj-Kanäle (▶ Baedeker Wissen, S. 140) Wasser aus dem Gebirge in sanftem Gefälle zu den Dörfern des Gebiets.
Mehrere Reiseveranstalter bieten halb- und ganztägige Touren zu den Bassins an, auch das Hatta Fort Hotel organisiert mehrstündige Ausflüge. Mit einem geländegängigen Wagen und gutem Kartenmaterial

Vielleicht geht beim kühlenden Bad in den Hatta Pools auch ein Fisch fürs abendliche Picknick ins Netz.

gelingt der Besuch aber auch auf eigene Faust. Vom Kreisverkehr an der E44, nahe dem Hatta Fort Hotel, biegt man nach rechts ab und folgt der Straße in südöstlicher Richtung. Nach etwa 3 km erreicht man bei der örtlichen Polizeistation einen weiteren kleinen Verkehrskreisel. Hier biegt man nach Süden ab und fährt an einer mit farbenfrohen Wandmalereien geschmückten Schule vorbei. Die Straße führt weiter in Richtung der kleinen Oasendörfer Jeema und Al-Fay und geht bald in eine Geröllpiste über. Nach knapp 17 Kilometern steht man am Eingang zu den Hatta Pools, die bereits auf omanischem Gebiet liegen.

HATTA ERLEBEN

HATTA FORT HOTEL €€€

In einem wunderschönen Garten mit reicher Vogelwelt verteilen sich die 50 komfortablen Chalets des Hatta Fort Hotels. Zum sportlichen Angebot gehören u. a. ein 9-Loch-Golfplatz, Schwimmbäder, Bogen- und Tontauben-Schießanlagen sowie Tennisplätze. Das Restaurant serviert vorwiegend arabische Küche. Wem es dort zu kühl ist, der kann direkt am Pool im Coffeeshop Platz nehmen. Da das Hotel vor allem an den Wochenenden sehr gut besucht ist, sollte man unbedingt reservieren! Sharjah Kalba Road Tel. 04 8 09 93 33 www.jaresortshotels.com

FUJAIRAH

Fläche: 1165 km² | **Einwohnerzahl:** 192 000
Emir: Sheikh Hamad Bin-Mohammed Al-Sharqi (seit 1974)

In der Breeze Bar am Strand spielen sie Lieder aus längst vergangener Zeit, eine warme Brise weht vom Meer herüber, und am Horizont funkeln die Lichter der Tanker. Das Emirat Fujairah ist ein ruhiger Platz weit weg von der Hektik Dubais. Seine Bewohner lebten ausschließlich vom Fischfang, und auch heute noch ist der Fischbestand so üppig, dass die Fischer mit ihren alten Holzkähnen prallvoll gefüllte Netze in die Bucht von Fujairah-Stadt schleppen. Am Wochenende schaut man sich unblutige Bullenkämpfe an.

Schroffe Berge, bunte Korallen

Nachts könnte man manchmal glauben, in der Ferne einen Küstenstreifen blinken zu sehen, so lang ist die Lichterkette. Alles Fata Morgana – bei Tageslicht erkennt man die riesigen Tankschiffe, die draußen vor Fujairah auf Reede liegen, 200 Riesentanker sind keine Seltenheit. Und trotzdem hat hier der **Golf von Oman**, der sich nach Osten zum Indischen Ozean öffnet, sogar viel mehr zu bieten als die flache, sandige Küste des Persischen Golfs im Westen der Emirate: Sandstrände und Palmen vor der Kulisse des Hajar-Gebirges und eine fantastische Unterwasserwelt mit bunten Korallenbänken und felsigem Untergrund für Schnorchler und Taucher.

Den östlichen Teil der VAE prägt die eindrucksvolle Kulisse der schroffen **Hajar-Berge**, die sich von der nördlichen Musandam-Halbinsel über 80 km Richtung Süden und dann parallel zur Küste des Golfs von Oman erstrecken. In den VAE erreichen die Gebirgzüge Höhen von rund 1500 Metern, zwischen ihnen breiten sich tiefe, mitunter fruchtbare Täler aus. Trekker schätzen die spektakuläre Berglandschaft ganz besonders, da sich dort herrliche Touren unternehmen lassen. Fujairah, das drei Exklaven von Sharjah einschließt, unterscheidet sich in vielem von den anderen Emiraten. Denn lange Zeit gab es kaum Verbindungen zwischen der Ostküste und dem Westen, erst seit 1976 verbindet eine asphaltierte Straße Dubai und Fujairah.

Ohne Öl vom Öl leben

Hafen von Fujairah

Fujairah ist nach Singapur und Rotterdam das drittgrößte Tanklager der Welt, obwohl es selbst weder Ölquellen noch Gasvorkommen besitzt und Abu Dhabi durch großzügige Zuwendungen die Zahlungsfähigkeit sicherstellt. Die wichtigsten Einnahmequellen der Bevölkerung sind,

Willkommen in Fujairah-Stadt: Verkehrskreisel mit Kaffeekanne und Kaffeetässchen, ein Symbol für Gastfreundschaft

neben dem Fischfang, die Geflügel- sowie die Viehzucht – und natürlich der **Tiefseehafen**, der 1981 im Norden von Fujairah-Stadt angelegt wurde. Über ihn wird ein großer Teil der täglichen Ölfördermenge von Abu Dhabi in alle Welt verschifft – unter Umgehung der nur 40 km breiten Straße von Hormuz, über deren Ostufer der Iran wacht. Mit dem Ausbau des internationalen Flughafens will man jetzt mit im Wettstreit mit den anderen Emiraten um die Gunst ausländischer Urlauber werben.

Über die Jahrhunderte hart umkämpft

Geschichte

Über die Geschichte der Region ist nur wenig bekannt. Historischen Quellen ist zu entnehmen, dass die Bewohner der Halbinsel Musandam in den Streit um den Nachfolger des Propheten Mohammed verwickelt waren und sich auf die Seite der Schiiten schlugen. Aber schon 633 wurden sie in der Schlacht von Dibba von sunnitischen Muslimen besiegt und unterworfen. Über die Jahrhunderte war die Ostküste Musandams wohl häufiger Angriffen feindlicher Seemächte ausgesetzt. Bis heute ragen in Fujairah-Stadt, Khor Fakkan und Dibba Wachtürme auf, die der Verteidigung dienten. Im 16. Jh. eroberten Portugiesen das Gebiet und bauten die Wachtürme zu Festungen aus. Ihnen folgten im 18. Jh. die Holländer und im 19. Jh. schließlich die Briten. Fujairah gehörte bis 1903 zur Sharjah und unterstand damit dem Protektorat Großbritanniens. Nach der Loslösung vom Nachbaremirat kam es immer wieder zu Auseinandersetzungen auch mit der Schutzmacht, die 1925 in die Bombardierung von Fujairah-Stadt mündeten. Erst 1952 trat Fujairah dem Pakt der »Trucial States« (▶ S. 225) bei. 1971 war es Gründungsmitglied der VAE.

★★ FUJAIRAH-STADT

Einwohnerzahl: 130 000

Die Kapitale des Emirats ist eine Stadt der kurzen Wege, sodass man das Autor stehen lassen kann, auch wenn breite Straßen das Stadtzentrum durchziehen. Die meisten Gebäude hier sind keine 50 Jahre alt. Viele Hochhäuser standen lange leer, weil kein Strom vorhanden war. Jetzt sorgt ein Kraftwerk im Norden für Abhilfe.

Palmen und alte Forts

Die Altstadt, die nördlich der nur für Muslime geöffneten Moschee beginnt, war lange dem Verfall preisgegeben und besteht heute nur noch aus wenigen Häusern, dafür umso mehr aus Ruinen. In ihrem Norden ragt ein restauriertes Fort auf. Die weitläufigen Palmenhaine,

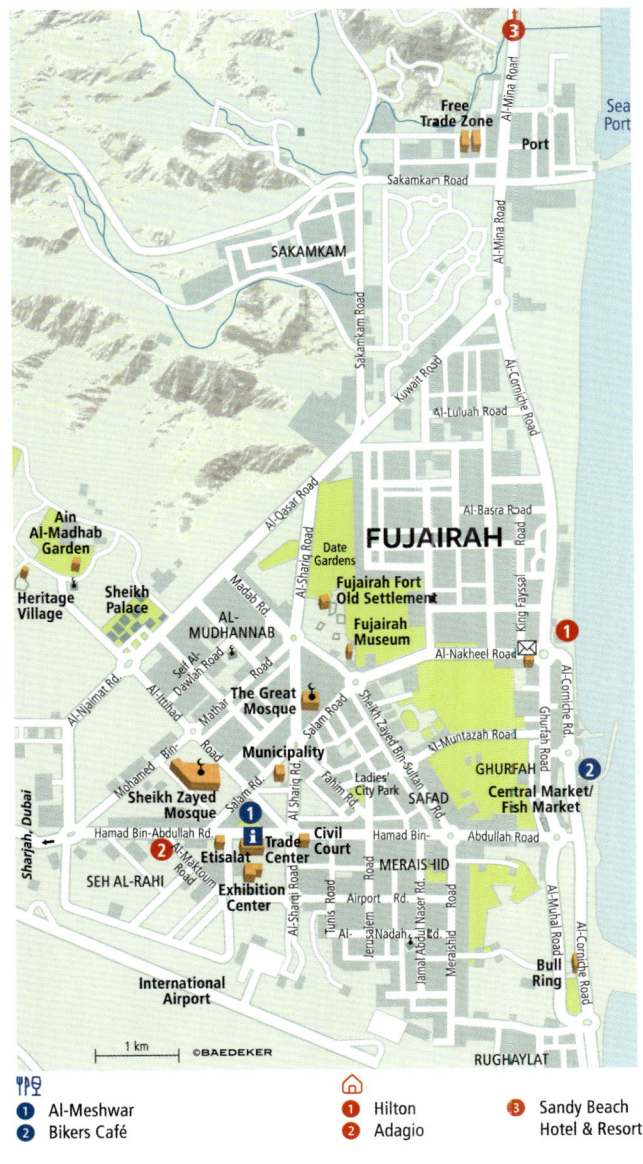

ZIELE · FUJAIRAH-STADT map

- Sea Port
- Free Trade Zone
- Port
- Al-Mina Road
- Sakamkarı Road
- SAKAMKAM
- Sakamkam Road
- Kuwait Road
- Al-Luluah Road
- Al-Corniche Road
- Al-Qasar Road
- Al-Basra Road
- Al-Shariq Road
- FUJAIRAH
- Date Gardens
- Ain Al-Madhab Garden
- Heritage Village
- Sheikh Palace
- Madab Rd.
- AL-MUDHANNAB
- Fujairah Fort Old Settlement
- Fujairah Museum
- King Fayssal Road
- Al-Nakheel Road
- Al-Njarnat Rd.
- Al-Ittihad
- Sef Al-Tawah Road
- Mathar Road
- The Great Mosque
- Salam Road
- Sheikh Zayed Bin-Sultan
- Al-Muntazah Road
- Ghurfah Road
- Al-Corniche Rd.
- Municipality
- Mohamed Bin- Road
- Sheikh Zayed Mosque
- Salam Rd.
- Ladies' City Park
- Fahmi Rd.
- SAFAD
- GHURFAH
- Central Market/ Fish Market
- Sharjah, Dubai
- Hamad Bin-Abdullah Rd.
- Etisalat
- Al-Maktoum Road
- Trade Center
- Civil Court
- Hamad Bin- Abdullah Road
- MERAIS-HID
- SEH AL-RAHI
- Exhibition Center
- Al-Sharqi Road
- Tunis Road
- Airport Rd.
- Jerusalem Road
- Al-Nadah Rd.
- Jamal Abdul Naser Rd.
- Meraishid Road
- Al-Muhal Road
- Al-Corniche Road
- International Airport
- Bull Ring
- RUGHAYLAT
- 1 km
- ©BAEDEKER

🍴🍸
❶ Al-Meshwar
❷ Bikers Café

⌂
❶ Hilton
❷ Adagio

❸ Sandy Beach Hotel & Resort

147

die sich ihr im Osten anschließen, erinnern an die Zeit, als der Export von Datteln Fujairah einen bescheidenen Wohlstand bescherte. Das an der Küste gelegene Hilton Fujairah Resort ist ein wichtiger Orientierungspunkt. Nördlich der Anlage dehnt sich ein breiter Strand aus, südlich von ihr beginnt die Corniche, die parallel zur Küste verläuft.

FUJAIRAH-STADT

FUJAIRAH TOURISM BUREAU
Trade Centre, 9. Etage
Hamad Bin-Abdullah Road
Tel. 09 2 22 95 39
www.fujairahtourism.ae

FUJAIRAH AUTHORITY FOR TOURISM AND ANTIQUITIES
Fujairah World (in der Nähe des Fujairah Museums)
Tel. 09 2 23 15 54
So.–Do. 7.30–14.30 Uhr, Fr. und Sa. geschlossen
www.fujairahtourism.ae

❶ AL-MESHWAR €€€
Innen wie außen ein prunkvoller Palast: Das auffälligste Gebäude der Stadt beherbergt auch ihr bestes Restaurant. Ob levantinische oder emiratische Spezialitäten: Die Speisekarte spiegelt die ganze Vielfalt der arabischen Küche wider. Im Erdgeschoss gibt es ein Café mit (Shisha-) Terrasse.
Haman Bin Abdullah Road
Tel. 09 2 23 11 13

❶ BREEZE €€€
Eine warme Brise weht vom Meer her, und die Kellner servieren Seafood. In dem Strandrestaurant des Hilton-Fujairah speist man nur einen Steinwurf vom Indischen Ozean entfernt bei Beat-, Rock- und Reggae-Rhythmen.

Beach Road
Tel. 09 2 22 24 11
www.hilton.de/fujairah

❷ BIKERS CAFÉ €€
Motorrad-Lifestyle und emiratische Spezialitäten, eine ungewöhnliche Mischung, die auch bei jungen Locals gut ankommt. Diverse Kaffeespezialitäten und ein großes Angebot an exotischen Säften und Mocktails.
Fujairah International Marine Club
Tel. 09 2 24 46 86
www.bikerscafe.com

❶ HILTON FUJAIRAH RESORT €€€
Fujairahs Herrscher ließ dieses Strand-Resort als Unterkunft für internationale Geschäftspartner 1979 bauen. Mit den hypermodernen Luxusherbergen Abu Dhabis kann es zwar nicht mithalten, doch ist das Haus dank der Breeze Bar seit Langem ein Treffpunkt von Expats. Es bietet einen Pool, Fitnesscenter, Wasserskifahren und Hochseeangeln. Das Hotel liegt nördlich des Old Fishing Harbour beim Kaffeekannen-Verkehrskreisel.
Beach Road
Tel. 09 2 22 24 11
92 Zi. und Suiten
www.hilton.de/fujairah

❸ SANDY BEACH HOTEL & RESORT €€
In dem Resort logieren Taucher und Schnorchler, die die vielfarbige Unter-

wasserwelt in den Gewässer um die nahen Snoopy Islands lockt. Zum Sundowner trifft man sich auf der Dachterrasse des Hauses. Die Bungalows sind einfach und ohne viel Komfort, aber der Strand von Khor Fakkan ist nicht weit entfernt.
Al Aqqa
Tel. 09 2 44 55 55
98 Zi., 10 Bungalows
www.sandybeachhotel.ae

❸ ADAGIO €€
Ein freundliches, gepflegtes Haus in zentraler Lage. Die Preise sind moderat, dennoch ist man von einem Hauch Luxus umweht und fühlt sich wohl.
Hamad Bin-Abdullah Road
Tel. 09 2 23 99 11
72 Zi.
www.accorhotels.com

▍Wohin in Fujairah-Stadt?

Vor dem Verfall gerettet

Lange waren die historischen **Lehmhäuser** der Altstadt (Old Settlement) dem Regen ausgesetzt. Die Bausubstanz löste sich langsam aber sicher bis auf die Grundmauern auf und nur die Ziegen blieben. Doch seit einigen Jahren wendet sich das Blatt: Einige der verfallenen Bauten konnten restauriert werden und stehen nun für eine Besichtigung offen. Das kleine **Fujairah Museum** am Eingang zur Altstadt zeigt archäologische Funde aus Bithnah sowie Baciyah und in der ethno-

Altstadt

Der erste Fang auf der vom Hilton Fujairah Resort organisierten Hochseeangeltour

grafischen Abteilung traditionelle Haushaltswaren, landwirtschaft-
liche Geräte, Trachten und Waffen.

Al Nahkeel Ecke Al Salam Road
Mo.–Do. 8–13, 16.30–18.30, Fr. 14–18 Uhr
Eintritt: 5 Dh

Spuren der Erinnerung

Fujairah Fort Es geht hinauf auf eine Anhöhe, wo eine massive Holztür den Zugang
zu dem labyrinthischen, 1670 erbauten Fort bildet. Einst residierte
der Emir hier, und noch heute scheint es beinahe so, als würden
gleich Palastwachen um die Ecke biegen. Noch immer deutlich zu
sehen sind Spuren des Bombenangriffs von 1925, die man wohl
bewusst nicht entfernt hat.

Sa.–Do. 9–17, Fr. 14–17.00 Uhr | Eintritt 3 Dh

El Dorado für Souvenirjäger

Central Market/ Souks Auf dem Fischmarkt des Souk geht es schon morgens in der Früh laut
und geschäftig zu, wenn der Fang der letzten Nacht zur Versteigerung
ansteht. Gleich nebenan bieten Händler Datteln, Mangos, Bananen,
Orangen und frisches Gemüse der Region an. Im Gewürzsouk duftet
es nach Tausendundeiner Nacht. Wer sich auf Feilschen versteht, kann
im Textiliensouk ein Schnäppchen machen und preiswert ein traditionelles arabisches Kleidungsstück erstehen.

Obst und Gemüse für die Emirate

Dattelpalm- plantagen Die östlichen Stadtgebiete sind mit landwirtschaftlich genutzten Flächen, mit Dattelpalmplantagen, Obst- und Gemüsegärten übersät. Die
Einheimischen bauen Bananen, Mangos und Gemüse aber nicht nur für
die lokalen Märkte an, sondern beliefern auch die Nachbaremirate.
Dank vergleichsweise hoher Niederschläge gedeihen in Fujairah auch
exotische Früchte.

Stierkampf auf arabische Art

Bull Ring Auf Kommando stürmen zwei massige Bullen aufeinander los und schie-
ben sich unter lautem Schnaufen mit den Köpfen hin und her. Blut
fließt bei dieser Art des Stierkampfes in der Regel keines. Wenn nicht
eines der beiden Tiere irgendwann das Weite sucht, entscheidet ein
Schiedsrichter, welches Tier gewonnen hat. Dann werden die nächsten
Brahman-Rinder, die von indischen Zebu-Rindern abstammen und
überaus widerstandsfähig gegen Hitze und Wassermangel sind, von
ihren Besitzern an einem Strick in die **Arena**, ein staubiger Sandplatz
im Süden der Corniche, geführt. Jeden Freitagnachmittag finden 10 bis
15 solcher Bullenkämpfe statt. Preisgelder gibt es nicht, vielmehr steigt
der Wert der siegreichen Tiere – die zwischen 3000 und 30 000 Dh
kosten können – und natürlich auch das Ansehen des Besitzers.

Freitagnachmittag | Eintritt frei

Bullenkampf – ein staubiges Spektakel ohne Blutvergießen

Lebendige Vergangenheit

Seit 1997 hat auch Fujairah ein Freilichtmuseum. Es liegt am Nordwestrand der Stadt und umfasst eine Fläche von 6000 Quadratmetern. Zwei Kanonen flankieren den Eingang zu dem **Museumsdorf**, das aus einigen wenigen Barasti-Hütten aus Palmblättern besteht. Mehrere Ausstellungen befassen sich mit der Geschichte des Emirats und mit dem Alltagsleben seiner Bewohner. Zu sehen sind u. a. Tongefäße, in denen in ländlichen Gebieten noch heute Datteln, Olivenöl und Käse aufbewahrt werden. Gleich neben dem Heritage Village liegt der üppig grünende **Madhab Sulpheric Spring Park** – eine beliebte Adresse zum Flanieren und Picknicken, die durch eine schwefelhaltige Mineralquelle bewässert wird.

Heritage Village

Heritage Village: So.–Do. 8-13, 16-18, Fr. 14-18 Uhr | Eintritt frei
Madhab Sulpheric Spring Park: Sa.–Fr. 10-22 Uhr | Eintritt 4 Dh

▌ Rund um Fujairah-Stadt

Nirgendwo sonst in der VAE findet man eine solche Vielzahl an Pflanzen, Vögeln und Meerestieren auf so engem Raum. Der Khor Kalba Mangrove Reserve Park bietet dank des Brackwassers Salzpflanzen optimale Wachstumsbedingungen. Verschiedene Veranstalter organisieren von erfahrenen Rangern geleitete Touren durch das Natur-

Khor Kalba
Mangrove
Reserve Park

Das Al-Hayl Fort war einst ein wichtiger Grenzposten zum Oman. Heute geht es hier entspannt zu.

paradies. Mit etwas Glück bekommt man hier Delfine, Schildkröten oder Dugongs, eine seltene Art aus der Ordnung der Seekühe, zu Gesicht. Das Schutzgebiet liegt einige Kilometer südlich des kleinen Küstenorts **Kalba** am Ende des Khor Kalba, eines parallel zur Küste verlaufenden Meeresarms an der Grenze zum Oman. Kalba, das in der ersten Hälfte des 20. Jh. ein unabhängiges Emirat war und seit den 1950er-Jahren wieder zu Sharjah gehört, zieht sich einen kilometerlangen hellen Sandstrand entlang. In der Residenz von Sheikh Saeed Al-Qasimi gegenüber dem alten Fort (▶ Abb. S. 230) ist ein kleines ethnografisches Museum untergebracht, das archäologische Funde, Trachten, Münzen und Gebrauchsgegenstände zeigt.

Kanutouren: East Coast Tourism, info@uaeeastcoast.com
www.uaeeastcoast.com
Al-Hosn Area: Sa.-Do. 9–3, 17–20, Fr. 17–20 Uhr
Eintritt: 3 Dh

Verlassenes Dorf im Wadi

Das palastartige **Fort** des alten Dorfes Al-Hayl (Al-Heil, Al-Hail) war im 19. Jh. Residenz des Emirs von Fujairah und sollte Angreifer aus dem benachbarten Oman abwehren. Obwohl weitgehend aus Lehm

★
Al-Hayl

erbaut, ist das Gebäude in einem recht guten Zustand, auch der quadratische dreistöckige Wehrturm kann sich sehen lassen. Von dem mit Zinnen bewehrten Dach können der Palast, das umliegende verlassene Dorf und das **Wadi**, das ganzjährig Wasser führt, gut überblickt werden. Das Wadi Hayl liegt acht Kilometer südwestlich von Fujairah.

Al-Hayl Palace (Al-Hail Castle) ist geöffnet, wenn ein Kreuzfahrtschiff im Hafen von Fujairah liegt

Ein Wasserfall mitten in der Wüste

In den Stausee von Wurayah, eines der beiden Wasserreservoirs von Khor Fakkan, ergießt sich das ganze Jahr über ein Strom frischen Quellwassers. Man erreicht den **Wasserfall** via Zubarah, fünf Kilometer nördlich von Khor Fakkan (▶ S. 185), wo von der Küstenstraße die Zufahrt in südwestlicher Richtung abzweigt und nach ca. zwölf Kilometern kurz vor dem Wurayah-Wasserfall endet. 2013 wurde das Areal zum Naturschutzgebiet **Wadi Wurayah National Park** erklärt – und bis auf Weiteres geschlossen, um den vielen Müll, der sich hier angesammelt hat, und die auf den Felsen gemalten Graffiti zu entfernen. Die Wiedereröffnung ist geplant (zzt. ist noch kein Termin bekannt).

Al-Wurayah

Kulturhistorisches Kleinod

Auch die kleinen Emirate bergen große Schätze: Die Al-Badiyah-Moschee ist die **älteste Moschee der VAE** und eine kunst- und kulturhistorische Sehenswürdigkeit ersten Ranges. Wie vor Hunderten von Jahren betritt man den von außen bescheiden wirkenden, hell gekalkten Lehmbau durch eine doppelflügelige Holztür, und die Augen brauchen ein wenig Zeit, bis sie im dunklen Innenraum alte Teppiche und Bücher in den Nischen erkennen können. Lange Zeit nahmen viele Fachleute an, dass die Moschee bereits zu Beginn der islamischen Zeit, also vor rund 1300 Jahren, erbaut wurde; neuere Untersuchungen kommen aber zu dem Ergebnis, dass sie um das Jahr 1446 entstanden ist. Das nach seinem vermutlichen Stifter Othman auch Masjid al-Othmani genannte Gebäude ist nur wenige Meter hoch und nicht mehr als ein paar Quadratmeter groß. Es besitzt vier niedrige Kuppeln, die von einer einzigen Säule gestützt werden. Die Moschee ist rund um die Uhr geöffnet und kann besichtigt werden. Nicht-Muslimen wird der Zutritt allerdings gelegentlich verwehrt. Der kleine Ort **Badiyah** liegt 35 km nördlich von Fujairah.

Al-Badiyah-Moschee

Im Dreiländereck

Das 60 Kilometer nördlich von Fujairah gelegene Dibba ist eine landschaftlich schön gelegene Kleinstadt mit breiten, weißen Sandstränden und malerischen Felsbuchten. Taucher und Schnorchler zieht die Unterwasserwelt mit fischreichen Fels- und Korallenriffen an. In der

Dibba

Er zeigt es an: Musandam, omanische Exklave, begeistert durch eine
dramatisch-schöne Gebirgs- und Fjordlandschaft.

Ferne schimmern graugrün die Berge der omanischen Musandam-
Halbinsel, ein lohnendes Ziel für Bootsausflüge und Tauchexkursio-
nen. Auf den ersten Blick fällt gar nicht auf, dass das Stadtgebiet
unter Fujairah, Sharjah und dem Sultanat Oman aufgeteilt ist. Doch
wer genau hinsieht, wird Unterschiede in der Architektur entdecken.
Viele Häuser im omanischen Stadtteil **Dibba Baya** sind eher im traditionellen arabischen Stil erbaut, für die Region typische Embleme wie
Kamele, Kaffeekannen oder Wasserpfeifen schmücken ihre bunten
Eisentore. Am Grenzübergang muss man Reisepass und VAE Touristen-
visum vorlegen.

Mächtige Festung im Dattelpalmenwald

Bithnah

Malerisch liegt es da, das Fort von Bithnah, in einem Tal, umgeben
von Dattelpalmen. Es wurde 1735 errichtet, um die strategisch wichtige Route durch das Wadi Ham im Hajar-Gebirge zu bewachen. Bei
Ausgrabungen in der Umgebung stieß man auf Hinweise, dass die
Oase Bithnah schon vor mehr als 3000 Jahren besiedelt war. In einem
Gemeinschaftsgrab, das in Form eines T angelegt und zwischen ca.
1300 und 300 v. Chr. für Bestattungen genutzt wurde, fand man Keramiken und Gegenstände aus Metall. Das Museum von Fujairah zeigt

ein Modell des Grabes sowie die Grabbeigaben. Die Ausgrabungs-stätte selbst ist für die Öffentlichkeit nicht zugänglich. Bithnah liegt 15 Kilometer nordwestlich von Fujairah und kann über die Straße nach Sharjah bzw. Dubai erreicht werden. Den schönsten Blick auf die kleine Dattelpalmenoase und das Fort hat man oberhalb des Orts von der Straße Richtung Sharjah.

Wild zerklüftete Küstenlandschaft

Die **omanische Exklave** Musandam an der Nordspitze der gleichna-migen Halbinsel begeistert durch eine dramatische schöne, stark zer-klüftete Gebirgslandschaft. Fjorde und Buchten schneiden tief in das Land und bis zu 2000 Meter hohe, schroffe Felsklippen fallen steil zum leuchtend blauen Meer ab. Auf Schusters Rappen lässt sich diese Wildnis eigentlich nur mit einem ortskundigen Führer erkunden. Wer es beschaulicher mag, unternimmt einen Ausflug mit einer Dhau. Mit etwas Glück tauchen während der Fahrt Delfine aus dem Wasser auf und begleiten das Boot. Die Küstengewässer sind ein beliebtes Tauch- und Schnorchelrevier, das mit einer farbenprächtigen Unterwasser-welt lockt. Musandams 30 000 Einwohner leben im Küstenort **Khasab** und winzigen Dörfern, die man nur mit dem Boot erreichen kann. Wer von den Emiraten aus einen Abstecher nach Musandam machen will, braucht ein Visum, erhältlich beim Reisebüro oder -veranstalter. Ausgangspunkt für ein- und mehrtägige Schiffstouren sind Khasab oder Dibba (jeweils von Dubai aus in ca. zwei bis drei Autostunden zu erreichen).

www.khasabtours.com, www.musandamdiving.com

★★
Musandam

RAS AL-KHAIMAH

Fläche: 1625 km² | **Einwohnerzahl:** 260 000
Emir: Sheikh Saud Bin-Saqr Bin-Mohammed al-Qasimi (seit 2010)

*»Wir haben Berge, Meer und Wüste. Alles ist in nur 30 Minuten
zu erreichen«, preist Sheikh al-Qasimi die Stärken seines Emirats
Ras al-khaimah, kurz RAK genannt. Der Herrscher will die natürlichen Gegebenheiten in seinem Land lieber nutzen, anstatt es, wie
Dubai, vollkommen umzugestalten. Schroffe hohe Gebirgszüge,
grüne Oasen, terrakottafarbene Sanddünen und einfache Fischer-
siedlungen: Ras al-Khaimah, das nördlichste der sieben Emirate,
bietet viel ursprüngliche Natur und viel ursprüngliches Arabien.*

*Urlaubs-
paradies
der
Zukunft*

Glitzernde Boomstädte sucht man hier vergeblich, denn Ras al-Khaimah verfolgt ganz eigene Ziele. Das Emirat will künftig vor allem in
Outdoor- sowie Strandurlaub investieren und auch das gebirgige
Hinterland erschließen. So wird der Ausbau der touristischen Infrastruktur mit Klettersteigen und Zip-Lines vorangetrieben. Sympathi-
scherweise geschieht das vielerorts umweltverträglich, so bei den
beiden Großprojekten **Al Marjan Island** und **Mina al-Arab**.

Der Name »Ras al-Kaimah« bedeutet wörtlich übersetzt so viel wie
»Spitze des Zeltes« – und in der Tat erinnern die steil aufragenden
Gipfel des gewaltigen Hajar-Gebirges, das im nördlichen Teil des
Emirats bis auf zehn Kilometer an die Küste reicht, ein wenig an ein
Beduinenzelt. Dank der vielen Quellen, die in dem Gebirge
entspringen, kann sich Ras al-Khaimah über das fruchtbarste
Ackerland der VAE und ausgedehnte Palmenoasen freuen. In
der Küstenebene grasen Kühe, und es wird Getreide ange-
baut. Die Erdölförderung begann in Ras al-Khaimah erst 1984
mit der Erschließung des Saleh-Felds im Persischen Golf.

Ras al-Khaimah ist praktisch zweigeteilt und der Norden durch
einen schmalen Korridor, der zu Fujairah gehört, vom nur wenig
erschlossenen südlichen Teil getrennt. Der nördliche Teil zieht
sich über 70 Kilometer die Küste des Persischen Golfs entlang
und grenzt im Osten an die omanische Exklave Musandam.

▎ Blick in die Geschichte

*Von der Pira-
ten- zur Ver-
tragsküste*

Ras al-Khaimahs Geschichte ist eng mit der des südlichen Nachbarn
Sharjah verbunden. Bis heute herrschen Zweige der Al-Qasimi Dynas-

So können Wüstenschiffe auch aussehen: bunt bemalte
Kamelkarawane in Ras al-Khaimah-Stadt.

tie über beide Emirate. Vorfahren der heutigen Herrrscher rissen Mitte des 18. Jh.s die Macht an der Küste Musadams an sich und kontrollierten bald den Seehandel in der Golfregion. Ras al-Khaimah war als Seeräuberstützpunkt berühmt und berüchtigt. Um 1800 griffen Piraten regelmäßig Handelsschiffe an und plünderten sie. Um dem Treiben ein Ende zu bereiten, zerstörten britische Kriegsschiffe 1819 die Stadt und andere Häfen an der Küste. Ein erster Waffenstillstand zwischen der britischen Krone und den Sheikhs wurde 1820 geschlossen. Ihnen folgten 1835 und 1853 Friedensverträge, mit denen sich die Emirate dem Protektorat der Briten unterstellten. Die »Trucial States«, die Vorläufer der heutigen VAE (▶ S. 225), waren geboren. Ras al-Khaimah, das bis 1869 und dann noch einmal zwischen 1900 und 1921 zu Sharjah gehörte, trat der Föderation 1972 bei.

Natürlich beginnt die Geschichte Ras al-Khaimahs nicht erst im 18. Jahrhundert. Archäologische Ausgrabungen am Berg Ghallila und in Shimal belegen, dass das Gebiet seit rund 4000 Jahren durchgängig besiedelt ist. In der Nähe der Hauptstadt fand man die Überreste der legendären mittelalterlichen Handelsmetropole **Julfar** (▶ 163), die Ibn Battuta (▶ interessante Menschen, S. 234) und Marco Polo in ihren Aufzeichnungen erwähnen. Der berühmte Seefahrer Ahmed Bin-Majid (▶ interessante Menschen, S. 234) soll in Julfar geboren sein.

★★ RAS AL-KHAIMAH-STADT

Einwohnerzahl: 230 000

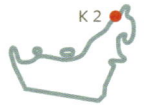
K 2

Ras al-Khaimahs beschauliche Hauptstadt hat nur wenig mit der hypermodernen Millionenmetropole Dubai gemein. Auch »echtes Arabien« macht sich rar, denn die meisten der einfachen ein- oder zweistöckigen Häuser stammen aus den 1970er- und 1980er-Jahren. Nur in der Altstadt finden sich noch einige wenige Gebäude im traditionellen Stil, viele davon stehen leer und warten auf ihre Restaurierung.

Meer in der Stadt

Der breite, wie zu einem See geweitete Meeresarm Khor Ras al-Khaimah teilt das Stadtzentrum. Im Südwesten liegt die touristisch interessante **Altstadt**, östlich des Gewässers breitet sich der neue Stadtteil **Nakheel**. Ras al-Khaimah ist durch eine mehrspurige Autobahn mit dem 100 km weiter südlich gelegenen Dubai verbunden. Der internationale Flughafen liegt 15 Kilometer außerhalb des Stadtzentrums.

6X
ERSTAUNLICHES

Überraschen Sie Ihre Reisebegleitung: Hätten Sie das gewusst?

1.
MIT FALKEN FLIEGEN

Man staunt nicht schlecht, wenn im Flugzeug ein Emirati mit **Falken** Platz nimmt. Bei Etihad Airways dürfen die Raubvögel in die Kabine, wenn sie eine Falkenkappe tragen und mit einer Leine an den Füßen an einer Sitzstange fixiert sind. (▶ **S. 70**)

2.
LÄNGER FASTEN

Wer im **Burj Khalifa** oberhalb der 80. Etage wohnt, darf im Ramadan erst 2–3 Minuten später das Fasten brechen. Denn die Sonne ist in den oberen Stockwerken länger am Himmel zu sehen. (▶ **S. 256**)

3.
NUR JEDER ZEHNTE

Fast 90 % der Bevölkerung Dubais sind Ausländer. Die Einwohnerzahl hat sich auch wegen des Zuzugs ausländischer Arbeitskräften in knapp 20 Jahren mehr als verdreifacht. Die meisten **Expatriates** kommen aus Asien. (▶ **S. 211**)

4.
ALLES GOLD

Echtes Gold bringt das Innere des **Emirates Palace** zum Glänzen. Für die 114 goldverzierten Kuppeln und 2000 m² vergoldeten Deckengewölbe beschäftigt das Luxushotel einen Angestellten, der sich nur um Gold-Angelegenheiten kümmert. (▶ **S. 268**)

5.
GRÜNE PRACHT

Das Grünen und Blühen in den Städten der VAE verdankt sich einem extremen **Wasserverbrauch**. 570 Liter sind es pro Person und Tag. Das meiste wird durch energieaufwendige Meerwasserentsalzungsanlagen gewonnen. (▶ **S. 140**)

6.
POLIZEI ZEIGT PS

In Dubai sorgt die **Polizei** mit schnellen Autos für Recht und Ordnung. Versuche zu entwischen machen keinen Sinn, denn sie fährt Lamborghini, Porsche oder Bugatti ... (▶ **S. 16**)

RAS AL-KHAIMAH-STADT ERLEBEN

RAK TOURISM DEVELOPMENT AUTHORITY
Ras al-Khaimah
Chamber of Commerce Bldg.,
5. Etage, Al Jazah Road
Tel. 07 2 33 89 98
www.rasalkhaimahtourism.com
Touristen erhalten auch Auskünfte im
National Museum von Ras al-Khaimah.

🍴🍽

❷ LEXINGTON GRILL €€€€
In diesem Top-Restaurant kommen
die Fans saftiger Steaks auf ihre Kosten: In den USA ist Dry Aged Beef
schon seit Jahrzehnten Kult, im
Lexington Grill des Waldorf Astoria
kommen zart gebratene Fleisch-
stücke vom trocken abgehangenen
Rind nun auch in den VAE auf den
Tisch. Der Sommelier bietet dazu
rund 350 verschiedene Weine an.
Waldorf Astoria, Vienna Street,
Al Hamra | Tel. 07 2 03 55 55

❶ YANSOON €€€
Das 2016 eröffnete Restaurant liegt
direkt an der Al Qasimi Corniche und
bietet von seiner Außenterrasse einen
traumhaften Blick auf den Khor Ras
al-Khaimah. Die Speisekarte lädt zu
einer kulinarischen Reise durch die
Levante ein. Über 70 nicht alkoholische
Cocktails, apart mit Anis, Rote Beete,
Karamell, Ingwer oder Chili gewürzt,
gewähren ungeahnte Gaumenfreuden.
Al Qasimi Corniche
Tel. 07 2 26 40 30

❷ AL-FANAR €€
Egal ob Lamm, Shrimps oder Hühn-
chen, die authentische emiratische
Küche des Al-Fanar schmeckt nach
orientalischer Gewürzkultur. Die Ein-
richtung, rustikale Holztische und
-stühle, lässt die Zeit vor dem Öl
wieder aufleben.
Sheikh Mohamed Bin Salem Road
Tel. 07 2 22 22 40

❶ AL-WADI DESERT RITZ-CARLTON €€€€
Trotz seiner beeindruckenden Wüs-
tenlage liegt das Al-Wadi Desert keine
halbe Stunde vom Meer entfernt.
Erst Anfang 2017 hat Ritz-Carlton das
frühere Banyan Tree Al-Wadi Resort
übernommen. Die 101 Villen sind
durch die traditionelle Beduinenar-
chitektur inspiriert und bieten alles,
was den Aufenthalt in der Wüste angenehm macht: einen privaten Pool,
Klimaanlage und edles Mobiliar.
Freizeitprogramm mit Ausflügen,
Kamelreiten und Falkenjagd-Kursen.
Wadi al-Khadiya, auf der Autobahn E 311, Ausfahrt (Exit) 119,
dann 7 km in südlicher Richtung
Tel. 09 2 06 77 77
101 Villen | www.ritzcarlton.com

❷ WALDORF ASTORIA €€€€
Der Prachtbau ist von orientalischer
Palastarchitektur inspiriert. Schon
das Eingangsportal mit gigantischen
Leuchtern ist riesig, und innen ist das
Haus so weitläufig, dass es sogar eine
Rolltreppe gibt. Der Gast kann sich auf
überdimensional große Zimmer freu-
en, die kleinsten messen mit Marmor-
bad und begehbarem Kleiderschrank
immerhin noch 56 m². Zu der weithin
sichtbaren Anlage gehören ein 350 m
langer Privatstrand und ein 18-Loch-
Golfplatz sowie 9 Restaurants.
Vienna Street, Al Hamra
Tel. 07 2 03 55 55
346 Zi. und Suiten
www.waldorfastoria.com

Arabian Gulf

MA'RID

Ruler's Palace

Al-Mamourah Road

Museum and Center of the Navigator

Al-Hudeeba Rd.

Al-Mountasser Road

Al-Araibi Rd.

COMMERCIAL CENTRE

Bin-Majid Road

Fish Souk

Electricity Road

RAK Chamber

Jezaah Road

Hotel Road

Sheikh Saqr Bin Mohammad Al Qasim Rd.

Port Saqr
Deep Water Harbour

Old Fort, National Museum

Al-Dawaasin Corniche

At-Sabah Road

Vegetable Souk

AL-NAKHEEL

Al-Hosn Rd.
Al-Hosn Garden

Pearl Roundabout

Al-Hosn Rd.

Al-Hosn Rd.

Sheikh Hayed Bin Muhammad St.

OLD TOWN

Kuwait Hospital Road

Khor Ras al-Khaimah

Al Manar Mall

Bin-Dahir Road

Industrial Area

AL-JUWAIS

Al-Khor Road

Sihol St.

DAFAN

Muhammad Bin-Salim

RAS AL-KHAIMAH

Al-Mountasser Road

Sheikh Saqr Bin Mohammad Al Qasim Road

Al-Dawaasin Corniche

Dafan Rd.

Sheikh

Court Department

Al Quamaim

Khouzam Road

DUWAR AL-QUSIDAT

DAHAN

Eid Musallah Rd.

Sheikh Zayed Mosque

Eid Prayer Ground

Corniche Rd.

Industrial Area

Al-Nakhil St.

Municipality

Tower Links Golf Club

Khouzam Road

Ruler's New Palace

Khouzam Road

Industrial Area

KHOUZAM

500 m
©BAEDEKER

① Yansoon	① Al Wadi Desert Ritz Carlton	③ Rixos Bab Al Bahr
② Al-Fanar	② Waldorf Astoria	④ Mangrove

③ RIXOS BAB AL BAHR €€€
Schon die Architektur ist spektakulär:
Zimmer und Suiten verteilen sich auf
sechs pyramidenförmige Bauten.
Mehrere Pools, ein Spa mit Hammam
und Privatstrand bieten Wellness pur.
Sieben Restaurants.
Marjan Island | Tel. 07 2 44 44 00
655 Zi. & Suiten | www.rixos.com

④ MANGROVE €€
Das Hotel im Zentrum von Ras
al-Khaimah-Stadt bietet komfortable
Zimmer, Pool, ein Restaurant und
zwei Bars. Auf der Café-Terrasse kann
man es sich in bequemen Sesseln bei
einer Shisha-Pfeife gut gehen lassen.
Al-Khor Road | Tel. 07 2 33 77 33
186 Zi. | www.binmajid.com

▌ Wohin in Ras al-Khaimah-Stadt?

**Fort Al Hisn
mit National-
museum**

Beim Blick hinauf in den **Windturm** (▶ Baedeker Wissen, S. 176) weht eine erfrischende Brise um die Nase. Denn die Anlage, nun Teil des Nationalmuseums, ist noch intakt und man kann in ihrem Inneren auf das Schönste die x-förmige Schachtkonstruktion studieren. Der Turm verschaffte einst die Herrscherfamilie der Qasimis Kühlung, die im Fort Al Hisn bis 1960 zuhause war. Ursprünglich erbaut wurde es in der Mitte des 18. Jh.s., als die Perser die Region besetzt hielten. Nur der quadratische Turm links des Eingangs ist aus dieser Zeit erhalten, alle anderen Gebäudeteile wurden erst während der letzten hundert Jahre errichtet. Als sich Sheikh Saqr eine neue Residenz bauen ließ, diente das Fort zunächst als Polizeihauptquartier, dann als Gefängnis. Nach seiner Renovierung in den 1980er-Jahren zog das **National-museum** ein. Es umfasst eine ethnografische und eine archäologische Abteilung mit Exponaten und Fundstücken aus Ras al-Khaimah sowie eine naturgeschichtliche Abteilung mit einer umfangreichen Muschel-sammlung und zahlreichen Fossilien. Das älteste Stück der archäolo-gischen Sammlung ist ein Steinmesser aus dem 3. Jt. v. Chr. Den Hauptteil der Ausstellung bilden Fundstücke aus der archäologischen Stätte Shimal und der einstigen Hafenstadt Julfar. Zumeist sind es Bronzemünzen und Keramiken aus dem 16. und 17. Jh. Weil das Perlen-museum und die dazugehörende Perlenfarm Ende 2016 ihre Pforten schlossen, ist das Nationalmuseum der beste Ort, um sich über die alte Tradition des **Perlentauchens** (▶ S. 180) zu informieren.
tgl. außer Di. 10–17 Uhr | Eintritt 3 Dh

Ein Gespensterschloss

**Al-Qasimi
Palace**

Vor mehr als 30 Jahren hat die Herrscherfamilie den neuen Palast nun schon verlassen – länger als drei Monate haben es die Qasimis in ihrem umgerechnet mehr als 130 Millionen Euro teuren Prunkbau nicht ausgehalten. Geister sollen hier ihr Unwesen treiben, den Künst-lern der Wandgemälde sagt man nach, sie hätten schwarze Magie in den Bildnissen versteckt. So verfällt der mit Erkern und Türmen ver-schachtelte Kastenbau, unübersehbar auf einer kleinen Anhöhe an der Sheikh Rashed Bin Said Road thronend, noch immer von einsamen Palastwächtern bewacht und von Anhängern des Übersinnlichen auf-gesucht.

▌ Rund um Ras al-Khaimah-Stadt

**Al Marjan
Island,
Mina al-Arab**

Auch Ras al-Khaimah erweitert zur Zeit sein Staatsgebiet durch die Aufschüttung künstlicher Inseln. Während die Planer in Dubai die Pal-menform wählten, sind es hier Korallen, die als Vorbild dienten. **Al Marjan Island** (Koralleninsel) heißt dann auch der Archipel, der

25 Kilometer südlich von Ras al-Khaimah-Stadt vor der Küste des Per-
sischen Golfs entstanden ist. Die vier Inseln, die durch eine Halbinsel
mit dem Festland verbunden sind, reichen bis zu 4,5 Kilometer ins
Meer hinaus und umfassen eine Fläche von 2,7 km². Die ersten Apart-
mentanlagen und Hotels wie das Marjan Island Resort & Spa von
Accor Hotels, das Double Tree von Hilton oder das Rixos Bab Al Bahr
haben bereits eröffnet. Ein Jachthafen, Shoppingmalls und weitere
Unterkünfte sollen folgen.
In der durch eine Nehrung vom Persischen Golf getrennten Lagune
Chaur Al Dschazira am Südrand von Ras al-Khaimah-Stadt entsteht
zurzeit außerdem der neue, 2,8 km² große Stadtteil **Mina al-Arab**
(arabischer Hafen), ein Urlaubsresort mit Hotels, Apartments,
Shoppingmalls und einem Jachthafen.
www.almarjanisland.com, www.minaalarab.net

Legendäre Stadt des Mittelalters

Einst war die ehemalige Hafenstadt Julfar so berühmt, dass Marco
Polo sie 1272 besuchte und ihre Schönheit pries. Heute liegen nur

noch ihre ausgegrabenen Ruinen jenseits der Lagune am Nordrand von   Julfar
Ras al-Khaimah-Stadt. **Ahmed Bin-Majid** (▶ Interessante Menschen,
S. 234) wurde 1432 hier geboren. Als einer der berühmtesten Seefahrer Arabiens verfasste er 40 Werke über Geografie und Navigation.
In der ca. zwei Kilometer langen historischen Stätte legten Archäologen die Grundmauern von Wohnhäusern und Straßen aus dem
14. Jh. frei, unter denen sie noch ältere Gebäudereste aus Korallenstein und die Fundamente einer frühislamischen Moschee entdeckten.
Historischen Quellen ist zu entnehmen, dass Julfar bereits im 12. Jh.
ein Zentrum des Perlenhandels war. Dass in der mittelalterlichen
Stadt aber auch Töpferwaren hergestellt wurden und der Handel mit
Keramiken blühte, belegen die Überreste von Brennöfen und die vielen Keramiken, die die Archäologen in den Ruinen fanden. Die einge-
zäunte archäologische Stätte kann man nach Rücksprache mit der
Wache besichtigen.

Zwei geschichtsträchtige Orte

Trotz des Namens stehen die auf ein Hügelfort zurückgehenden Ruinen   Sheba's
des angeblichen **Palastes der Königin von Saba** in keinerlei Verbin-   Palace
dung zu der legendären Königin, die rund zwei Jahrtausende früher
in Südarabien lebte. Sehenswert sind die Ruinen des vermutlich im
16. Jh. erbauten Prachtbaus mit den Resten eines Brunnens und einer
Zisterne dennoch. Der Palast thront auf einem frei stehenden Felsen
oberhalb des Dorfes **Shimal**, drei Kilometer nordöstlich der Hauptstadt. Ganz in der Nähe fanden Archäologen in den 1980er-Jahren
bronzezeitliche **Grabstätten**, die einmal mehr belegen, dass in dem
Gebiet des heutigen Ras al-Khaimah bereits vor 4000 Jahren Menschen lebten. Einige der beeindruckenden Grabbeigaben, darunter

Der schweißtreibende Aufstieg zum über 200 Jahre alten Dhayah Fort wird mit einem herrlichen Blick auf den Persischen Golf belohnt.

Tontöpfe, aus Stein gemeißelte Krüge, silberne Ohrringe und zahlreiche Perlen, sind heute im Nationalmuseum ausgestellt. Die Grabungsstätte ist frei zugänglich und ab der nach Norden führenden Hauptstraße (Al-Rams Road) ausgeschildert. Der Zugang zu einigen Gräbern führt allerdings über einen steinigen, steil ansteigenden Pfad.

Ein Aufstieg, der alle Mühen lohnt

Dhayah Steil sind die Stufen hinauf zum **Dhayah Fort** und der Weg ohne Schatten, doch der Ausblick über Palmenhaine ist ganz wunderbar, besonders bei Sonnenauf- oder Sonnenuntergang, wenn es nicht ganz so heiß ist. Das Fort liegt auf einer Anhöhe im gleichnamigen Dorf nördlich der Hauptstadt zwischen Gebirge und Meer. Es war 1819 Schauplatz einer Schlacht zwischen Briten und den Bewohnern von Ras al-Khaimah.

Auf dem Dach der Emirate

Jebel Jais Bergziegen balancieren an extrem steilen Felsabhängen, während Einheimische ihre Handys für ein Selfie vor tiefrotem Sonnenuntergang und der gigantischen Kulisse des **Hajar-Gebirges** zücken. Die Emiratis treffen sich hier vor allem an den Wochenenden zum großen Familienpicknick, denn die Gegend um den Jebel Jais, dem mit 1934 m höchsten Berg der Emirate, ist vom Massentourismus noch weitgehend unentdeckt. Einst war das Gebiet kaum zugänglich, heute führt eine gut ausgebaute Straße zum Gipfel. Entlang gigantischer Felswände und steil abfallender, tiefer Schluchten geht es auf einer

Strecke von 35 Kilometer vorbei an kleinen, terrassenförmig angelegten grünen Feldern und einsamen Dörfern, die wie Vogelnester an den Abhängen kleben. Eine Fahrt auf das Dach der Emirate gleicht einer Reise in eine andere Welt. Denn selbst wenn es in dem nicht einmal 40 Minuten entfernten Ras al-Khaimah-Stadt drückend heiß ist, kann es auf dem Jebel Jais schneien. Die Region ist ein Paradies für Wanderer, Kletterer und Mountainbiker.

Liebliche Gebirgstäler, tiefe Schluchten

Dank seiner Lage in der faszinierend schroffen Bergwelt des Hajar-Gebirges und seiner üppig grünenden Natur ist der Wadi Asimah ein beliebtes Ausflugsziel auch bei den Emiratis. Allein die Anfahrt über das Dorf **Al Ghayl** an der Straße von Ras al-Khaimah-Stadt nach Manama ist ein Erlebnis. Die Strecke führt durch liebliche Gebirgstäler und tiefe Schluchten. Die Gegend um Asimah ist jedoch auch reich an Zeugnissen früher Besiedlung. Archäologen entdeckten hier die Überreste von knapp 20 Gräbern aus dem 2. Jt. v. Chr. mit einer Fülle an Beigaben, die im Nationalmuseum von Ras al-Khaimah ausgestellt sind.

Wadi Asimah

Fast wie früher

Auch wenn die Tiere mittlerweile von Roboter-Jockeys geritten werden: Ohne Betontribünen und in reizvoller Umgebung gelegen, gilt die Kamelrennbahn von Digdaga, 10 km südlich von Ras al-Khaimah-Stadt, als ein Stück authentisches Arabien. Von Oktober bis April rennen hier freitags und samstags Dutzende Dromedare um die Wette. An den Start gehen sie mit drei oder vier Jahren, nachdem sie – anders als die Last- und Schlachttiere – mit frischem Heu, Honig, Datteln, Eiern und Gerste gefüttert und ständig tierärztlich betreut wurden (▶ Baedeker Wissen, S. 242).
Okt.–April Fr. und Sa. 6.30–9.30 Uhr

Kamelrenn-bahn von Digdaga

Heilquelle im Palmenhain

Rund 25 km südöstlich von Ras al-Khaimah-Stadt liegt inmitten von Palmenhainen und umgeben von den Hajar-Bergen das Dörfchen Khatt. Es ist weit über die Grenzen des Emirats hinaus bekannt für seine bis zu 40 °C warmen natürlichen Heilquellen. Als Wellness-Oase soll der Ort künftig weiter touristisch erschlossen werden. Bislang nutzt das komfortable **Golden Tulip Khatt Springs Resort & Spa** das Thermalwasser in seinem 2000 m² großen Spa-Bereich.
www.goldentulipkhattsprings.com

Khatt

Ausflug in den Oman

35 Kilometer hinter Ras al-Khaimah überquert man bei Tibat die Grenze zum Oman. Nach weiteren 40 km auf einer zwischen Felsen und Meer gelegenen Straße erreicht man die Stadt Khasab, Hauptort der omanischen Provinz Musandam (▶ S. 48, 155).

Musandam

SHARJAH

Fläche: 2590 k3m² | **Einwohnerzahl:** 1,1 Mio.
Emir: Sheikh Dr. Sultan Bin-Mohammed al-Qasimi (seit 1972)

Viel Kultur, kein Alkohol – das fällt Besuchern, die nach Sharjah kommen, als allererstes auf. Dabei öffnete sich das Emirat schon Ende der 1970er-Jahre dem Tourismus. Als Sharjah, das enge Beziehungen zu Saudi-Arabien pflegt, 1985 jedoch ein strenges Alkoholverbot erließ, wanderten die Touristenströme ins liberalere Dubai ab. Das Emirat setzt stark auf die Pflege von Kunst und Tradition, von der UNESCO wurde es dafür mit dem Titel »Kulturhauptstadt der arabischen Welt« belohnt.

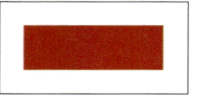
Mekka für Künstler

Sharjahs Herrscher gilt als kunstsinnigster unter den sieben Emiren. Der promovierte Philosoph und Historiker verfasste Romane und mehrere historische Sachbücher über die Golfregion. Sein Emirat hat sich zu einem Mekka für Kunstschaffende entwickelt, das ihnen in Galerien und Museen ein Forum bietet. Seit 1993 findet alle zwei Jahre die **»Sharjah Art Biennal«** statt, eine international viel beachtete Kunstausstellung, die von Kuratoren aus aller Welt betreut wird. An öffentlichen Plätzen wie in Museen und Bildungseinrichtungen, stel-

len dann Künstler nicht nur aus arabischen Raum ihre Werke aus. Die Biennale wird von der Sharjah Art Foundation unter Leitung von Sheikha Noor Bint Sultan al-Qasimi, Tochter des Emir, organisiert.

Sharjah, das drittgrößte Emirat der Föderation, erstreckt sich von der Küste des Persischen Golfs über große Teile des Westens der Halbinsel Musandam und grenzt im Süden an den Oman. Mit dem Ferienparadies **Khor Fakkan**, dem Fischerort **Kalba** und einem Stadtteil von Dibba besitzt es drei Exklaven am Golf von Oman. Sharjahs Erdölvorräte nehmen sich eher bescheiden aus, seine Erdgasreserven sind noch nicht erschlossen. Erfolgreich baute das Emirat deshalb einen Dienstleistungssektor auf und ist heute das Dienstleistungszentrum der VAE.

▎ Blick in die Geschichte

Die Geschichte des modernen Sharjah beginnt – wie die des Nachbarn Ras al-Khaimah – mit Sheikh Sultan Ibn Saqr al-Qasimi, der ab 1820 zusammen mit den anderen Sheikhs der südlichen Golfküste Abkom-

Ein Spaziergang durch Sharjahs »Museumsquartier«, der restaurierten Heritage Area, führt auch am Majlis Al Midfa mit einem einzigartigen runden Windturm vorbei.

men mit Großbritannien schloss, die die Emirate dem Protektorat der Briten unterstellte und diesen große Machtbefugnisse sicherte. Im Vereinten Königreich wurden die Emirate spätestens seit 1853 »Trucial States« genannt (▶ S. 225).

Sharjah war lange ein wichtiger Militärstützpunkt des Empire, 1932 errichteten die Briten hier einen Flugplatz, der die Emirate mit London verband. Erst 1971 zogen sie sich endgültig aus der Region zurück und machten so den Weg frei für die Gründung der VAE. 1972 wurde nahe der Insel Abu Musa rund 80 km vor der Küste Sharjahs Erdöl entdeckt.

★★ SHARJAH-STADT

Einwohnerzahl: 900 000

J 3/4

Auf den ersten Blick wirkt die Hauptstadt Sharjahs fasst ein wenig gesichtslos: Kastenförmige Hochhäuser und Wolkenkratzer dominieren die Skyline der Metropole, aufsehenerregende Zeugnisse zeitgenössische Baukunst wie in Dubai oder auch in Abu Dhabi finden sich hier nicht. Offensichtlich steht dem Emir nicht der Sinn nach futuristischer Architektur und immer neuen Baurekorden. Die Highlights Sharjahs erschließen sich dem Besucher deshalb erst auf den zweiten Blick bei einem Rundgang durch die Heritage Area etwa mit ihrer facettenreichen Museenlandschaft.

Altstadt inmitten von Wolkenkratzern

Sharjah-Stadt bildet mit Dubai im Süden und Ajman im Norden die größte Metropolregion am Persischen Golf. Das Stadtzentrum ist um die künstliche, zu einem See geweitete Lagune des **Khor al-Khalid** gewachsen. Hier, am Ostufer der Lagune liegt auch, umzingelt von modernen Hochhaustürmen, die ursprüngliche Siedlung, heute ein malerisches Altstadtviertel. Südlich des Hafens erstrecken sich schöne Badestrände. Entlang der dahinterliegenden Al-Meena Street haben viele Hotels eröffnet.

SHARJAH-STADT ERLEBEN

SHARJAH COMMERCE & TOURISMDEVELOPMENT AUTHORITY

Buheira Corniche West
Crescent Tower, 9. Etage
P. O. Box 266 61, Sharjah
Tel. 06 5 56 67 77
www.sharjahtourism.ae

LICHTERFESTIVAL

Mit Licht und Farbe wird Sharjah immer neun Tage Anfang Februar geflutet. Dann flimmern, untermalt von Musikklängen, raffinierte Farb- und Lichteffekte über die Fassaden von mehr als 20 Sehenswürdigkeiten und historischen Gebäuden. Anmutige Fontänen sprudeln im Qanat al-Qasba und wechseln ständig ihre Farben und Formen. Moscheen verwandeln sich in Träume aus Tausendundeiner Nacht, und die Schätze des Museums für islamische Zivilisationen werden durch grandiose Großprojektionen außen sichtbar gemacht.
www.sharjahlightfestival.ae

BLUE SOUK
▶ S. 178

❺ AL-QASBA
WATERFRONT €–€€

Von Starbucks bis Dunkin Donuts, vom Damaszener bis zum Portugiesen: An der Al-Qasba Waterfront haben zahlreiche Cafés und Restaurants ihre Zelte aufgeschlagen. Die meisten Lokale sind täglich zum Mittag- und Abendessen geöffnet, in den kühleren Monaten kann man sich auf den Außenterrassen niederlassen.
www.aqasba.ae

Sharjahs Lichterfestival bringt die Stadt neun Tage lang zum Leuchten.

Arabian Gulf

Maritime Museum

arium

AL-KHAN

Al Meena Street

LAYYAH

AL-KHALDIA

AL-JUBAIL

Al-Khan Road

Al-Khan Corniche

Khalidiya Road

Arouba Road

Meat & Fruit Markets

Fish Market

Bus Station

AL-MARIJ

Sharjah Bridge

Taxi Stand

Arouba R...

Khor Al-Khan

AL-MAJAZ

Al-Khan Corniche

Jazeerah Park

Souk Al-Markazi, Blue Souk

JAZEERAH

Al-Ittihad Square

AL-SOOR

Al-Qasba

Corniche Street

Book Mall

Qanat

al-Qasba

Marbella Club

Union Monument

King Feisal Mosque

SHARJAH

Khor Khalid

Al Noor Mosque

King Feisal Street

AL-QASIMIA

Qas... Sc...

Al Estiqlat Street

MAJAZ

Buheira Garden

ABU SHAGARA

Al-Wahda Road

⌂				🍴		
❶	Holiday International	❹	Coral Beach Resort	❶	Caesar's Palace	❸ Shakespeare and Co.
❷	H 72 Hotel	❺	Ramadah Sharjah	❷	Fisherman's Wharf	❹ Sanobar
❸	Carlton					❺ Al-Qasba Waterfront

Port
Khalid

Deep
Water
Harbour

Sharjah Creek

Sharjah
Art Centre

Old
Souk

Sharjah Art
Galleries

Corniche Street

Al-Boog Ave.

Dhau-Hafen

Islamic
Museum

Al-Bouheira
Corniche

Corniche   Street

Al Muntazah Street

1   **2**

Al-Hisn
Fort

Sharjah
Art Museum

Municipal
Market

AL-
MAJARRAH

AL-SHARQ

AL-FISHT

AL-SOUK

AL-SHUHEEN

Al Sharq

Street

Al Sharq

MM
RAFA

Rolla
Square

Tariq Bin-
Zayed Rd.

Al-Khalid
Al-Arabi Rd.

AL-
GHUWAIR

AL-NABBA

AL-
BOOTINA

AL-
SHARGAN

Al-Zahra
Road

nment
Square

Al-Zahra
Square

Sheikh Mohammed

Omar Ibn
Al Khattab
Mosque

Al-Zahra Road

AL-
MUSALLAH

Eid
Prayer Ground

MAISLOON

Bin-Saqr Al Qasimi Road

Al Mirgab Road

AL-
MANAKH

Etisalat

Municipality

Al-Kuwait
Roundabout

AL-NASRIYA

Sheikh Sultan Bin-Saqr Al Qasimi Road

AL-QADSIA

Al Estiqlat Street

Kuwait

Street

Kuwait Street

Sheikh Zayed Street

AL-
YARMOUK

AL-FAYHA

AL-
MANSOORA

Kuwait Street

Archaeological Museum,
Science Museum

Airport

Cultura
Roundabout

500 m

©BAEDEKER

1 **HERITAGE AREA**
Literature Square,
Bait Al-Naboodah,
Souk Al-Arsah,
Al-Midfah Majlis

2 **ARTS AREA**
Art Square,
Abdullah Al-Sari House

171

❷ FISHERMAN'S WHARF €€€

Hier kann man in rustikaler Atmosphäre schlemmen. Das Seafood-Restaurant im Hotel Holiday International bietet dabei einen besonderen Service: Die Gäste dürfen selbst entscheiden, wie die Speisen zubereitet werden sollen.
Buheira Corniche, Al-Majaz
Tel. 06 5 73 66 66
www.holidayinternational.com

❸ SHAKESPEARE AND CO. €€–€€€

In dem viktorianisch eingerichteten Restaurant hat man schon zum Frühstück die Qual der Wahl, es bietet aber auch Sandwiches, Burger und andere Imbisse für den kleinen Hunger zwischendurch. Zum Diner am Abend gibt es dann eine musikalisch unterlegte Laser-Wasser-Show.
Al Majaz Waterfront,
Corniche Street | Tel. 06 5 74 75 74
www.shakespeare-and-co.com

❶ CAESAR'S PALACE €€

Ob Pizza vom Holzofen, Minestrone oder handgemachte Pasta in allen Variationen: Das Restaurant des Marbella Resorts ist auf Gerichte der italienischen Küche spezialisiert. Hier speist man in elegantem Ambiente und mit Blick auf die Khalid Lagune.
Buheira Corniche | Tel. 06 5 74 11 11
www.marbellaresort.com

❹ SANOBAR €€

Das familiengeführte libanesische Restaurant kann mit einer großen Auswahl an Seafood-Spezialitäten punkten.
Al-Khan Road | Tel. 06 5 28 35 01
www.sanobar-restaurant.com

❷ H 72 HOTEL €€€

Dieses Boutique-Hotel besticht durch ein stylisches, ausgeklügeltes Interior Design. Ob in der Lobby, im Restaurant oder im Café: Allerorten fallen farbige Flächen und verblüffend moderner Wandschmuck auf. Das Lichtkonzept sorgt dabei für eine angenehme, fast gemütliche Atmosphäre. Zimmer und Suiten sind großzügig, modern und komfortabel. Pool und Spa des Hauses bieten Wellness pur.
Corniche 110 Street
Tel. 06 5 07 97 97 | 72 Zi. u. Suiten
http://72-hotel.com

❶ HOLIDAY INTERNATIONAL €€€

Schwere Fenstervorhänge, dicke Teppiche und Kissen sowie eine Art Baldachin über dem Bett: Ein Hauch von Orient wartet auf die Gäste dieses Hotels, das dennoch den Komfort einer modernen Luxusherberge bietet und mit Pool, Gym und Jacuzzi aufwartet. 2 Restaurants, ein Café und die Pool-Bar sorgen für das leibliche Wohl.
Buheira Corniche, Al-Majaz
Tel. 06 5 73 66 66 | 253 Zi.
www.holidayinternational.com

❺ RAMADA SHARJAH €€

Das Appartement ist ideal für Selbstversorger: Alle komfortablen Wohneinheiten besitzen moderne Küchen. Wer nicht selbst den Kochlöffel schwingen möchte, kann im hoteleigenen Restaurant speisen. Das Haus bietet Innenpool, Fitnesscenter und einen Shuttle-Dienst zum Strand.
Al Wahda St. 115
(gegenüber der Sahara Mall)
Tel. 06 5 30 00 03 | 245 App.
www.ramadasharjah.com

❸ SHARJAH CARLTON HOTEL €€

Alle Zimmer des Strandhotels haben Balkon oder Terrasse. Die beiden Restaurants servieren vielfältige Gaumenfreuden mit Blick aufs Meer. Ein Pool, ein Fitnesscenter, ein Tennisplatz und ein 200 m langer Strandabschnitt gehören zum Haus dazu.

Al Meena Street, Al Khalidia
174 Zi.
Tel. 06 5 28 37 11
www.mhgroupsharjah.com

❹ CORAL BEACH RESORT €
Das familienfreundliche Strandresort
ist ein idealer Ort, um zu relaxen.
Helle Zimmer, der kurze Weg zum
Strand und ein Außenpool im gepflegten Garten lassen sofort Urlaubs-
feeling aufkommen. Es bietet einen

Tennisplatz, ein Fitnesscenter und
eine Sauna. In den Restaurants kann
man zwischen vielen internationalen
Spezialitäter wählen. Mit Shuttle-
service nach Dubai und Sharjah-Stadt
sowie zu den Flughäfen der beiden
Metropolen
Corniche Road, Al-Muntazah
Tel. 06 5 22 99 99
156 Zi.
www.coral-beachresortsharjah.
com

Rundgang durch die Heritage und die Arts Area

Während anderswo in den Emiraten die historische Bausubstanz oft
modernen und modernsten Hochhausbauten weichen musste, hat
man in Sharjah viel getan, um sie zu erhalten. Wo dies nicht möglich
war, wurden die alten Gemäuer unter Verwendung von traditionellem
Baumaterial originalgetreu wieder aufgebaut. Ein Spaziergang durch
die Heritage Area führt in den quirligen, alten Souk, zu einigen restaurierten Bürgerhäusern, in die Museen eingezogen sind, und zum

Chillen an der al-Qasba Waterfront, Sharjahs Ausgehmeile mit dem
»Eye of the Emirates«

Fort Al Hisn, das ein wenig abseits des Areals von modernen Hochhäusern umzingelt ist.

Museum und Denkmal

Fort Al Hisn

Der zwölf Meter hohe Al-Mahalwasa-Turm ist das einzige, was von der Herrscherresidenz übrig blieb, die Sheikh Sultan Bin-Saqr al-Qasimi 1822 errichten ließ. Der zweistöckige Lehmbau war bis Mitte des 20. Jh.s bewohnt, wurde 1969 aber abgerissen. Zwei Jahrzehnte später bedauerte man den Verlust, und auf Initiative des heutigen Emirs Sultan Bin-Mohammed al-Qasimi wurde das Fort originalgetreu wieder aufgebaut. Eine noch von dem ursprünglichen Bauwerk stammende Tür schmückt heute das Hauptportal, das auf den Innenhof der vierflügeligen Anlage führt. Seit 1997 beherbergt das Fort ein **Museum** zur Geschichte des Emirats. Historische Landkarten der Golfregion und das älteste Gewehr des Landes, Abu Fatilah, Vater des Vorderladers, sind sein ganzer Stolz.

Sa.–Do. 8–20 Uhr, Fr. ab 16 Uhr | Eintritt 10 Dh
www.sharjahmuseums.ae

Emiratische Gastfreundschaft im Herzen der Stadt

Literature Square

Einige Gebäude in der Heritage Area westlich des Forts tragen die Namen arabischer und lokaler Schriftsteller. Im Zentrum, dem Literature Square, wird den Besuchern in einer dreieckigen Kote, einem großen Zelt, Kaffee gereicht. Das House of Poetry beherbergt eine große Sammlung von Werken arabischer Dichter und Schriftsteller.

Ein wohlhabendes Haus

Bait al-Naboodah

Die Residenz der Naboodah-Familie, 1845 aus Korallenstein und afrikanischem Hartholz errichtet, veranschaulicht auf wunderbare Weise, wie die wohlhabenden Familien von Sharjah einst lebten. Ihr Erbauer Obaid Bin-Isa Bin-Ali al-Shamsi, genannt Naboodah, war als **Perlenhändler** zu Reichtum gelangt. Das Haus wurde noch bis 1980 von seinen Nachfahren bewohnt. Es besitzt einen großen Innenhof und im ersten Stockwerk eine umlaufende, Schatten spendende Galerie. Die Ausstellung zeigt Silberschmuck, Kleidung und – im Hof – das Modell eines historischen, aus Palmzweigen und Stricken geflochtenen Bootes.

Fireij al-Souk, Al-Gharb | zzt. wegen Renovierung geschlossen
www.sharjahmuseums.ae

Mekka für Souvenirjäger

Souk al-Arsah

Überall duftet es nach Weihrauch und Gewürzölen. Der älteste restaurierte Souk der Stadt, nur wenige Schritte vom Bait al-Naboodah entfernt, verströmt in seinen engen Gassen und mehr als 100 kleinen Läden die Atmosphäre eines jahrhundertealten orientalischen Marktes. Reich geschnitzte Holztüren öffnen sich in kleine Geschäfte, die

Der Souk al-Arsah, Sharjahs ältester Markt, verströmt noch eine authentische
orientalische Atmosphäre.

hochwertiges Kunsthandwerk und herrliche Souvenirs feilbieten:
Silberwaren aus Oman und dem Jemen, Perlenketten aus Dubai und
handgewebte Textilien aus Indien.

tgl. außer freitagvormittags 9–13 und 17–20 Uhr

Treffpunkt von Intellektuellen

Einst trafen sich bei der angesehenen Midfa-Familie Intellektuelle. Das   Majlis
Haus mit dem ungewöhnlichen runden **Windturm** liegt nördlich des   Al Midfa
Souks. Ibrahim Bin-Mohammed al-Midfa, der 1927 die erste Zeitung in
den Emiraten, die »Oman«, gründete, baute es zu Beginn des 20. Jh.s.
Heute residiert hier ein kleines **Museum**, das persönliche Gegenstände der einstigen Bewohner, antike Schreibutensilien sowie wie
kleine Aufbewahrungstruhen und Waagen für Perlen zeigt.

zzt. wegen Renovierung geschlossen
www.sharjahmuseums.ae

Künstlern über die Schulter geschaut

In welchem Museum haben Besucher schon mal die Möglichkeit,
Malern bei ihrer Arbeit zuzusehen? Im Sharjah Art Museum bietet
sich die Gelegenheit, denn einheimischen Künstlern stehen hier kos-   Sharjah Art
tenlos Ateliers zur Verfügung. Das dreistöckige Gebäude beherbergt   Museum
die größte **Kunstsammlung** der VAE, v. a. Bilder arabischer Künstler.
Ein Großteil der Gemälde, historischen Landkarten und Objekte

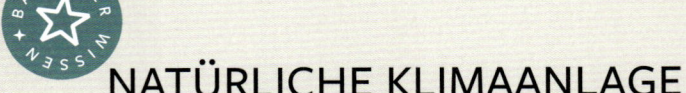

NATÜRLICHE KLIMAANLAGE

Anfang des 20. Jh.s ließen sich persische Kaufleute in Dubai nieder. Sie nannten ihr Viertel Bastakiya (▸ S. 117) nach ihrer Heimat, der südpersischen Region Bastak, bauten sich Häuser aus Lehm und Korallenstein und statteten diese mit Windtürmen aus. Die simple Technik sorgte für eine beeindruckende Wirkung: Der prallen Hitze ausgesetzte Gebäude konnten – ohne Elektrizität – angenehm klimatisiert werden.

❶ Auf allen Seiten offen
Die Häuser erhielten an den Ecken bis zu 15 m hohe, an allen Seiten offene Türme.

❷ Schachtsystem
Im Turminnern bildeten zwei sich rechtwinklig kreuzende Wände vier Schächte. Die x-förmige Konstruktion sorgte dafür, dass auch geringste Luftzüge eingefangen wurden. Durch zwei der Schächte strömte Luft in die unteren Wohnräume, anschließend zog sie durch die beiden anderen Schächte wieder nach oben ab.

❸ Unterseitige Öffnung
Die Luft strich über ein am Boden befind-
liches Wasserbecken, das durch Verduns-
tung für zusätzliche Abkühlung sorgte.
Diese Technik verhalf tagsüber zu einem
guten Raumklima; es soll viel angenehmer
gewesen sein als das von modernen Klima-
anlagen.

©BAEDEKER

stammt aus der privaten Sammlung von Sheikh Sultan Bin-Mohammed al-Qasimi. Acht Dauerausstellungen zeigen 500 Werke zum Thema Naher Osten, darunter auch Lithografien von David Roberts (1796 bis 1864). Zu den zeitgenössischen Künstlern gehören John R. Harris, Ali Darwish, I. Gilbert und Abdel Kader al-Rais. Besonders stolz ist das Museum auf Dokumente über den Widerstand der Al-Qasimi gegen die britische Kolonialmacht im 19. Jahrhundert. Das Museum liegt in der Arts Area östlich der Al-Hisn Avenue am Arts Square. Der große Platz ist der Mittelpunkt des Kunstviertels. Alle umliegenden restaurierten Gebäuden widmen sich ebenfalls der Kunst.

Al-Boorj Avenue, Shewhain
Sa.-Do. 8-20, Fr. ab 16 Uhr
Eintritt frei | www.sharjahmuseums.ae

Der Islam in Kunst, Wissenschaft und Alltag

Museum der Islamischen Zivilisation

Nicht-Muslime haben keine Chance, auch nur in die Nähe der Kaaba in Mekka zu kommen. Da lohnt der Weg ins Museum der Islamischen Zivilisation, denn sein wertvollstes Stück ist eine Sitara, einer der riesigen Vorhänge vor dem Eingang der heiligsten Stätte des Islams. Das Museum residiert im ehemaligen **Al-Majarrah Souk**, der allein schon durch seine Architektur fasziniert: Unter riesigen Tonnengewölben beherbergt der lang gestreckte Bau an der Al-Majarrah Waterfront (Sharjah Corniche, nur wenige Meter weiter) seit 2008 das Islamische Museum mit insgesamt 5000 Exponaten. Die **Ausstellungen** im Erdgeschoss des prächtigen, palastartigen Gebäudes zeigt u. a. historische islamische Münzen und Dokumente zur Geschichte islamischer Gelehrsamkeit, das Obergeschoss ist der islamischen Kunst in all ihren Facetten gewidmet. Hier sind u. a. alte Koranausgaben und kalligrafische Schmuckelemente wie die Quadratkufis ausgestellt. Unter einer gigantischen Mosaikkuppel mit astrologischen Sternzeichen lädt ein Café zu einer Pause ein.

Al Majarrah
Sa.-Do. 8-20, Fr. ab 16 Uhr
Eintritt: 5 Dh, Familien 10 Dh
Tel. 06 5 65 29 88 | sharjahmuseums.ae

Ein Hauch von Belle Époque

Blue Souk

Er sieht aus wie ein Belle Époque-Bahnhof, dabei stammt der wegen seiner blauen Ornamente auch Blue Souk genannte, berühmte **Souk al-Markazi** gerade mal von 1978. Die sechs lang gestreckten Gebäude mit blaugrün gekacheltem Tonnengewölbe und aufgesetzten Windtürmen sind das Wahrzeichen Sharjahs und das meistfotografierte Bauwerk des Emirats. Aber ganz ehrlich: Wegen der Architektur kommen die wenigsten hierher. Innen bieten ca. 600 Geschäfte Kosmetika, Elektronikgeräte und Textilien, Gebetsteppiche und Haushaltswaren an. Sie sind zwar überwiegend auf den Geschmack der asiatischen Expatriates und der Einheimischen abgestimmt, aber auch Europäer werden hier fündig – allein des Treibens wegen! Altes Kunsthandwerk findet man in der offenen Galerie im ersten Stock, dort reiht sich ein Antiquitätengeschäft an das andere. Der Souk liegt zwischen Khor al-Khalid und Al-Ittihad Square und ist umgeben von Rasenflächen und Gärten – Einheimische picknicken hier gern.

Al-Majaz, südliches Ende der Al-Buheira Corniche
tägl. 9–13, 16–23 Uhr

Denkmal für die sieben Emirate

Auf dem Al-Ittihad Square erhebt sich das gleichnamige Denkmal, die hoch aufragende, schlanke **Ittihad-Säule**, Symbol der Föderation und ihrer Einheit. Die am Fuße angebrachten Muscheln stehen für die sieben Emirate; der kugelförmige Aufsatz trägt eine Perle.

Ittihad Square

Präsent der Saudis

Die mit Mosaiken und Kalligrafien aufwendig dekorierte **Große Moschee** am Al-Ittihad Park ist ein Geschenk des Königs von Saudi-Arabien und daher nach ihm benannt. Tatsächlich bestehen enge Beziehungen zwischen Saudi-Arabien und dem Emirat Sharjah. Es heißt sogar, dass der Emir aus Dankbarkeit für die Stiftung der Moschee und wirtschaftliche Hilfe seitens der Saudis die Scharia im Gerichtsalltag und das im Emirat zeitweise ausgesetzte Alkoholverbot wieder einführte.

King Feisal Moschee

Urbaner Freizeitspaß

Die Lagune im Herzen der Stadt ist von einer **Uferpromenade** umgeben, auf der man genüsslich spazierengehen und das Treiben auf dem Wasser beobachten kann. Die **Fontäne**, die in der Mitte des Gewässers 60 Meter in die Höhe schießt, bildet einen besonderern Blickfang. Besonders am Ostufer haben viele Hotels, Restaurants ihre Zelte aufgeschlagen. Einzelne Uferabschnitte wurden in wunderbare Parks und Gärten verwandelt. In der Lagune liegt die Insel Jazeerah, die über die Al Arouba Road bequem erreicht werden kann. Hier wartet der **Al Montazah Park** mit einem Klettergarten, Fahrgeschäften, einem Wasserpark sowie einem kleinen Zoo und tausenderlei anderen Freizeitvergnügen auf. Eine Fußgängerbrücke führt hinüber zum **Al Noor Island**, dessen Skulpturen und Lichtinstallationen für Kunstfreunde von besonderem Interesse sind.

Khor al-Khalid

Montazah Water Park: Sa.-Mi. 10–19, Do., Fr. bis 22 Uhr,
Di. Ladies Day | Eintritt: Kinder 75 Dh, Erwachsene 120 Dh
Montazah Amusement Park: Sa.-Mi. 15–23, Do, Fr. 15–24 Uhr
Eintritt 10 Dh
Al Montazah Adventures: tgl. 15–21 Uhr | www.almontazah.ae
Al Noor Island: Sa.-Mi. 9–23, Do., Fr. bis 24 Uhr
Eintritt: 50 Dh | www.alnoorisland.ae

ERNTE IM AUSTERNFELD

Von Mai bis September, wenn das Meer ruhig war und man keine Stürme zu befürchten hatte, fuhren die Perlentaucher einst hinaus. Mit einfachster Ausrüstung und kaum geschützt gingen sie ihrer gefährlichen Arbeit nach.

Bis zur Entdeckung des Erdöls und dem Aufkommen japanischer Zuchtperlen war der Handel mit Naturperlen einer der wichtigsten Wirtschaftszweige am Arabischen Golf. Um 1900 besaß das Scheichtum Abu Dhabi mit mehr als 400 Booten die größte Perlentaucherflotte der Region. Bis zu 200 km² große natürliche Austernfelder vor der Küste sicherten allen ein ertragreiches Auskommen. Viele Museen widmen sich heute daher intensiv der Geschichte der Perlentaucherei, und bisweilen will man die alte Tradition auch touristisch wiederbeleben.

Unterwegs mit Vorbeter und Koch

An Bord traditioneller Dhaus begleiteten neben etwa zehn Tauchern und ebenso vielen Helfern auch ein Koch und mitunter ein Vorbeter sowie ein Sänger und Trommler die Mannschaft. Mit Lederhandschuhen und einer Holzklammer auf der Nase tauchten die Männer, nur mit einem Taucheranzug aus Stoff vor Quallen geschützt und ein Seil um die Hüften, bis zu **30 Meter hinab zum Meeresgrund**, um die Austern einzusammeln. Etwa drei Minuten wurden für den gesamten Tauchgang veranschlagt, dann zogen Helfer die Taucher am Seil wieder nach oben. Der gefährliche Arbeitstag dauerte von Sonnenauf- bis Sonnenuntergang und umfasste **bis zu 100 Tauchgänge**. Die Boote kehrten oft erst nach mehreren Monaten in den heimatlichen Hafen

In den Museen – und auch bei den Juwelieren – zeigt sich die faszinierende Vielfalt der Perlen.

Perlenhändler boten ihre Ware gleich kiloweise an ...

zurück. Die Ausbeute wurde in kostbaren, mit Intarsien aus Elfenbein eingeleg-
ten Truhen aus Teakholz aufbewahrt.
Händler kümmerten sich um die Ver-
marktung der kostbaren Perlen nach
Indien und Europa. Selbst aus New York
kamen in den 1920er-Jahren die Kauf-
gesuche der Juweliere, denn die Perlen
vom Arabischen Golf genossen höchstes
Ansehen. Der aus dem Perlenexport
resultierende Reichtum führte in den
Scheichtümern zu einem Bauboom, und
schon bald entwickelten sich aus sandigen Hüttendörfern kleine Hafenstädte.
In den 1930er-Jahren begann der Niedergang der
Perlentaucherei,
zunächst als

Folge der Weltwirtschaftskrise, dann
wegen des Aufkommens japanischer
Zuchtperlen, schließlich ließ der Zweite
Weltkrieg den Export der Perlen nicht
mehr zu.

Perlenzucht als
Tourismusfaktor

Auch heute noch sind die Wasserbedin-
gungen wie in Ras al-Khaimah so ideal,
dass man zusammen mit einem japanischen Partner begonnen hatte, eine
Farm für Perlenzucht zu etablieren.
Auch Touristen konnten das Verfahren
hautnah miterleben, es gab ein Perlen-
museum und ein japanisches Restaurant, wo man Austern als Delikatesse
servierte. Ende 2016 kam dann das
wirtschaftliche Aus für die bislang einzige Perlfarm der Emirate. Bis klar ist,
ob es mit dem ambitionierten Projekt
weitergeht, bleibt Perleninteressenten
nur der Museumsbesuch. Das Maritime
Museum von Sharjah (▶ S. 182) zeigt
die angeblich **älteste Perle der Welt**.
Geschätztes Alter: 7000 Jahre.

Führungen durch die Al Noor-Moschee vermitteln Einblicke in den Islam und die emiratische Kultur. Das sollte man nutzen.

Ein offenes Haus

Al Noor-Moschee

Das Gotteshaus am Ostufer des Khor Khalid ist die einzige Moschee im ganzen Emirat, die auch Nicht-Muslimen ihre Pforten öffnet. Das **Sharjah Centre for Cultural Communication** bietet jeden Montagvormittag Führungen an, auf denen man viel Wissenswertes über den Islam und die Kultur der Emirate erfährt. Die Moschee wurde auf Initiative von Sheikha Jawaher Bint Mohammed Al-Qasimi, der Gattin des Emirs, errichtet und 2005 eingeweiht.

Führungen: Mo. ab 10 Uhr, Dauer: 1 Std. | www.shjculture.com

Mediterrane Idylle

Qanat Al Qasba

Der ein Kilometer lange und 30 Meter breite **Kanal**, der den Khor Al Khalid und Khor Al Khan miteinander verbindet, verzaubert durch fast mediterranes Flair und ist ein beliebter Treffpunkt von Einheimischen wie Touristen. Die Häuserzeilen an seinen Ufern sind durch die traditionelle islamische Architektur inspiriert, viele Cafés und Restaurants haben hier Tische und Stühle aufgestellt. Größte Attraktion ist aber das **Riesenrad** »Eye of the Emirates«, das aus 60 Meter Höhe einen Blick auf Sharjah – und bei klarem Wetter – bis nach Dubai erlaubt.

www.alqasba.ae

Hüter der ältesten Perle der Welt

Maritime Museum und Sharjah Aquarium

Das **Museum** erinnert an die Verbindung zwischen den Menschen an der Golfküste und dem Meer. Die ausgestellten Schiffstypen sowie die Ausrüstungen von Perlentauchern und Fischern lassen die jahrhundertealte Seefahrertradition wieder lebendig werden. Darüber

182

hinaus hütet das Museum einen ganz besonderen Schatz: Es nennt nämlich die vermutlich älteste Perle der Welt (geschätzte 7000 Jahre) sein Eigen. Archäologen fanden sie als Grabbeigabe in einem Küstenfriedhof in Sharjah.

Im benachbarten **Sharjah Aquarium** lässt sich eine vielfarbige Unterwasserwelt bestaunen. Mehr als 250 Arten von Meerestieren, angefangen von Seepferdchen bis zu Haien, tummeln sich in den Becken. Aquarium und Museum liegen im Stadtteil Al Khan nahe der Mündung des Khor Al Khan in den Persischen Golf.

Al-Mina Road, Al-Khan

Museum: Sa.–Do. 8–20, Fr. 16–22 Uhr

Eintritt: Erwachsene 10 Dh, Kinder 5 Dh | www.sharjahmuseums.ae

Aquarium: Sa.–Do. 8–20, Fr. 16–22 Uhr, So. geschl.

Eintritt: Erwachsene 25 Dh, Kinder 15 Dh | www.sharjahaquarium.ae

Mit allen Sinnen lernen

Schon von Weitem sichtbar ragt am weitläufigen Cultural Square ein aufgeschlagener Koran aus Marmor auf. Hier in Halwan, einem Vorort im Osten von Sharjah-Stadt, residieren gleich zwei der wichtigsten Museen des Emirats sowie das Cultural Centre, das Veranstaltungen zur Geschichte und Kultur des Landes anbietet. Das **Science Museum**, das man durch ein reich mit Schnitzereien verziertes Portal betritt, wendet sich besonders an Kinder, die hier multimedial und interaktiv an Naturwissenschaft und Technik herangeführt werden. Mehr als durch Schauen und Sehen lernen die Kids durch Ausprobieren und Experimentieren, was die Welt im Großen wie im Kleinen zusammenhält. Nur einen Steinwurf weit entfernt lädt das **Sharjah Archaeology Museum** zu einer Reise durch die 6000-jährige Geschichte des Emirats ein. Die Ausstellung zeigt Grabbeigaben, Schmuck, Keramiken sowie Waffen aus vielen Jahrhunderten und bietet dem Besucher so Gelegenheit, sich ein Bild zu machen vom Gang der kulturellen Entwicklung in der Region.

Science Museum, Archaeology Museum

Sheikh Rashid Bin Saqr Al Qasimi Street

Science Museum: So.–Do. 8–20, Fr., Sa. 16.00–20 Uhr

Eintritt: Erwachsene 10 Dh, Kinder 5 Dh | www.sharjahmuseums.ae

Archaeology Museum: Sa.–Do. 8–20, Fr. 16.–20 Uhr,

Eintritt: Erwachsene 10 Dh, Kinder 5 Dh

www.archaeologymuseum.ae

▌ Rund um Sharjah-Stadt

Der Sharjah Desert Park ist aus einem kleinen Schutzgebiet für gefährdete Eidechsen hervorgegangen, das 1992 von Emir Sheikh Sultan Bin-Mohammed al-Qasimi angelegt worden war. Ein großes, modernes Gebäude beherbergt das **Naturkundemuseum**: Es macht mit der

Sharjah Desert Park

Im Museum im Sharjah Desert Park wird klar: Die Wüste lebt.

Fauna und Flora der Vereinigten Arabischen Emirate vertraut und zeigt, wie die Eingriffe des Menschen die Wüste verändert haben. Besonders stolz ist man auf ein Herbarium mit einer nahezu lückenlosen Dokumentation aller in den VAE vorkommenden Pflanzen. In der **Children's Farm** gegenüber dem Museumsgebäude können kleine Besucher Esel, Pferde, Schafe, Lämmer, Ziegen und Ponys hautnah erleben. Im **Reptilienhaus** sind Schlangen, Echsen und Insekten zuhause. Wüstenfüchse, Schakale und Stachelschweine bewohnen das **Arabian Wildlife Centre**. Das Parkgelände liegt etwa auf halber Strecke nach Al-Dhaid im Osten des Emirats.
Dhaid Road, Junction No. 8, in Flughafennähe
Sa.–Mi., Do. 9–17.30, Do. 11–17.30 Fr.14.00–17.30
Eintritt: 15 Dh | www.epaashj.ae

Landwirtschaft in großem Stil

Oase
Al-Dhaid

Die Oase Al-Dhaid, 50 Kilometer östlich von Sharjah, umgeben zahlreiche Quellen und Grundwasserreservoire, mit denen riesige Agrarflächen bewässert werden. Mehr als 4000 Farmen betreiben Viehzucht und bauen Obst, Gemüse und Getreide an. Auf dem großen **Souk** im Zentrum werden Keramik, Teppichen, Gewürze und natürlich viele verschiedene Dattelarten angeboten. Am nordwestlichen Stadtrand erhebt sich das **Old Fort**. Auf der **Kamelrennbahn** an der Straße nach Sharjah finden im Winter jeden Freitagvormittag Rennen statt.

KHOR FAKKAN

Einwohnerzahl: 55 000

*Ein sich endlos hinziehender, heller Sandstrand, die majestätisch
aufragenden Gipfel des Hajar-Gebirges im Küstenhinterland und
eine vielfarbige Unterwasserwelt – Khor Fakkan, eine von drei
Exklaven Sharjahs am Golf von Oman, ist ein Urlaubsparadies
par excellence, das dennoch beschaulich wirkt und Platz zum
Träumen lässt.*

L 3

Khor Fakkan entwickelte sich schon im 16. Jh. zu einer bedeutenden
Drehscheibe im internationalen Handel: Von hier aus liefen Dhaus
nach Afrika und Asien aus. Auch heute hat der **Hafen** für die VAE eine
enorme strategische Bedeutung, denn er ist der einzige Tiefwasser-
hafen der Emirate, der von einer Sperrung der Straße von Hormuz
nicht betroffen wäre. Er wurde deshalb in den vergangenen Jahren
mehrmals ausgebaut und ist immer von Containerschiffen und Tankern
belegt, in jüngster Zeit ist ein Kreuzfahrtterminal hinzugekommen.

Jahrhun-
dertealter
Handels-
platz

KHOR FAKKAN ERLEBEN

🍽️

BAB AL BAHAR €€–€€€
Internationale Küche, besonders
italienische Spezialitäten, und Sea-
food aller Art unter freiem Himmel.
Oceanic Hotel, Corniche
Tel. 09 2 38 51 11

MAJESTIC €
Das Restaurant bietet einen große
Auswahl preisgünstiger indischer,
chinesischer und orientalischer
Gerichte.
Street E99 (nahe Emirates Post
Building)
Tel. 09 2 38 61 49

TAJ KHORFAKKAN €
Beste Lage an der Meerespromenade.
Das Restaurant bietet preiswerte
indische Gerichte. Die Fisch- und
Garnelen-Currys sind besonders
lecker.

Corniche
(gegenüber Safir Centre)
Tel. 09 2 37 00 40
www.grouptajmahal.com

OCEANIC HOTEL €€–€€€
▶ S. 187

HOLIDAY BEACH MOTEL €€
Das Motel liegt in Al-Fuqait, 5 km vor
Dibba, vor dem steil aufragenden
Hajar-Gebirge und dem Strand. Die
kleinen Reihenbungalows sind mit ein
oder zwei Schlafzimmern, Wohnzim-
mer, Terrasse, Küchenecke und Bad-
ausgestattet. Es gibt ein Restaurant,
eine Bar und einen Nachtclub. Dem
Motel ist eine PADI-Tauchbasis angeschlossen.
Dibba – Khor Fakkan
Highway, Tel. 09 2 44 55 40
www.holidaybeachmotel.com

Khor Fakkan ist ein kleines, aber feines Urlaubsparadies am Golf von Oman –
genau richtig für diejenigen, die es gerne ruhiger angehen.

❚ Wohin in Khor Fakkan?

Entlang der Khalid Road …

Touristen-
städtchen
am Fuß des
Hajar-
Gebirges

Khor Fakkan, der »Fluss mit zwei Kiefern«, liegt, eingerahmt von den
Hängen des Hajar-Gebirges, an einer sanft geschwungenen Bucht.
An ihrem Nordende liegt das Oceanic Hotel, das ein beliebter Treffpunkt für Touristen ist. Die Küstenstraße führt Richtung Süden an
zahlreichen kleinen Restaurants und Cafés vorbei. An der Haupt-
geschäftstraße, der Khalid Road, wurde vor einiger Zeit – extra für
Touristen – ein neuer Souk im traditionellen Stil erbaut. Die Geschäfte hier bieten Lebensmittel, Textilien und Kunsthandwerk an. Hoch
über Khor Fakkan thront als Wahrzeichen der Stadt der Palast des
Emirs, der allerdings die meiste Zeit des Jahres unbewohnt ist.

Sagenumwobenes Gewässer

Rifaisa-
Stausee

An manchen Tagen, wenn das Wasser klar ist, könne man auf dem
Grund des Rifaisa-Stausees die Umrisse eines versunkenen Dorfes

sehen – so erzählen es die Einheimischen. Der See, ein wichtiges Wasserreservoir, ist von den Bergen des Hajar umgeben und ein beliebtes Ausflugsziel.

Hotspot für Wassersportler

Das touristische Geschehen und das gesellschaftlichen Leben der Stadt spielen sich im Oceanic Hotel am nördichen Ende der Bucht ab. Sein kreisrundes Dachrestaurant hebt sich strahlend weiß vor dem blauen Himmel ab. Die Gäste schätzen sowohl die ruhige Atmosphäre als auch die im Vergleich mit Abu Dhabi und Dubai niedrigeren Preise. Zwischen weißem Sandstrand und Palmen liegen mehrere Tennisplätze und ein Swimmingpool.

Die Bucht ist vor starkem Wellengang geschützt; bei einem aus dem Wasser ragenden Felsen ergeben sich beste Schnorchelmöglichkeiten. Ein **Tauchclub** neben dem Hotel bietet auch Anfängern die Gelegenheit, die bunte Unterwasserwelt des Golfs zu erkunden und Muränen, Schmetterlingsfische oder Meerhechte zu beobachten. Getaucht wird bei den Anemone Gardens, den Martini Rocks, beim Hole in the Wall oder rund um die kleine Insel **Shark Island**, die nur wenige Bootsminuten von der Küste entfernt ist. Um dorthin zu kommen, bucht man eine organisierte Tour im Hotel oder Reisebüro oder lässt sich von einem Fischer hinüberbringen.

Oceanic Hotel

Corniche
Tel. 09 2 38 51 11
177 Zi. und Suiten
www.oceanichotel.com

UMM AL-QUWAIN

Fläche: 777 km²
Einwohnerzahl: 65 000
Emir: Sheikh Saud Bin-Rashid al-Moalla (seit 2009)

Während Dubai und Abu Dhabi ihr architektonisches Erbe lange Zeit vernachlässigten, ja verfallen ließen und durch futuristische Neubauten ersetzten, ist im zweitkleinsten und bevölkerungsärmsten Emirat der Föderation viel historische Bausubstanz erhalten geblieben; dem Emir fehlte schlicht das Geld für spektakuläre Wolkenkratzer.

Der Bootsbau hat in Umm al-Quwain eine lange Tradition, und noch heute werden in der Hauptstadt des Emirats Dhaus von Hand gebaut. Drei Viertel der Bewohner sind Emirati, die seit jeher vom Fischfang und Handel leben. Die lange Seefahrergeschichte erklärt auch den Namen »Umm al-Quwain«, »Mutter der zwei Gewalten«, d. h. des Meeres und des Landes. Nur sehr allmählich entwickelt sich der Tourismus. Es gibt hier nur wenige Sehenswürdigkeiten, dafür aber schöne, kaum bevölkerte Strände und einen der größten Wasserparks der Welt. Wem beispielsweise Dubais »Aquaventure« oder »Wild Wadi« zu voll oder zu teuer ist, sollte die etwa eine Stunde Fahrt hierher auf sich nehmen und den ca. 14 Kilometer nördlich von Umm al-Quwain-Stadt gelegenen **Dreamland Aqua Park** besuchen.

Das Emirat zieht sich über etwas mehr als 23 Kilometer die Küste des Persischen Golfs entlang. Im Süden wird es von Sharjah und im Norden von Ras al-Khaimah begrenzt. Umm al-Quwains gleichnamige Hauptstadt liegt auf einer schmalen Landzunge, die auf einer Länge von 12 Kilometern parallel zur Festlandsküste Richtung Norden verläuft. Zusammen mit der 90 km² großen **Mangroveninsel Siniyah**, einem Naturschutzgebiet, schirmt sie den **Khor Umm al-Quwain**, eine seichte Lagune, vom offenen Meer ab. Dank vieler Sand- und Schlammbänke ist das Gewässer ein Paradies für Wasservögel. Erst 1976 wurden 22 Kilometer vor der Küste des Emirats kleinere Erdölvorkommen und größere Erdgaslager entdeckt.

Mit der von Sharjah umschlossenen **Exklave Falaj al-Moalla** (▶ S. 197) 55 Kilometer südöstlich von Umm al-Quwain-Stadt besitzt das Emirat eine fruchtbare Oase, in der Landwirtschaft, u.a. Geflügel- und Rinderzucht, in großem Stil betrieben wird.

Weil dem Emir das Geld fehlte, blieb in Umm al-Quwain viel Historisches erhalten. Dazu gehört auch die alte Festung.

★ UMM AL-QUWAIN-STADT

Einwohnerzahl: 35 000

J/K 3

Gäbe es in den Emiraten eine Westernfilm-Tradition, Umm al-Quwains Hauptstadt wäre der beste Drehort. Mit seinen kleinen, würfelförmigen Wohnhäusern, ein paar Garagenläden und einer großen Moschee macht der Ort noch immer den Eindruck eines beschaulichen Dorfs. Manchmal wirbelt der Wind Staubwolken und vertrocknetes Buschwerk durch die verlassenen Gassen.

Stadt mit Patina

Die Altstadt Umm al-Quwains im Norden der Landzunge ist von engen, gewundenen Gassen durchzogen, aber auch die schnurgeraden Straßen der Neustadt säumen fast nur ältere Gebäude, Hochhäuser gibt es kaum. Viele kleine Geschäfte, Cafés und einfache Restaurants findet man an der King Feisal Road. Der Fischmarkt, die Dhau-Werft und der Marine Club liegen alle an der Lagune. Expats zieht es hauptsächlich wegen des »Barracuda« nach Umm al-Quwain; damit ist allerdings nicht der Raubfisch gemeint, der auch im Persischen Golf sein Unwesen treibt, sondern der größte Supermarkt für alkoholische Getränke in den Emiraten.

❙ Wohin in Umm al-Quwain-Stadt?

Baufällige
Schönheit

Bei einem Bummel durch die **Altstadt Lazimah** fallen immer wieder Häuser auf, die nach alter Bautradition aus Korallenstein und Muschelkalk errichtet wurden; bei manchen sind auch noch die Holzrahmen der Fenster erhalten. Zwar wirken viele Gebäude baufällig, da man aber um den unschätzbaren Wert des architektonisches Erbes weiß, ist eine umfassende Sanierung geplant.
Von der alten Stadtmauer sind leider nur drei Wachtürme geblieben. Das Mitte des 18. Jh.s aus Lehmziegeln errichtete **Old Fort** – das älteste Bauwerk des Emirats (▶ Abb. S. 189) – war lange Zeit die Residenz der Emire. Heute ist dort Umm al-Quwains **Nationalmuseum** untergebracht.
Nationalmuseum: So.–Do. 8–13, 17–20, Fr. 17–20 Uhr
Eintritt: 4 Dh

Badespaß in der Lagune

Khor Umm
al-Quwain

Da die große Lagune, der Khor Umm al-Quwain, alle möglichen Arten von Wassersport erlaubt und das in der Nähe des Fischmarkts gelegene Flamingo Beach Resort sowie der UAQ Marine Club die eventu-

Zuschauen, wie eine Dhau gebaut wird – in der Werft von Umm al-Quwain ist das möglich.

ell erforderliche Ausrüstung bereithalten, können Kurzentschlossene nach der Altstadtbesichtigung noch ein Bad im Meer nehmen.

Zufluchtsort für Vögel und Meerestiere

Die seichten Gewässer der Lagune bieten besonders in dem Bereich zwischen Siniyah Island und dem Festland vielen Vogelarten einen Lebensraum. Aber auch viele Zugvögel überwintern oder rasten hier. Auf der Insel nisten Sokotrakormorane, in den Gewässern an ihrer dem offenen Meer zugewandten Seite patrouillieren Riffhaie, und in der Lagune tummeln sich Meeresschildkröten. Das gesamte Gebiet steht unter Naturschutz.

Siniyah Island

Besucher sind herzlich willkommen

Nach alter Tradition werden in der Dhau-Werft südlich der Altstadt immer noch die für die Region typischen Segelschiffe gebaut, mit denen die Araber schon vor Jahrhunderten die Meere befuhren. Hier gibt es wirklich noch etwas Besonderes zu erleben: Die Handwerker haben nämlich nichts dagegen, wenn man ihnen bei der Arbeit über die Schulter schaut.

Dhau-Werft

191

UMM AL-QUWAIN-STADT ERLEBEN

UAQ TOURIST CENTRE
im Flamingo Beach Resort
Tel. 06 7 65 00 00

WASSERSPORT
Das Tourist Centre im Flamingo Beach
Resort verleiht Surfbretter, Tret- und
kleine Segelboote für Exkursionen in
die Lagune. Außerdem bietet es Tauchgänge rund um eine kleine Felseninsel
vor der Küste an. Der Umm al-Quwain
Marine Club an der Lagune verleiht
Windsurfing- und Wakeboarding-
Ausrüstungen sowie Boote vom Kajak
für 35 Dh/Std. bis zum Highspeed-
Motorboot für rund 300 Dh/Std.
www.uaqmarineclub.com

❶ ANGLERS €€
Das Restaurant des Umm al-Quwain
Marine Clubs serviert auch Nichtmit-
gliedern Pizzas und leichte Snacks am
Pool oder in der Lounge. Fruchtige,
nicht-alkoholische und variantenreich
gemixte Cocktails.
UAQ Marine Club / UAQ Lagoon
Tel. 06 7 66 66 44
www.uaqmarineclub.com

❷ WADI AL NEEL €
Das einfache, im traditionellen Stil
eingerichtete Lokal bietet preis-
werte arabische Küche und frisches
Seafood.
Al Riqqah King Faisal Road
Tel. 06 7 66 53 92

❶ FLAMINGO BEACH
   RESORT €€
Das Hotel liegt direkt an der Lagune

inmitten eines palmenbestandenen
Gartens mit Pool und Spielgelegenheiten für Kids. Zum hoteleigenen
Badestrand sind es nur wenige Meter.
Die Zimmer sind hell und modern.
Im Restaurant »Waves« kann man
zwischen tausenderlei Delikatessen
am Buffet oder À-la-Carte-Speisen
wählen.
Old Town Area
Tel. 06 7 65 00 00 | 55 Zi. u. Suiten
www.binmajid.com

❷ UMM AL-QUWAIN BEACH
   HOTEL €€
Das Resort liegt an der dem offenen
Meer zugewandten Seite der Landzunge und besitzt einen feinsandigen
Strand. Von den elegant eingerichteten Chalets blickt man in einen
üppig grünenden, gepflegten Garten
und aufs Meer. Es gibt einen Pool
und Spielgelegenheiten für Kids.
Das Restaurant serviert libanesische
Spezialitäten. Zum Hotel gehört
außerdem ein Liquor Store, in dem
man Hochprozentiges kaufen kann.
Corniche / Muroor Road
Tel. 06 7 66 66 47
66 Zi. und Chalets
www.uaqbeachotel.com

❸ BARRACUDA BEACH
   RESORT €€
Ruhe und Erholung Suchende finden
im Barracuda Beach Resort rund um
den großen Pool immer ein Plätzchen
zum Relaxen. Wer mehr Trubel will,
geht einfach nebenan in den Dreamland Aqua Park. Zwei Restaurants
verköstigen die Gäste. Auch werden
Ausflüge in die Wüste und Sightsee-
ing-Touren organisiert.
Etihad Road (E 11),
Ausfahrt Nr. 103
Tel. 06 7 68 15 55 | 50 Zi. u. Suiten
www.barracuda.ae

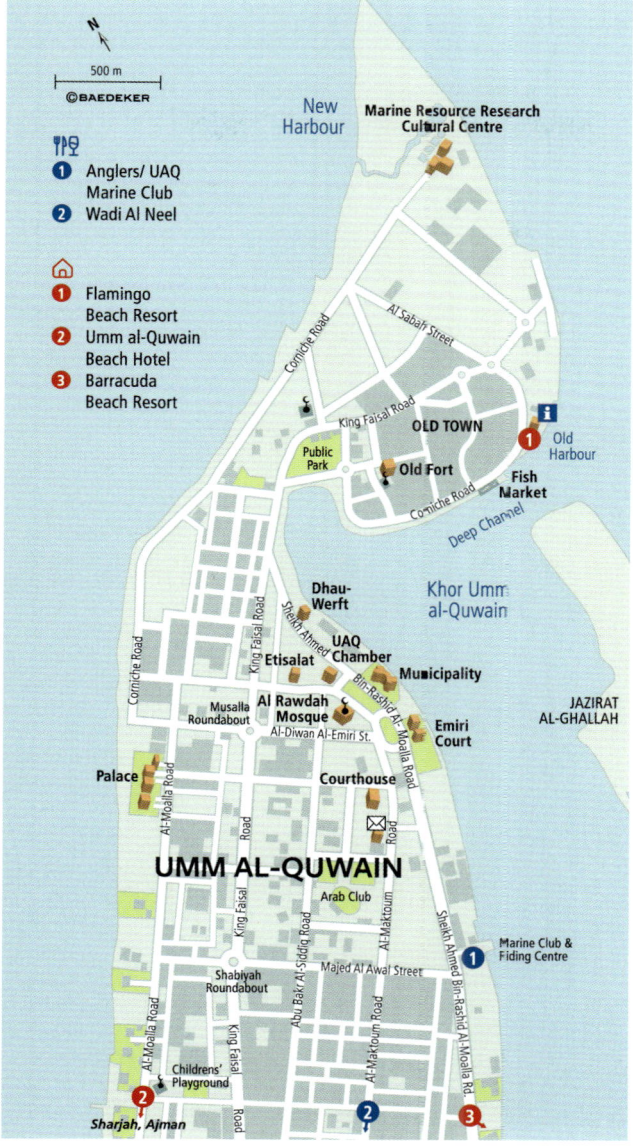

500 m

©BAEDEKER

🍴🍷
1 Anglers/ UAQ
Marine Club
2 Wadi Al Neel

🏠
1 Flamingo
Beach Resort
2 Umm al-Quwain
Beach Hotel
3 Barracuda
Beach Resort

New
Harbour

Marine Resource Research
Cultural Centre

Al Sabah Street

Corniche Road

King Faisal Road

OLD TOWN

Public
Park

Old Fort

Corniche Road

Fish
Market

Old
Harbour

Deep Channel

Dhau-
Werft

Khor Umm
al-Quwain

Sheikh Ahmed

King Faisal Road

Corniche Road

UAQ
Etisalat Chamber

Bin Rashid Al-Moalla Road

Municipality

Musalla
Roundabout

Al Rawdah
Mosque

Emiri
Court

JAZIRAT
AL-GHALLAH

Al-Diwan Al-Emiri St.

Palace

Al-Moalla Road

Courthouse

Road

UMM AL-QUWAIN

King Faisal Road

Al-Maktoum Road

Arab Club

Abu Bakr Al-Siddiq Road

Majed Al Awal Street

Sheikh Ahmed Bin Rashid Al-Moalla Rd.

Marine Club &
Fiding Centre

Shabiyah
Roundabout

Al-Moalla Road

King Faisal
Road

Childrens'
Playground

2 Sharjah, Ajman

2

3

WUNDER DER NAVIGATION

Bis heute haben ihre Erbauer keinen Plan. Und dennoch erschaffen sie mit ihren Dhaus haushohe Holzschiffe, mit denen Araber seit Jahrtausenden sicher durch alle Stürme der Weltmeere segelten und bereits um 2500 v. Chr. den Warenverkehr über den Indischen Ozean beherrschten. Heute sind nur mehr wenige dieser traditionellen Segler als Frachtschiffe unterwegs, längst sind sie Statussymbole reicher Emiratis oder auf Dinner Cruises für Touristen auf den Creeks im Einsatz.

Ihre Ziele klingen wie aus den Märchen aus Tausendundeiner Nacht: Sansibar, Salalah und Dar es Salaam. Dutzende dickbäuchiger Dhaus liegen an der Kaimauer in Dubai auf der Deira-Seite vertäut, beladen mit Nahrungsmitteln, Einrichtungsgegenständen oder Elektronikwaren. Im vielsprachigen Stimmengewirr schleppen Männer mit nackten Oberkörpern bei 40 Grad Gewürzsäcke und Gemüse an Bord. Ein Bild **wie aus ferner Vergangenheit**, denn meist sind Dhaus als Frachtschiffe heute nur mehr zu recht exotischen Destinationen unterwegs. In den Häfen der Emirate präsentieren sie sich den Besuchern meist perfekt restauriert und mit bunten Lichtern versehen zu allabendlichen Dinner Cruises entlang spektakulärer Skylines.

18 Monate auf See

Bereits in vorislamischer Zeit wurden die Dhaus ganz aus Holz und ohne Verwendung von Nägeln gebaut, indem man die Planken der Schiffe mit Kokosfasern zusammennähte. Typisch für die traditionellen Holzschiffe sind ein bauchiger Rumpf, ein relativ kurzer Kiel, ein nach vorne geneigter Großmast und ein senkrecht stehender Besanmast. Jeweils drei unterschiedlich große,

Hart am Wind ...

Auch ohne Konstruktionspläne wissen die Werftarbeiter wie eine Dhau gebaut wird.

trapezförmige Segel wurden mitgeführt und entsprechend der Windstärke ausgewechselt. Etwa 18 Monate mussten für den Hin- und Rückweg veranschlagt werden, wenn die Handelsrouten die Seefahrer einst **bis ins ferne chinesische Kanton** führten, eine der längsten Seereisen der damaligen Zeit.

Löwe des Meeres

Aber Arabiens Kapitäne segelten schon damals nicht auf gut Glück los, sondern berechneten ihre Route. Mit einem Kamal, einem kleinen Brett, das am Ende einer Schnur baumelt, wurde der Abstand zwischen Horizont und Polarstern gemessen. Damit konnte man recht genau den Breitengrad ermitteln, auf dem das Schiff gerade unterwegs war. **Ahmed Bin-Majid** (▶ S. 234) galt als einer der besten Navigatoren des arabischen Raumes und Erfinder des Kompasses. Der 1432 in Julfar geborene Majid hatte Geografie, Astronomie und arabische Literatur studiert und nannte sich selbst »Löwe

des Meeres«. Er zeigte den Portugiesen den Weg nach Mauritius und wurde schließlich 1498 von dem portugiesischen Entdecker Vasco da Gama an der Westküste Afrikas angeheuert, ihn auf seiner Reise nach Indien zu begleiten. In Dutzenden von Büchern hielt Majid sein Wissen über die Seefahrt fest. Sein 1489 erschienenes Buch über »die Grundlagen der Ozeanografie« gilt als frühes Standardwerk, in dem die Ursprünge der Navigation, des Kompassgebrauchs und Kenntnisse über astronomische Meteorologie aufgezeigt werden. Um heute eine Dhau zu bauen, wie sie Majid einst segelte, hämmern, sägen und nageln auch heutige Bootsbauer aus Indien und Pakistan in den Werften von Abu Dhabi, Dubai und Ajman mindestens ein Jahr lang. Allerdings beherrschen immer weniger Handwerker die Kunst des traditionellen Dhau-Baus, denn Lehrbücher gab und gibt es nicht, nur mündlich tradiertes Wissen. Dafür, dass ihre Erbauer eigentlich bis heute keinen Plan haben, sind traditionelle Dhaus wahre Meisterwerke der Schiffsbaukunst.

5x
UNTERSCHÄTZT

*Genau hinsehen, nicht dran vorbeigehen,
einfach probieren!*

1.
EISKALT ERWISCHT

Wenn es draußen weit mehr als 40 Grad heiß wird, kann bei Temperaturunterschieden von mehr als 15 °C ein Jäckchen nicht schaden, will man sich in **Ski Dubai** keine Erkältung holen. (▶ **S. 133**)

2.
ALKOHOLFREI

Noch schnell einen Absacker vor dem Schlafengehen, das wird außerhalb der Hotels schwierig, denn eine Schanklizenz haben nur die Bars und Restaurants der Hotels. In **Sharjah** besteht sogar ein absolutes Alkoholverbot. (▶ **S. 254**)

3.
POWERSHOPPEN

Auch geübte Schnäppchenjäger finden nicht sofort den richtigen Laden. In der **Dubai Mall** lässt sich in der Concierge Lounge ein persönlicher Scout buchen, der durch das Dickicht der Geschäfte führt. (▶ **S. 22**)

4.
STRASSE, WELCHE STRASSE?

In Dubai wird ständig gebaut. Wer sich nicht verfahren will, nimmt am besten die **Metro** oder steigt zum Sightseeing in einen Hop on/Hop off Bus. (▶ **S. 101**)

5.
GEHEIMCODES

Ein Quadratkufi ähnelt einem QR-Code. Die Quadrate aus arabischen Schriftzeichen, die durch Wiederholungen von Namen wie Allah, Mohammed oder Ali geometrische Muster bilden, sind nicht leicht zu entziffern. Versuchen Sie es dennoch einmal, beispielsweise im **Museum der Islamischen Zivilisation** in Sharjah. (▶ **S. 178**)

❙ Rund um Umm al-Quwain

Picknickplatz der besonderen Art

Es ist ein ungewöhnliches Bild, wenn Einheimische zwischen den Ruinen einer **archäologischen Stätte** picknicken. Doch in Al-Dhour konnte bislang wegen fehlender finanzieller Mittel nicht weiter gegraben werden, weshalb die etwa drei Quadratkilometer große Anlage, südlich der Landzunge an der Straße nach Aman, in keinem guten Zustand ist. In vorchristlicher Zeit befand sich in Al-Dhour einer der größten Häfen der Region. Im Lauf der Zeit verschoben Sandverwehungen die Küstenlinie, sodass die archäologische Stätte heute rund 3 km vom Meer entfernt liegt. Zu den wertvollsten Funden gehören Münzen aus dem 2. Jh. v. Chr., der wirtschaftlichen Blütezeit Al Dhours.

Al-Dhour

Wasserpark der Superlative

Die vielleicht größte Attraktion des Emirats und zugleich einer der größten Wasserparks der Welt ist der Dreamland Aqua Park mit einer Menge Wasserbecken und -rutschen, Riesenwellen und Babypools, Restaurants, Cafés und Picknickplätzen. Der Park liegt gegenüber von Siniyah Island an der Festlandsküste und ist genauso schön wie Wild Wadi und Aquaventure in Dubai, nur nicht so voll und nicht so teuer.
Etihad Road (E11), 14 km nördlich von Umm al-Quwain
tgl. 10–18, Fr. bis 19 Uhr
Eintritt: Erwachsene 160 Dh, Kinder bis 1,2 m 100 Dh
Tel. 06 7 68 18 88
www.dreamlanduae.com

Dreamland Aqua Park

Bauernhof der Emirate

Besucher reisen hauptsächlich wegen des **Wadi al-Batha** in diese Gegend. Beeindruckend sind die hohen Sandberge, die im Schein der auf- und untergehenden Sonne in tiefem Kupferrot zu leuchten beginnen. Dagegen ist die moderne Oase Falaj al-Moalla, die 55 Kilometer südöstlich der Hauptstadt im Emirat Sharjah liegt, das Zentrum der landwirtschaftlichen Produktion von Umm al-Quwain. Die Menschen leben in einfachen, vor einigen Jahrzehnten errichteten Häusern. Stolz ist man auf die Kamelrennbahn, ein Treffpunkt der Männer während der regelmäßig in den Wintermonaten stattfindenden Rennen. Arbeit finden sie in der Landwirtschaft, u. a. auf einer der größten Geflügelzuchtfarmen der VAE und auf den Rinderfarmen, die täglich mehrere Tausend Liter Milch produzieren.

Oase Falaj al-Moalla

H
HINTER-GRUND

Direkt, erstaunlich, fundiert

Unsere Hintergrundinformationen
beantworten (fast) alle Ihre Fragen zu den
Vereinigten Arabischen Emiraten.

DAS LAND UND SEINE MENSCHEN

Eine Reise durch die Vereinigten Arabischen Emirate (VAE) ist wie die Reise in einer Zeitmaschine. Schließlich sind die Emiratis in noch nicht einmal 50 Jahren vom Kamelritt durch die Wüste auf die Fahrt im Ferrari in Wolkenkratzermetropolen umgestiegen. In dieser neuen Umgebung mit all ihrer übersteigerten Modernität, glitzernden Hochhausfassaden und künstlichen Welten müssen sie nun den Spagat schaffen zur arabischen Tradition aus der Zeit der Beduinen und des Oasenlebens.

Die Großen Allen voran hat das **Emirat Dubai** durch seine gigantischen Bauvorhaben von sich reden gemacht. Hier erschafft man sich die Welt ganz so, wie sie einem gefällt. Als neue Orte des Wohnens schüttet man künstliche Inseln auf, die eine Weltkarte bilden oder zwei überdimensionale Palmen. Das (noch) höchste Gebäude der Welt, der Burj Khalifa, ragt natürlich in Dubai in den Himmel, selbst wenn der Turm in Zeiten der Finanzkrise nicht ohne kräftige Kapitalspritze aus Abu Dhabi fertig gebaut werden konnte. Denn finanzielles Potenzial dank des Erdölgeschäfts besitzt hauptsächlich der große Bruder **Abu Dhabi**. Dort hat man aus den Fehlern allzu schnellen Wachstums gelernt und sich vornehmlich der Nachhaltigkeit energieeffizienter Häuser verschrieben.

... und die Kleinen Die fünf kleinen Emirate **Ajman, Umm al-Quwain, Ras al-Khaimah, Sharjah und Fujairah** besitzen keine Ölvorkommen. So sind sie ursprünglicher geblieben, und die Einheimischen bilden hier ausnahmsweise noch die Bevölkerungsmehrheit. Das Leben ist ruhiger, die Menschen sind freundlicher und die Gebäude statt aus Glas und Stahl noch oft aus Korallenstein und Lehm. Sie entdecken aber auch ihr touristisches Potenzial. So mausert sich Ras al-Khaimah zusehends zum Outdoorziel, während Ajman auf bezahlbaren Luxus-Badeurlaub setzt. Sharjah ist hingegen ganz der Tradition und Kultur des Islam verbunden. Obwohl eigentlich hier Ende der 1970er-Jahre, als sich noch kaum jemand für Dubai interessierte, der internationale Tourismus in den VAE begann. Doch im Lauf der Zeit geriet das Emirat wegen strenger Religionsvorschriften, u. a. eines kompletten Alkoholverbots, allmählich ins Hintertreffen.

Wohlstand = Sicherheit? Die politischen Unruhen in der arabischen Nachbarschaft nahm man bislang in den VAE zwar mit Sorge, aber aus der gepflegten Distanz des Beobachters wahr. Schließlich sind die Emirate auch deshalb immer ein sicheres Reiseland gewesen, weil die Einheimischen am großen

قبيلة زعاب وأهالي الجزيرة الحمراء

Die sieben Scheichs der Vereinigten Arabischen Emirate

Reichtum ihres Landes stets ausgiebig teilhaben konnten. Doch bei all dem rasch erreichten Wohlstand treiben vielleicht gerade deshalb die Emiratis plötzlich höchst existenzielle Fragen um. Damit in Zukunft auch Glück, Zufriedenheit und Toleranz fundamentale Werte der Gesellschaft bilden, hat Dubais Staatsoberhaupt Scheich Maktoum 2016 eigens ein Ministerium für Glück und eines für Toleranz und Zukunft ins Leben gerufen. Dass dies alles sehr nach Science-Fiction klingt, passt gut ins Bild.

▌ Die Wüste lebt: Landschaften

Etwa zwei Drittel der Vereinigten Arabischen Emirate sind **Sandwüste**; die restliche Landesfläche bedecken **Geröllwüste** und savannenähnliche **Halbwüste**. Die Sandwüste besteht zum beträchtlichen Teil aus **Dünen**, die sich mit dem Wind vom Meer weg bewegen und sich zu immer neuen, bis zu 150 m hohen Formationen auftürmen. Im Osten der VAE, an der Grenze zu Oman, verläuft die aus schroffen Kalksteinspitzen bestehende **Gebirgskette des Hajar**, die bis zu mehr als 1500 Meter ansteigt. Seine steilen Schluchten und weiten Täler werden vom Outdoor-Tourismus entdeckt. Dank hoher Niederschläge

Wüsten, Dünen und Gebirge

BAEDEKER WISSEN

▶ Arabische
Schreibweise:

دبي
الامارات العربية المتحدة

Lage:
Arabische Halbinsel,
Anrainerstaaten:
Saudi-Arabien, Oman

Fläche:
77 700 km²
83 600 km² mit Inseln

Einwohner: **9,34 Mio.**
Im Vergleich:
New York: 8,4 Mio.

Bevölkerungsdichte:
111 Einwohner/km²

Zeit:
MEZ + 3 Std.

Berlin
4626 km

55°
östl. Läng

25°
nördliche Breite

DUBA

ABU DHABI (HAUPTSTADT) ■

SAUDI-ARABIEN   **VAE**   **OMAN**

▶ **Größte Städte**

Einwohner

2,2 Mio.

1,0 Mio.   **900 000**

   450 000

Dubai   **Abu Dhabi**   **Sharjah-Stadt**   **Al Ain**

▶ **Staatsoberhaupt**

Präsident:
Sheikh Khalifa
Bin-Zayed al-Nahyan
(zugleich Emir von
Abu Dhabi)
Ministerpräsident:
Sheikh Mohammed
Bin-Rashid al-Maktoum
(zugleich Emir von Dubai)

▶ **Staatsform**

**Föderativer
Bundesstaat**
(seit 2. Dez. 1971)

▶ **Staatsreligion**

Islam

▶ **Emirate**

A: Abu Dhabi
B: Dubai
C: Sharjah
D: Ajman
E: Umm al-Quwain
F: Ras al-Khaimah
G: Fujairah

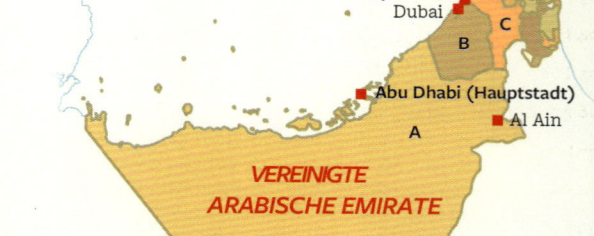

Sharjah-Stadt
Dubai

D E F G
C
B
A

Abu Dhabi (Hauptstadt) ■
■ Al Ain

*VEREINIGTE
ARABISCHE EMIRATE*

100 km

Das Klima

In den VAE herrscht tropisches bis subtropisches Klima. Es ist das ganze Jahr über heiß. Juni bis September erreichen die Temperaturen teils über 40 °C. Angenehm warm es ist von Oktober bis April mit 8 bis 10 Sonnenstunden am Tag. Die Wassertemperatur des Golfs ist selbst im Januar noch 19 °C.

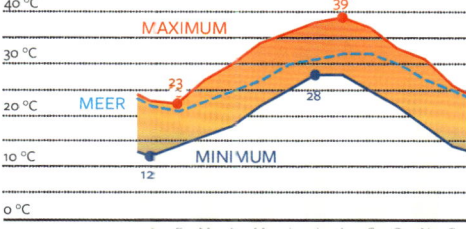

Durchschnittstemperaturen

Wirtschaft

Hauptwirtschaftszweige:
Erdöl- und Erdgasförderung, Handel, Tourismus

Währung

Dirham (Dh) 1 Dh = 100 Fils

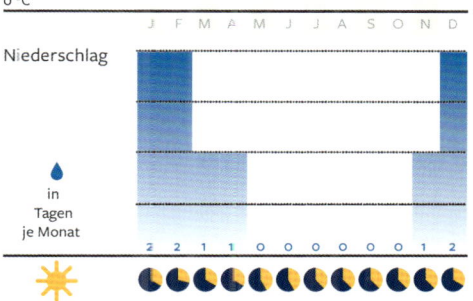

Niederschlag

in
Tagen
je Monat

in
Sonnenstunden
je Tag

Sprache

Arabisch, Englisch

Öl

Die zehn größten
Erdölproduzenten der Welt

(2015 in Mio. Barrels pro Tag, 1 Barrel = 159 l)

01 Russland	10,25
02 Saudi-Arabien	10,05
03 USA	9,41
04 Irak	4,59
05 China	3,98
06 Kanada	3,67
07 Iran	3,30
08 VAE	2,82
09 Kuwait	1,13
10 Brasilien	1,04

Die zehn ergiebigsten bekannten
Erdölreserven der Welt

(2015 in Mrd. Barrels, 1 Barrel = 159 l)

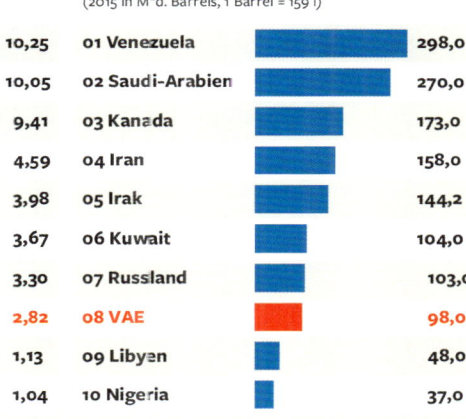

01 Venezuela	298,0
02 Saudi-Arabien	270,0
03 Kanada	173,0
04 Iran	158,0
05 Irak	144,2
06 Kuwait	104,0
07 Russland	103,0
08 VAE	98,0
09 Libyen	48,0
10 Nigeria	37,0

und Grundwasservorkommen kann an seiner Westseite in Siedlungen wie Masafi und Hatta Landwirtschaft betrieben werden. An der Ostseite erstreckt sich eine 5 km breite Ebene bis zum Meer, die im südlichen Teil, im Emirat Fujairah, als Ausläufer der omanischen Batinah-Ebene sehr fruchtbar ist.

Inseln und Buchten Charakterististisch für den Küstenverlauf sind die vielen Inselchen und Sandbänke. Allein vor Abu Dhabi liegen rund 200 kleine und kleinste Inseln, von der nur wenige Quadratmeter großen Sandbank bis zu den größeren Inseln **Bani Yas** und **Umm al-Nar**. Den Küstenverlauf bestimmen aber auch die zahlreichen lang gestreckten Buchten bzw. Meeresarme, arabisch »Khor«, englisch »Creek« genannt, die teils weit in das Land hineinreichen. An ihnen liegen fast alle Küstenstädte der Emirate.

Wadis Größere, ganzjährig Wasser führende Flüsse gibt es in den VAE wie auf der gesamten Arabischen Halbinsel nicht. Während der jährlichen Regenfälle in den Wintermonaten sammelt sich das Wasser in den ansonsten trockenen Flussbetten, den Wadis, die dann für kurze Zeit zu reißenden Strömen werden können.

Oasen Wo in größeren Tiefen Grundwasser vorkam, entstanden Oasensiedlungen. So finden sich im überwiegend sandigen Abu Dhabi zwei ausgedehnte, landwirtschaftlich genutzte Oasenregionen: **Al Ain** und vor allem **Liwa**. Das Emirat Sharjah wird von der Oase **Al-Dhaid** mit Obst und Gemüse versorgt; die Oase **Digdaga** liefert dem Emirat Ras al-Khaimah Datteln und Vieh. Die Oase **Dibba** an der Nordküste teilen sich die Scheichtümer Fujairah und Sharjah mit dem Sultanat Oman.

▌ Wasser ist knapp

Trinkwasser Trinkwasser ist in den VAE ein überaus kostbares Gut. Steigende Bevölkerungszahlen und nicht zuletzt auch der Tourismus ließen den Bedarf am ohnehin nur spärlich vorhandenen Wasser enorm ansteigen. Durch unkontrollierten Brunnenbau sank der Grundwasserspiegel so dramatisch, dass in den nördlichen Emiraten die Bohrung weiterer Brunnen verboten wurde. Heute findet man in den VAE kaum noch brauchbare Grundwasserbrunnen. Mit **Meerwasserentsalzungsanlagen** wird in allen Emiraten versucht, den immer größer werdenden Wasserbedarf zu decken.

Bewässerungssysteme In früheren Jahrhunderten sorgte ein ausgeklügeltes Bewässerungssystem dafür, dass das Quellwasser der Oasen die Landschaft erblühen ließ. In steinernen oder aus Erde und Lehm, später auch aus

Zement gebauten Kanälen, den **Aflaj** (Einzahl: Falaj), wurde das kostbare Nass zu den Feldern und Gärten geleitet. Diese **künstlichen Flüsse** dienten auch zur Trinkwasserversorgung (▶ Baedeker Wissen, S. 140). Dass es heutzutage auch anders geht, beweist Abu Dhabi. Das reichste und größte der Emirate leistet es sich, die 150 km lange Straße von der Hauptstadt nach Al Ain, dem Geburtsort Sheikh Zayeds, intensiv mit Dattelpalmen, Bougainvilleen und sogar Rosen zu begrünen. Gießwasser kommt aus unterirdisch verlaufenden Plastikschläuchen.

▍ Palmen und Antilopen: Pflanzen und Tiere

Sowohl in den Küstenregionen als auch im Bergland reichen die Niederschlagsmengen nicht für eine geschlossene Pflanzendecke aus. Dazu lässt die Versalzung des Wüstenbodens nur wenige, besonders resistente Pflanzen gedeihen. Gut angepasst sind die **Akazie**, zu erkennen an ihren fein gefiederten Blättern und den dürnen Dornen, sowie der aus Australien stammende, schnell wachsende **Eukalyptus**. Als »Schirmbaum« bezeichnet wird ein Baum aus der Gattung der **Malvaceae** (Thespesia populnea), dessen Zweige sich schnell zu einem immergrünen, Schatten spendenden Dach verwachsen. Hübsch sind die kleinen gelben Blüten mit roten Sprenkeln und die an Äpfel erinnernden, nicht essbaren Früchte. Zu den auffälligsten »Neuzugängen« am Arabischen Golf gehört der **Flamboyant**, ein ursprünglich aus Madagaskar stammender Baum, der zwischen Februar und April flammend in Rot und Orange blüht. **Dattelpalmen** und **Olivenbäume** bereichern nicht nur die Landschaft, sondern sichern auch reichhaltige Ernten.

Widrige Bedingungen

Durch staatliche Programme wird die Wüste mit importierten Bäumen und Pflanzen begrünt, die resistent sind gegen Hitze und Trockenheit. Kampagnen und Schulunterricht sollen die Bürger von der Bedeutung eines grünen Landes überzeugen. Seit 1981 wird am 15. April der **»Tag des Baumes«** gefeiert, an dem Bäume gepflanzt und Ansprachen gehalten werden. Die Anstrengungen zeigen Erfolge: So sind heute fünf Prozent der Fläche des Emirats Dubai begrünt; Ziel sind acht Prozent, was der bewohnten Fläche des Emirats entspricht.

Die Wüste wird grün

In den Emiraten leben heute etwa zwei Dutzend Säugetierarten. Das bekannteste ist natürlich das **Dromedar**. Vom **Arabischen Leopard** (Panthera pardus nimr) sollen noch 200 bis 300 Tiere leben, allerdings sind in den VAE schon seit längerem keine mehr in freier Wildbahn gesichtet worden. Die elegante Großkatze jagt hauptsächlich in gebirgigen Regionen der Arabischen Halbinsel in Jemen und Oman wilde Ziegen, Nagetiere und Vögel.

Säugetiere

Auf einer Safari durch das größte Naturschutzgebiet der VAE, Sir Bani Yas Island in Abu Dhabi, können die seltenen Oryx-Antilopen ganz aus der Nähe beobachtet werden.

Auffällig, aber auch sehr selten ist die **Oryx-Antilope**. Das scheue Tier mit zwei langen, spitzen Hörnern, dessen Fell im Sommermonate fast vollständig weiß wird, war auf der gesamten Arabischen Halbinsel und in Nordafrika verbreitet. Im Ägypten des 5. Jh.s v. Chr. war es Brauch, die noch wachsenden Hörner junger Antilopen zu einem einzigen Horn zusammenzubinden – fertig war das legendäre Einhorn. 1972 wurden in Oman die letzten sechs noch frei lebenden Oryxe erlegt. Seitdem bemüht man sich um die Wiederansiedlung. Im Rahmen eines vom Worldwide Fund for Nature unterstützten Projekts wurden in den USA gezüchtete Tiere in mehreren Herden in Oman und den Emiraten ausgesetzt. Heute liegt der Bestand in den VAE bei über 5000 Exemplaren.

Der auf der gesamten Arabischen Halbinsel verbreitete **Wüstenluchs** jagt vorwiegend nachts Vögel und kleinere Nagetiere. Unter den Füchsen ist der **Rotfuchs** am häufigsten anzutreffen, vorwiegend in Wüstengebieten, jedoch auch in der Nähe von Städten. **Wüstenhasen** und **Springmäuse** bekommt man zumindest im Sharjah Desert Park zu Gesicht.

Reptilien bietet das trocken Wüstenklima optimale Lebensbedingungen. Entsprechend groß ist ihre Artenvielfalt. Der **Große Wüstenwaran** mit über einem Meter Körperlänge ist die größte Eidechse. Das mit seinem gezackten Schwanz urtümlich aussehende, für Menschen harmlose Reptil ernährt sich vorwiegend von kleineren Vögeln, Mäusen und Insekten. Vorsicht aber vor einigen Schlangenarten: Zu den giftigen gehören die **Hornvipern**, die sich mit Vorliebe im Sand sonnen.

Reptilien

Über 400 Arten wurden in den VAE gezählt. Während des europäischen Winterhalbjahrs kommen Zugvögel aus Europa, Sibirien und Zentralasien, um in der Wüste einen Zwischenstopp auf dem Weg nach Afrika und Indien einzulegen. Am Dubai Creek überwintern jedes Jahr bis zu 2000 **Große Flamingos**; damit beherbergt Dubai die größte Flamingo-Kolonie der Arabischen Halbinsel. Sheikh Mohammed Bin-Rashid al-Maktoum, der Herrscher von Dubai, lässt regelmäßig karotinhaltige Nahrung an sie verfüttern, damit ihr Gefieder leuchtend rosa bleibt.
Wer **Vögel beobachten** will: Das **Ras Al Khor Wildlife & Waterbird Sanctuary** wenige Kilometer östlich von Dubai ist das bedeutendste Vogelschutzgebiet der Emirate. Ein weiteres Schutzgebiet liegt in der Wüste: **Al-Wathba Wetland Reserve**, ca. 40 km südöstlich von Abu Dhabi-Stadt. Nähere Informationen gibt es beim Emirates Birds Records Committee in Dubai (www.uaebirding.com).

Vögel

Noch noch immer finden Taucher und Schnorchler eine vielfältige und faszinierende **Unterwasserwelt** vor, auch wenn Umwelteinflüsse und Fischerei sie beeinträchtigt haben. An der Ostküste der VAE und v. a. entlang der Küste der zu Oman gehörenden Musandam-Halbinsel genießen Taucher die Wunderwelt des Indischen Ozeans mit tropischen Korallen und exotischen Fischen. Einziges Manko: Plankton, das die Sicht oft einschränkt, doch andererseits Ursache für die einzigartige Artenvielfalt ist.
Vorsicht ist geboten bei den gelegentlich vorkommenden giftigen Seeschlangen, wie der bis zu 3 m langen **Streifenruderschlange** und der ockerfarben leuchtenden **Klebschlange**.
Entlang der Westküste erstreckt sich sandiger Meeresboden, der nur an wenigen Stellen tiefer als 30 m und oft mit Seegras bewachsen ist – ideale Lebensgrundlage für die seltenen, unter Naturschutz stehenden **Seekühe**. Die arabisch Arous al-Bahr, »Braut des Meeres«, genannten 3 m langen Tiere werden bis zu 70 Jahre alt und wiegen um die 500 kg. Sie ernähren sich von Pflanzen und leben in Kolonien von vier bis zehn Tieren. Im Arabischen Golf gibt es etwa 5000 Exemplare – die nach Australien weltweit größte Population. In den Gewässern der Emirate kommen auch **Delfine** und **Wale** vor, darunter Buckelwale, Blauwale, Finnwale und Kleine Schwertwale.

Meerestiere

VOM MAKEL NACKTER HAUT

Knallrote High Heels blitzen unter der Abaya hervor, als Farah über die Flure der New York University von Abu Dhabi läuft. Seit sie 15 Jahre alt ist, trägt sie den bodenlangen schwarzen Umhang. Nur einmal, als sie zu Besuch bei Verwandten in London war, hat sie in der Öffentlichkeit nur Jeans und T-Shirt getragen. »Ich spürte ein kleines bisschen Freiheit und habe ich mich dennoch wie nackt gefühlt«, sagt Farah.

An den Hochschulen des Landes sind Frauen schon seit längerer Zeit mit mehr als der Hälfte der Studierenden vertreten. Fahrah kann sich in der Öffentlichkeit frei bewegen und im Ausland studieren. Sie muss ihr Gesicht nicht verschleiern, darf Auto fahren, doch wie sie sich in der Öffentlichkeit zu kleiden hat und wen die 24-Jährige einmal zum Ehemann nimmt, das entscheidet in der arabischen Oberschicht einzig die Familie und weniger die Beteiligten selbst.

Als Signal weiblicher Ehre ist der Schleier eine der wohl hartnäckigsten Traditionen in der Geschichte der Kleidung. Anders als im konservativen Saudi-Arabien, wo Frauen in der Öffentlichkeit verschleiert sein müssen, besteht diese Pflicht in den als liberal geltenden Emiraten nicht. Viele Frauen bedecken jedoch ihre Kleider gern mit einer **Abaya**, einem schwarzen Umhang, den Modedesigner längst zur Haute Couture geadelt haben.

Ehe und Familie

Der Vater des Bräutigams verhandelt mit der Familie der Braut über das Brautgeld, das sich auf durchschnittlich 100 000 Dirham eingependelt hat. Vom

Die meisten Frauen, die in den Emiraten einen Gesichtsschleier tragen, stammen aus Saudi-Arabien.

Hochzeitsfonds, den Präsident Sheikh Zayed ins Leben rief, um Ehen mit ausländischen Partnern einzuschränken, erhalten Einheimische bei ihrer Heirat als Geschenk vom Staat ein Haus und zusätzlich 70 000 Dirham. Nach islamischem Recht darf ein Mann zwar vier Ehefrauen haben, doch mit Ausnahme von höheren und Regierungskreisen wird meist aus ökonomischen Gründen die **Einehe favorisiert**. So heißt es im Koran, dass allen Ehefrauen eines Mannes das gleiche Eigentum und gleiche Rechte zustehen müssen. Während Männer nach außen hin repräsentieren, gelten die Frauen als Hüterinnen des Hauses. Im Alltag der Emirate sind einheimische Frauen deshalb für Touristen und Besucher immer noch kaum präsent. Wenn überhaupt, sieht man sie in den Foyers von Luxushotels oder in den klimagekühlten Einkaufskomplexen von Dubai und Abu Dhabi. Da ausländisches Personal üblich ist, bleibt neben Haushalt und Kindererziehung jedoch viel Zeit für eigene Beschäftigungen. Beliebt sind die von der **UAE Women's Federation** organisierten Kurse, die ein breites Spektrum an Kunstgeschichte, Sprachen und Kunsterziehung umfassen, Bereiche, in denen Frauen auch oft beruflich stark vertreten sind.

Gilt im Islam das Haus als unantastbarer Ort höchster Intimität, soll eine arabische Frau in der Öffentlichkeit jedoch nur verschleiert auftreten. Denn durch die Verhüllung wird das geschützte Territorium gleichsam mit nach draußen genommen. Auch Touristen wird geraten, sich in der Öffentlichkeit zurückhaltend zu kleiden und weder Händchen zu halten, noch Küsse auszutauschen. Streng genommen ist es in den Emiraten verboten, dass sich Nichtverheiratete ein Hotelzimmer teilen, bei den Devisen bringenden

In vielen arabischen Ländern bleiben Mädchen bis zur Pubertät unverschleiert.

Touristen drückt man da bislang allerdings beide Augen zu.

Designermode Abaya

Für Frauen sieht es die islamische Kleiderordnung vor, dass in der Öffentlichkeit nicht mehr als Hände, Füße und das Gesicht sichtbar sein dürfen. Dass die Damen unter ihrer Abaya sündhaft teure westliche Designermode und High Heels tragen schließt sich dabei keinesfalls aus. Ganz im Gegenteil haben westliche Designer wie John Galliano, Nina Ricci und Modehäuser wie Dolce & Gabbana oder Dior längst den riesigen Modemarkt der Golfregion mit seiner zahlungskräftigen Kundschaft entdeckt. Denn auch hier beobachtet die Damenwelt ganz genau, welche Kollektionen regelmäßig an Sheikhas, Botschaftergattinnen und TV-Stars zu bewundern sind.

Da sind aufwendig bestickte und kostbar verzierte Abaya-Modelle keine Seltenheit. Furore machte die bislang teuerste Abaya vom Modedesigner der britschen Royals, Bruce Oldfield. Mit zahlreichen Diamanten besetzt, kostet sie 365 000 US-Dollar.

Kleiderordnung in Schwarz und Schneeweiß: einheimisches Paar

▌ Nationals und Expatriates: Bevölkerung

Einheimische Die einheimische arabische Bevölkerung, die sich selbst als Nationals oder Locals bezeichnet, ist beduinischer Herkunft. Noch Anfang der 1960er-Jahre lebte über die Hälfte der Menschen als Nomaden. Analog zu den gewachsenen Stammesgebieten erfolgte die Gründung der einzelnen Emirate. Im Wesentlichen waren es die nomadisierenden **Bani Yas** und die seefahrenden **Qasimi**, die die Golfregion seit dem 18. Jh. beherrschten. Die Qasimi hatten ihr bevorzugtes Stammesgebiet im Bereich von Ras al-Khaimah, doch geht auch die Siedlung Sharjah auf sie zurück. Die ursprünglich aus Zentralarabien stammenden Bani Yas siedelten seit jeher im Sommer im Bereich der Liwa-Oasen und gründeten schließlich Abu Dhabi.

»Blut ist dicker als Wasser« – dieses arabische Sprichwort kennzeichnet den **Familienverband**, auf den sich das soziale Leben der Beduinen gründet. Besonders in arabischen Herrschaftskreisen kommt der Blutsverwandtschaft fundamentale Bedeutung zu, denn auch für die nicht an der politischen Macht beteiligten Mitglieder der Herrscherfamilien Maktoum (Dubai) und Nahyan (Abu Dhabi) zahlt sich die Zugehörigkeit zur Sippe – zumindest finanziell – aus, da großzügige Apanagen gewährt werden.

Ausländer Der mit 85 % sehr hohe Ausländeranteil in den VAE bescherte – neben dem Erdöl – dem neuen Staat seinen gegenwärtigen Wohlstand.

Expatriates (Gastarbeiter) sind es, die das System am Laufen halten: Sie verrichten nahezu alle Arbeiten. Einheimische Familien beschäftigen oft mehrere ausländische Putzfrauen und Kindermädchen sowie einen Chauffeur, dazu kommen ein Gärtner – meist aus Indien oder Sri Lanka – und ein Koch aus Pakistan oder Jemen. Die Banker und Manager größerer Firmen und Hotels stammen aus Europa und den USA, die Manager mittlerer und kleinerer Firmen auch aus anderen arabischen Ländern und Asien. Techniker sind Europäer und US-Amerikaner, Ärzte ebenfalls, aber zunehmend auch Jordanier und Ägypter. Das Hotelpersonal stammt aus Indien und von den Philippinen. Harte körperliche Arbeit verrichten Ceylonesen, Pakistani, Inder und Bangladeshi.

Gerade diese Arbeitskräfte müssen ohne Ehepartner und Familienangehörige leben. Erst ab einem Einkommen von 4000 Dirham im Monat und nur mit einer schriftlichen Einverständniserklärung des Arbeitgebers erhalten ihre Familien eine Aufenthaltsgenehmigung. Diese Einschränkungen werden akzeptiert, denn die steuerfreie Entlohnung entspricht meist einem Vielfachen der Bezahlung im Heimatland. Darüber hinaus ist die Krankenversorgung kostenlos und auch die Religionsfreiheit garantiert.

▌ Gewählt wird nicht: Staat und Gesellschaft

Am 2. Dezember 1971 schlossen sich sechs kleine Emirate – Abu Dhabi, Dubai, Sharjah, Ajman, Umm al-Quwain und Fujairah – zum **föderativen Bundesstaat** der Vereinigten Arabischen Emirate zusammen; am 10. Februar 1972 stieß Ras al-Khaimah dazu. Regiert wird die Föderation vom Obersten Rat der Herrscher (Federal Supreme Council), bestehend aus den sieben Emiren; sie unterstützen das Bundeskabinett (Federal Cabinet) und den Ministerrat (Council of Ministers) mit dem Ministerpräsidenten an der Spitze. Der Oberste Rat wählt den Präsidenten der VAE, derzeit **Sheikh Khalifa Bin-Zayed al-Nahyan**, Emir von Abu Dhabi. Ministerpräsident ist **Sheikh Mohammed Bin-Rashid al-Maktoum**, Herrscher von Dubai.

Föderativ im Großen, feudal im Kleinen

Während auf VAE-Ebene die sieben Herrscher einen Konsens zu erreichen versuchen, werden die einzelnen **Emirate feudalistisch** regiert: Der Emir erlässt Dekrete, die in der Regel unter Mitwirkung von Beratern zustande kommen. Parteien, Gewerkschaften und Parlamente gibt es nicht. Die gemeinsame Politik und Gesetzgebung der VAE ist auf die Außen- und Verteidigungspolitik beschränkt, auf Gesundheits- und Erziehungsfragen sowie auf wirtschaftspolitische und juristische Teilbereiche.

Die **Flagge** der VAE zeigt die für viele arabische Staaten typischen Farben: Grün ist die Farbe des Islam, die auf die Turbanfarbe des Propheten Mohammed zurückgehen soll. Rot ist die arabische National-

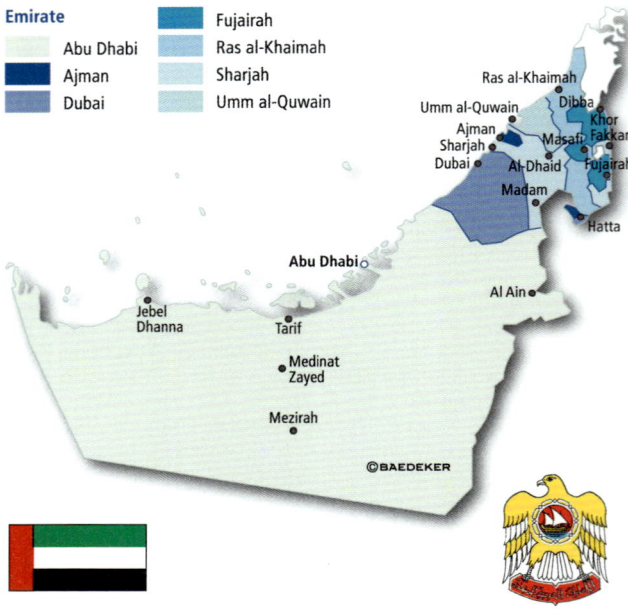

Emirate
- Abu Dhabi
- Ajman
- Dubai
- Fujairah
- Ras al-Khaimah
- Sharjah
- Umm al-Quwain

©BAEDEKER

farbe, Weiß war die vorherrschende Farbe der Fahnen der arabischen Scheichtümer im 19. Jahrhundert. Schwarz ist ein Element der 1918 entstandenen panarabischen Flagge.

Justiz Die Rechtsprechung folgt zum großen Teil der islamischen **Sharia**, und traditionell obliegt das Richten den Scheichs. Rechtsfälle, in die Ausländer verwickelt sind, werden fast ausnahmslos vor einem ordentlichen Gericht und nach rechtsstaatlichen Prinzipien verhandelt.

Wohlfahrtsstaat auf Arabisch In den VAE lebt man in einem Wohlfahrtsstaat. Die Herrscherfamilien sorgten dafür, dass der neue Reichtum alle erreichte, und sicherten sich so die Zustimmung der Bevölkerung zu ihrer Politik. Armee, Ministerien und Behörden sind die wichtigsten Arbeitgeber; Steuern muss man nicht bezahlen. Es entspricht der Tradition arabischer Länder, dass die jeweiligen Herrscher stets ein offenes Ohr für alle Fragen und Probleme der Untertanen haben. Der Regierungsstil der »offenen Tür« gibt prinzipiell jedem Bürger der VAE die Möglichkeit, sich persönlich mit seinem Emir oder gar mit dem Präsidenten zu besprechen.

Die VAE sind mit Bahrain, Oman, Kuwait, Qatar und Saudi-Arabien im **»Gulf Cooperation Council«** (GCC) zusammengeschlossen, der die die Zusammenarbeit in der Außen-, Sicherheits- und Wirtschaftspolitik zum Ziel hat.

»Gulf Cooperation Council«

▌ »Gott ist groß«: Religion

Wenn der Ruf »Allah u akbar« aus den Moscheen dringt, strömen die Männer aus allen Himmelsrichtungen herbei zum Gebet. Ruhe kehrt ein in der Stadt, doch bald geht jeder wieder seiner gewohnten Tätigkeit nach. Trotz aller Modernität, die die gewaltigen Erdölfunde mit sich brachten, prägt die Religion das Leben in den VAE. Staatsreligion ist der Islam, zu dem sich jeder Gläubige mit diesem Satz bekennt: »Es gibt keinen Gott außer Allah, und Mohammed ist sein Prophet«, auf Arabisch: »La illaha illa Allah, Mohammed rasul Allah.«

Staatsreligion

Die Entstehung des Islam ist mit dem Leben des **Propheten Mohammed** verknüpft, der im Jahr 570 in Mekka unter dem Namen Abd al-Qasim Mohammed Ibn-Abdallah Ibn-Abd al-Mutalib geboren

Entstehung des Islam

Auch Nicht-Muslime dürfen die Sheikh Zayed-Moschee in Abu Dhabi betreten.

EMIR, SULTAN UND KALIF

Was unterscheidet eigentlich den Emir vom Sultan? Was war ein Kalif? Und wer darf sich Scheich nennen? Beschäftigt man sich mit den Ländern Arabiens, tauchen diese Herrschertitel immer wieder auf.

Emir

Ein Emir war zu Beginn der islamischen Kriegszüge im 7. Jh. ein Militärführer, der nach der Eroberung eines Gebiets oft dessen Statthalter wurde. Später wurde die Bezeichnung zum offiziellen Titel eines Gebietsgouverneurs oder Provinzfürsten. Der Emir hatte damit **administrative und finanzielle Machtbefugnisse**, war jedoch dem Kalifen, der höchsten Autorität im Islam, in religiösen und justiziellen Angelegenheiten untergeordnet. Heute gibt es als Emirate neben den VAE nur noch Kuwait und Qatar.

Die Oberhäupter der Emirate mit britischen Regierungsvertretern (um 1960)

Kalif

Der von der Glaubensgemeinschaft gewählte Kalif war zu Beginn der Islamisierung der höchste Herrscher der arabischen Welt. Als Nachfolger des Propheten Mohammed hatte er die **weltliche und religiöse Macht** inne. Schließlich griffen verschiedene arabische Dynastien nach dem Kalifat. Im Zuge der daraus erwachsenen Auseinandersetzungen verlor der Titel immer mehr an Bedeutung und existiert heute nicht mehr.

Scheich

Der Scheich bzw. Sheikh (engl.) war ursprünglich ein von den Beduinen gewählter **Stammesführer**, der zugleich auch das Richteramt ausübte. Zunehmend traten die Söhne verstorbener Scheichs als Kandidaten zur Wahl des Nachfolgers an, was schließlich zum erblichen Adelstitel führte. So tragen heute nicht nur die sieben Herrscher der VAE diesen Titel, sondern auch deren zahlreiche Söhne und Enkel.

Sultan

Der Begriff Sultan stammt aus dem Aramäischen und bedeutet Herrschaft und Macht. Früh wurden die **Kalifen der Abbasiden** Sultane genannt, die allmählich die geistliche Macht auf die weltliche ausdehnten. Schließlich wurde der Rang eines Sultans überall in der islamischen Welt gebräuchlich. Heute gibt es neben den Sultanen von Oman und Brunei nur noch einige lokale Sultane in Saudi-Arabien.

wurde. Mit 25 Jahren heiratete er die 40-jährige Kaufmannswitwe Kadisha. Als Karawanenführer unternahm er weite Reisen und beschäftigte sich mit religiösen Themen. Ab dem Jahr 610 predigte er als »Gesandter Gottes« Botschaften, die ihm vom Erzengel Gabriel übermittelt wurden.

Zu der neuen Lehre gehörten die Forderung nach Anerkennung nur eines Gottes, die Freilassung der Sklaven und das Entrichten von Almosen. Seinen zunächst wenigen Anhängern stand eine wachsende Zahl feindlich gesonnener Bewohner Mekkas gegenüber. Diese befürchteten eine Verschlechterung ihrer finanziellen Lage, denn sie sollten regelmäßig Almosensteuern entrichten und gleichzeitig auf die Einnahmen aus den »heidnischen« Wallfahrten zum vorislamischen Heiligtum der Kaaba verzichten. Schließlich kam es am 15. Juli 622 zur **Hedschra**, zum fluchtartigen Auszug Mohammeds aus Mekka in die nördlich gelegene Stadt Yathrib (Medina). Mit diesem Datum beginnt die islamische Zeitrechnung. Nach seinem Sieg über die Bewohner von Mekka bei Badre konnte Mohammed im Jahr 630 in seine Heimatstadt zurückkehren und sie zum Zentrum der neuen Religion machen.

Die Verkündungen des Propheten sind in den **114 Suren** des Koran niedergeschrieben, von den Gläubigen als »Gottes gesprochenes Wort« anerkannt. Der Koran bietet seinen Anhängern umfassende Anleitungen für nahezu jeden Aspekt des Lebens, angefangen von der Gesundheitsfürsorge über das Leben in der Ehe bis hin zu Erbfällen und Streitigkeiten mit den Nachbarn. **Koran**

Die **Hingabe an Gott**, was »Islam« wörtlich bedeutet, garantiert dem Gläubigen nach seinem Tod das Fortleben im Paradies – vorausgesetzt, dass er die Vorschriften des Koran eingehalten hat, insbesondere die fünf Grundpflichten: das Glaubensbekenntnis zum Islam, das tägliche fünfmalige Gebet, die Einhaltung der Fastenvorschriften im Ramadan, das Almosengeben und die Pilgerfahrt nach Mekka. **Grundpflichten des Islam**

Im **Ramadan**, dem neunten Monat des islamischen Jahrs, muss der Gläubige fasten, wie es die zweite Sure des Korans vorschreibt: Zwischen Sonnenaufgang und -untergang darf weder gegessen noch getrunken oder geraucht werden. Ausgenommen sind Kranke, Kinder, schwangere Frauen, Reisende und körperlich schwer Arbeitende. Die 29-tägige Fastenzeit wird mit dem dreitägigen Fest des Fastenbrechens **Eid al-Fitr** beendet (▶ S. 256).

Moscheen dürfen Nichtgläubige gewöhnlich nicht betreten, auch wenn es sich dabei, anders als im Christentum, nicht um kultische Bauten, sondern um reine **Versammlungsorte** handelt. Der Begriff Moschee leitet sich ab vom arabischen »Masdschid« und meint »sich niederwerfen«, nämlich zum gemeinschaftlichen Beten. Vor dem Ge- **Moscheen** bet steht die rituelle Reinigung; die Schuhe müssen vor Betreten der Moschee ausgezogen werden. Teppiche bieten Schutz beim vorgeschriebenen mehrmaligen Berühren des Bodens mit dem Kopf. Obwohl jeder Ort mehrere Moscheen besitzen kann, gibt es doch eine, die Freitagsmoschee oder Große Moschee, die das eigentliche geistliche Zentrum der Gläubigen und in der Regel viel größer als die übrigen Moscheen ist.

Wer eine Moschee besuchen möchte: In Dubai veranstaltet das Centre for Cultural Understanding Führungen durch die Jumeirah-Moschee (▶ S. 121), in Abu Dhabi steht die Sheikh Zayed Moschee (▶ S. 67) Besuchern offen, und auch die Al Noor Moschee in Sharjah kann besichtigt werden (▶ S. 182).

Sunniten und Schiiten

Als Folge des Streits über die rechtmäßigen Nachfolger Mohammeds entstanden zwei Konfessionen. Die zahlenmäßig deutlich größere, die **Sunniten**, berufen sich neben dem Koran auf die »Sunna«, den vom Propheten Mohammed überlieferten Glaubensgrundsätzen und -richtlinien. Für sie muss der legitime Nachfolger des Propheten nicht ein Nachfahre Mohammeds sein.

Die **Schiiten** sind die Anhänger des vierten Kalifen Ali, des Schwiegersohns und Vetters Mohammeds. Sie erkennen nur direkte Nachfahren Alis als Nachfolger des Propheten an. Etwa 80 % der arabischen Bewohner der VAE sind Sunniten, nur 20 % gehören zur schiitischen Richtung. In Abu Dhabi leben fast ausschließlich Sunniten, in Dubai etwa 65 % Sunniten und 35 % Schiiten, und an der Ostküste der Emirate vor allem Schiiten.

Islamischer Kalender

Das islamische Jahr richtet sich nach dem **Mondkalender**. Ein Jahr zählt 354 oder 355 Tage. Die islamische Zeitrechnung setzt mit dem Jahr ein, in dem die **Hedschra** stattfand, also 622. So entspricht das Jahr 2018 des gregorianischen Kalenders den Jahren 1439/1440 A. H. (Anno Hedschra). Der Koran legt die 12 Mondmonate mit je 29 oder 30 Tagen fest.

▌ Öl und Tourismus

Öl und Gas reichen nicht ewig

Allah selbst war es, der den Emiraten das **Erdöl** gebracht hat – für gläubige Muslime ist es selbstverständlich, dass er seinen treuen Anhängern zum schwarzen Gold und damit zu Reichtum und Glück verhalf. In der Tat verdankt der junge Staat seine hervorragende wirtschaftliche Position und die einheimische Bevölkerung ihr von allen finanziellen Sorgen freies Leben dem Erdöl und Erdgas.

Die VAE sind Gründungsmitglied der **OPEC** (Organization of Petroleum Exporting Countries) und liefern derzeit ca. 10 % der Gesamtfördermenge aller OPEC-Staaten. Allerdings sind die Ressourcen sehr

6x TYPISCH

BAEDEKER ÜBERRASCHENDES

Dafür fährt man an in die Vereinigten Arabischen Emirate

1. VERRÜCKT NACH AUTOS

Emiratis sind selten zu Fuß unterwegs, dafür ist es draußen viel zu heiß. Autos sind nicht nur Fortbewegungsmittel, sondern oft auch **Statussymbole**, die nicht teuer und schnell genug sein können. (▶ S. 16)

2. ENDLOSE SANDDÜNEN

Ein gelungenes Kontrastprogramm zur Glitzerwelt der Metropolen bieten schier endlose Sandwüsten. Luxuriöse **Wüstencamps** in den Liwa-Oasen lassen das Erlebnis grandioser Natur mit dem Genuss modernsten Komforts verbinden. (▶ S. 26)

3. TREFFPUNKT SHOPPINGMALL

Shoppingmalls dienen den Emiratis nicht nur zum Einkaufen, sondern als angenehm kühler Ort, an dem man sich mit Freunden zu Essen, Kino oder sportiven Vergnügungen trifft. (▶ S. 20)

4. GEHT NICHT, GIBT'S NICHT

Die Jagd nach Superlativen hat in Dubai Tradition. Die größte Shoppingmall und das höchste Gebäude des Planeten besitzt das Emirat ja schon. Jetzt will es sich selbst übertreffen und zur Expo 2020 einen neuen **höchsten Turm der Welt** bauen. (▶ S. 8)

5. SCHWARZ UND WEISS

Trotz modernster Architektur gilt ein traditioneller **Dresscode**. Vielerorts prägen Männer in schneeweißen Kaftanen (Dishdashas) und Frauen in schwarzen Umhängen (Abayas) das Straßenbild. (▶ S. 208)

6. VIELFALT DER NATIONEN

In Dubai lässt sich an einem Abend eine **kulinarische Weltreise** unternehmen. Denn Einwanderer aus fast 200 Nationen haben die Küche ihrer Heimatländer mit in das Emirat gebracht. (▶ S. 12)

SCHWARZES GOLD

Rund 10 Prozent der weltweit bekannten Erdölreserven liegen auf dem Territori-
um der Vereinigten Arabischen Emirate. Setzt man die gegenwärtigen Förder-
mengen voraus, reichen diese Vorräte noch für fast 80 Jahre. Der daraus resul-
tierende Wohlstand mit einem jährlichen Pro-Kopf-Einkommen von 45 000
US-Dollar ist gewaltig für ein Land, das ohne Öl mitnichten zu den reichsten
Ländern der Erde zählen würde.

❶ Bohrturm
Signifikantester Bestandteil einer Erdöl-
förderungsanlage ist der Bohrturm. Bohrgestänge von jeweils bis zu 9 m Länge und
Gewindverschraubungen werden bis zu
10 000 m tief in die Erde getrieben. Ist der
Druck in der Erdöllagerstätte groß genug,
wird das Öl an die Erdoberfläche getrieben.
Reicht der Druck nicht aus, wird Wasser
oder Wasserdampf durch weitere Bohr-
löcher eingepresst – und das Öl steigt
nach oben.

❷ Flaschenzug
An einem Flaschenzug im Stahlgerüst des
Bohrturms hängt das gesamte Bohrgestänge.

❸ Absetztank
Das geförderte Erdöl wird zunächst von
grobem Schutt durch Siebverfahren
gereinigt und in einen Absetztank geleitet. In diesem lagern sich Feststoffe
(u. a. Sand) am Boden ab.

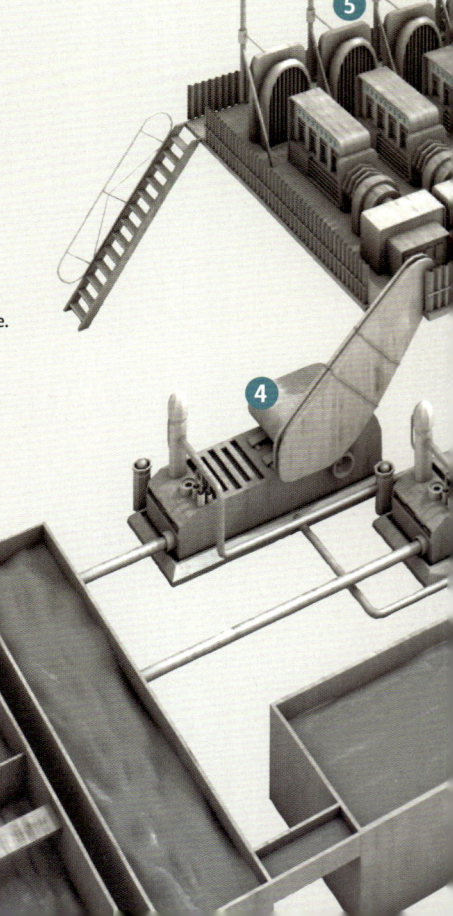

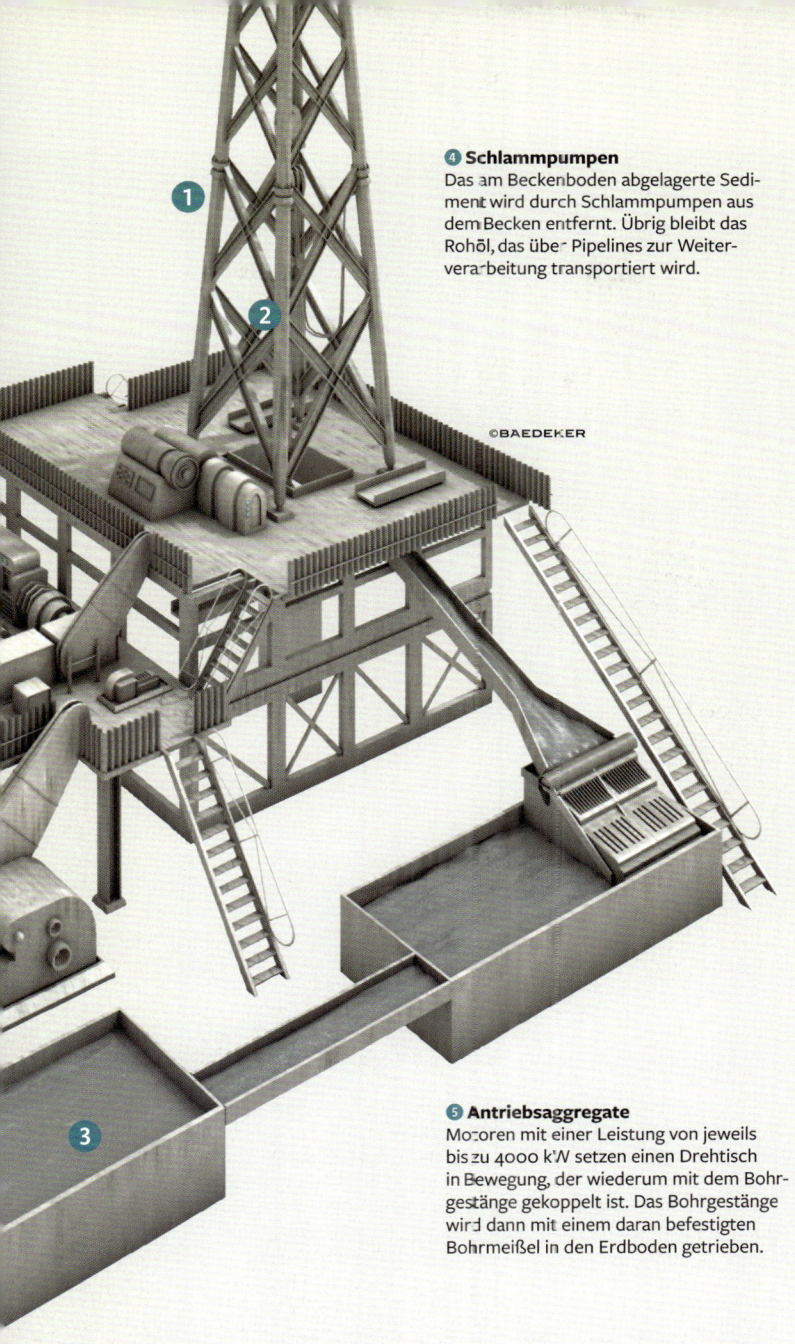

❹ Schlammpumpen

Das am Beckenboden abgelagerte Sediment wird durch Schlammpumpen aus dem Becken entfernt. Übrig bleibt das Rohöl, das über Pipelines zur Weiterverarbeitung transportiert wird.

©BAEDEKER

❺ Antriebsaggregate

Motoren mit einer Leistung von jeweils bis zu 4000 kW setzen einen Drehtisch in Bewegung, der wiederum mit dem Bohrgestänge gekoppelt ist. Das Bohrgestänge wird dann mit einem daran befestigten Bohrmeißel in den Erdboden getrieben.

Ein harter Job: Arbeiten am Ölbohrturm in der Wüste Dubais

ungleich verteilt: 95 % der Erdölvorräte und über 90 % des Erdgases besitzt Abu Dhabi, der Rest entfällt auf Dubai und Sharjah. Die Einnahmen aus dem Öl- und Gasgeschäft werden aber im Rahmen der Gesamtstaatseinnahmen der VAE solidarisch auf die rohstoffarmen Emirate verteilt, was sich u. a. in einem Pro-Kopf-Einkommen von ca. 34 000 US-Dollar jährlich niederschlägt. Erdöl und Erdgas sollen noch etwas mehr als 100 Jahre reichen. Immer wichtiger werden deshalb vom Öl unabhängige Wirtschaftsbereiche, die bereits 60 % des Bruttoinlandsprodukts der VAE ausmachen. Besonders Dubai, dessen Vorräte beinahe erschöpft sind, ist weit vorangeschritten: Handel, Finanzwirtschaft, Industrie und Tourismus machen bereits rund 90 % des BIP aus. Und allein die Passagierluftfahrt (Emirates, Etihad) trägt 20 % zur Wirtschaftsleistung der VAE bei!

Ackerbau in der Wüste? Wasserknappheit, der sandige, zunehmend versalzende Wüsten- und Geröllboden und Sommertemperaturen bis zu 50 °C machen **Landwirtschaft** auf den ersten Blick zu einer wenig aussichtsreichen Angelegenheit. Durch systematische **Begrünungsmaßnahmen** steigerte man jedoch die Nutzfläche von 18 000 ha im Jahr 1972 auf bislang über 400 000 ha. Wichtigstes Erzeugnis sind Datteln; die Hälfte des in Konservenfabriken produzierten Tomatenketchups und der Dosentomaten wird nach Europa und zu den arabischen Nachbarn expor-

220

tiert. Den Bedarf an Molkereiprodukten deckt die einheimische Rinderzucht, Geflügelfleisch liefert die stark ausgebaute Geflügelzucht; Fischfang wird vor allem in Ajman und Umm al-Quwain betrieben. Zum BIP trägt die Landwirtschaft gerade 2,7 % bei.

Die VAE produzieren – abgesehen von Öl- und Gasprodukten – Kunstdünger, Baumaterial, Textilien, Kfz-Teile, Elektronik, Nahrungsmittel, und Maschinen. Etwa die Hälfte davon entfällt auf das Emirat Sharjah, das in den Industrieregionen **Layya** und **Al-Saja'a** eine entsprechende Infrastruktur geschaffen und dort u. a. durch Pachtverträge mit Laufzeiten von 30 bis 50 Jahren Investoren und Betriebe angezogen hat: Gegenwärtig sind dort über 500 Industriezweige ansässig. **Investoren gesucht**

In der **Jebel Ali Free Zone** 35 km südlich von Dubai-Stadt haben über 7000 internationale Firmen ihren Sitz. Sie lockte neben einer hervorragenden Infrastruktur die beträchtlichen Steuervorteile: u.a. keine Einkommensteuer, 15 Jahre lang keinerlei Gesellschaftssteuern und niedrige Stundenlöhne. Der dortige Containerhafen ist der neuntgrößte der Welt.

Angesichts einer Flugdauer von knapp sechs Stunden und der von Oktober bis April angenehmen Temperaturen sind die Scheichtümer am Golf ein ideales Winterreiseziel für Europäer. **Sharjah** war das erste der sechs Emirate, das sich für den Tourismus öffnete. Bereits in den 1970er-Jahren errichtete man Badehotels und hob das Alkoholverbot für Touristen auf. Damit war Schluss, als immer mehr leicht bekleidete und alkoholisierte Urlauber durch das Emirat tourten und der saudische König Faisal, der dem Emirat eine prächtige Moschee gestiftet hatte, den Emir drängte, das Alkoholverbot wieder einzuführen. Dem aufblühenden Tourismus bekam dies jedoch schlecht. **Der Tourismus boomt**

Heute verzeichnet das vergleichsweise liberale **Dubai** die meisten Touristen der Emirate. Es konnte sich mit dem Bau luxuriöser Hotels den internationalen Fremdenverkehr als lukrative Einnahmequelle erschließen.

Abu Dhabi unternimmt große Anstrengungen, um auch etwas vom Kuchen abzubekommen. Das Emirat gründete mit den Ethihad Airways eine eigene Fluggesellschaft, modernisierte die Hauptstadt und baute neue, Aufsehen erregende Hotels – darunter das Luxushotel Emirates Palace. Die Insel **Saadiyat** vor Abu Dhabi-Stadt wird zu einer spektakulären Museums- und Kulturinsel ausgebaut, und auf der Insel **Yas** eine Formel-1-Rennstrecke und der Vergnügungspark »Ferrari World« angelegt.

Es scheint sich zu lohnen: 14,3 Mio. Touristen besuchten 2015 die Emirate, davon allein 11 Mio. Dubai und unter diesen wiederum 350 000 Deutsche. Hauptmärkte aber sind Saudi-Arabien (1,3 Mio.) und Indien (1,2 Mio.). Bis 2020 will man es auf 20 Mio. Touristen bringen.

GESCHICHTE

*Für Geschichtsforschung und archäologische Ausgrabungen
hatte man in den Vereinigten Arabischen Emiraten bis vor einigen
Jahren weder Interesse noch Geld. Viele Epochen der Landes-
geschichte liegen daher noch im Dunkeln.*

Archäologie
in den VAE

Die wissenschaftliche Beschäftigung mit der Vor- und Frühgeschichte
ist in den VAE noch jung. Die archäologische Erschließung der Emirate
begann 1953 mit einer Entdeckung auf **Umm al-Nar**, einer kleinen
Insel vor Abu Dhabi. Die vielen hier gefundenen Feuersteine, die einst
als Werkzeuge verwendet wurden, gaben der Insel ihren Namen:
Umm al-Nar, **»Mutter des Feuers«**. Heute steht diese Bezeichnung
für die Epoche von 2500 bis 1800 v. Chr.

▌ In Ton geritzt: Frühgeschichte

Erste Siedler

Die ersten Bewohner der Arabischen Halbinsel waren Jäger und
Sammler in der ausgehenden **Altsteinzeit** (17 000–8500 v. Chr.).
Für das Gebiet der VAE konnten in Ras al-Khaimah die ersten Siedler
um 4000 v. Chr. nachgewiesen werden. Runde Steingräber oberhalb
der heißen Quellen bei Khatt sowie Werkzeuge und Pfeilspitzen aus
Feuerstein geben Hinweise auf eine frühe Kultur. Grabfunde auf der
Insel Umm al-Nar bezeugen weitreichende Handelsbeziehungen ei-
ner hoch entwickelten Zivilisation. Darstellungen von Kamelen auf
einigen Grabmauern deuten darauf hin, dass die Lasttiere bereits zu
diesem frühen Zeitpunkt am Golf domestiziert wurden. Während der
Bronzezeit (2000–1300 v. Chr.) waren die heutigen VAE einer der
Hauptlieferanten von Kupfer nach Mesopotamien (Irak).

Meso-
potamien

Mesopotamien, das Land zwischen Euphrat und Tigris, bildete eine der
ältesten Hochkulturen im Vorderen Orient. 1765 entdeckte der
deutsche Geograf Carsten Niebuhr in der persischen Kaiserstadt
Persepolis Keilschrift-Texte aus der Zeit der Achämeniden-Könige
Dareios (521–485 v. Chr.) und Xerxes (485 bis 465 v. Chr.), die
erst 1802 entziffert werden konnten. Schließlich entdeckte man Tausende, unter dem Assyrer-König Assurbanipal (668–626 v. Chr.)
entstandene Tontafeln, die über Sumerer, Babylonier und Assyrer
berichten. Dadurch gewann man auch Erkenntnisse über die alten
Hochkulturen in der Golfregion.

Sumerer

Bereits um 3200 v. Chr. errichteten die Sumerer, ein nicht semiti-
sches Volk, am Unterlauf von Euphrat und Tigris Stadtstaaten. Um
2900 v. Chr. entwickelten sie die Keilschrift, die als älteste schriftliche

EPOCHEN

FRÜHGESCHICHTE
ab 4000 v. Chr.	Besiedlung des heutigen Gebiets der VAE

DAS ISLAMISCHE WELTREICH
632	Tod des Propheten Mohammed
633	Islamisierung der Arabischen Halbinsel
661	Spaltung der Muslime in Sunniten und Schiiten

PORTUGIESEN UND PIRATEN
1507	Portugiesen errichten Forts an der Ostküste der Arabischen Halbinsel und kontrollierter die Golfküste.
16.–19. Jh.	Piraten, Angehörige des Qasimi-Stammes aus dem heutigen Emirat Ras al-Khaimah, machen die Golfküste unsicher.

TRUCIAL STATES
Anfang 17. Jh.	Briten gründen man Handelsstützpunkte in der Golfregion und verdrängen die Portugiesen.
18. Jh.	Beduinen besiedeln die Küste der heutigen VAE, es entstehen die Scheichtümer Abu Dhabi, Ajman, Sharjah und Umm al-Quwain
1841	Protektoratsverträge der Emirate mit Großbritannien
1958	In Abu Dhabi wird Erdöl entdeckt
1971	Gründung der Vereinigten Arabischen Emirate
2010	Einweihung des 828 m hoher Burj Khalifa
2020	Dubai richtet die Weltausstellung (Expo) aus.

Äußerung der Menschheit angesehen wird. Die Schriftzeichen wurden mit Griffeln in die Tontafeln geritzt.

Um 2350 v. Chr. erreichten semitische Akkader das Zweistromland. **Akkader**
Sie gründeten die Hafen- und Hauptstadt Akkad und trieben Handel mit zahlreichen Städten und Völkern; u. a. wird auf Tontafeln von König Sargon von Akkadien berichtet, der sich rühmt, dass in seinem Hafen reich beladene Schiffe aus Dilmun, Meluhha und **Magan** anlegen. Meluhha lag in Pakistan; bei Dilmun handelte es sich um Bahrain; Magan wurde auf dem Gebiet der heutigen VAE und Omans lokalisiert.

Entlang der Golfküste siedelten die Menschen in Dorfgemeinschaften, **Shimal**
die sie mit schützenden Mauern umgaben. Eine der bedeutendsten Stätten der Bronzezeit ist Shimal im Emirat Ras al-Khaimah. Hier und in Qusais (▶ S. 96), Jumeirah und an den Hängen des Jebel Hafeet bei Al Ain entdeckten Archäologen zahlreiche Gemeinschaftsgräber.

Ad Door   In Ad Door, nahe Umm al-Quwain, liegen die **Ruinen eines** um 100 v. Chr. erbauten **Tempels**, in dessen Umgebung Tonwaren aus Indien und Mesopotamien sowie römische Glaswaren gefunden wurden.

▍ Das islamische Weltreich

Die Kalifen   Nach dem Tod des Propheten Mohammed (geb. 570) im Jahr 632 wurde sein Schwiegervater **Abu Bakr** zum Nachfolger (um 573 bis 634) und ersten Kalifen ernannt. Nach der Schlacht bei Dibba – im heutigen Emirat Fujairah – im Jahr 633, einer Region, in der die lokalen Stämme sich gegen die neue Religion entschieden hatten, war die Arabische Halbinsel vollständig islamisiert.

Mit der Ernennung von **Ali**, einem Cousin und Schwiegersohn Mohammeds, zum vierten Kalifen im Jahr 656 verlagerte sich das Zentrum des Islam von Medina in den Irak. Als Ali im Jahr 661 ermordet wurde, spaltete sich der Islam in die rivalisierenden Glaubensrichtungen der **Schiiten** und **Sunniten** (▶ S. 216); das Kalifat zog von Arabien nach Damaskus.

Den gewählten Kalifen folgte die Familiendynastie der **Omayyaden**, die insgesamt 13 Kalifen stellten. Im Jahr 750 fiel das Kalifat an die Abbasiden in Bagdad, die das Amt bis 1258 ausübten. Während der Regierungszeit des berühmten **Harun al-Rashid** (786 bis 809) erlebte die islamische Kultur ein Blüte.

Julfar   Für annähernd ein Jahrtausend bestimmte die Hafenstadt Julfar (nördlich von Ras al-Khaimah, ▶ S. 163) die Geschichte der heutigen VAE. Erste Hinweise auf diese Stadt finden sich in arabischen Chroniken, die berichten, dass im Jahr 696 eine aus Mesopotamien nach Oman entsandte Armee dort Station machte. Die Stadt wurde in den folgenden Jahrhunderten mehrmals zum Schauplatz von kriegerischen Auseinandersetzungen. Im Jahr 942 gelang es einer aus Julfar stammenden Truppe, die von persischen Invasoren besetzten Städte Bagdad und Basra zu befreien. In Julfar gefundene chinesische und vietnamesische Tonscherben zeugen vom weit reichenden Asienhandel arabischer Seefahrer.

▍ Portugiesen und Piraten

Kolonial-
macht
Portugal   1498 entdeckten die Portugiesen den Seeweg nach Indien. Quasi im Vorbeisegeln eroberten sie 1507 Muscat im heutigen Oman und kontrollierten mit der Straße von Hormuz den Zugang zum Golf. Zahlreiche Forts wurden entlang der Küste errichtet, doch im Unterschied zu Oman hatte der südlichere Teil der Golfküste für sie keinerlei strategische Bedeutung. Lediglich der tiefe natürliche Hafen des heuti-

gen **Khor Fakkan** weckte ihr Interesse, und bis weit ins 17. Jh. hinein kontrollierten sie von dort aus die Küste.

Mit den Portugiesen kam eine starke Macht an den Golf, die die Piraterie an dieser Küste zwar nicht unterband, aber doch stark zurückdrängte. Die Piraten waren Angehörige des **Qasimi**-Stammes, dessen Siedlungsgebiet im heutigen Scheichtum Ras al-Khaimah lag. Noch Anfang des 19. Jh.s besaßen sie eine Flotte von über 800 Booten und waren ca. 20 000 Mann stark. Auch der **Sklavenhandel** blühte: Die aus Zentralafrika Verschleppten wurden zu Sammelstellen an die Küste gebracht und nach Südarabien verkauft.

Piraten!

▌ Ruhe an der Piratenküste: Trucial States

1608 erreichte das erste Schiff der britischen Ostindien-Gesellschaft die Küste des indischen Subkontinents. Rasch erkundete man auch die Golfregion und gründete zunächst einen **Handelsstützpunkt**. Nachdem sich Persien unter Schah Abbas 1622 mit der britischen Ostindien-Gesellschaft verbündet hatte, gelang es den Briten, die Portugiesen aus der Golfregion zu verdrängen.

Nach den Portugiesen: die Briten

Im Verlauf des 18. Jh.s entstanden die Scheichtümer **Umm al-Quwain**, **Ajman** und **Sharjah** als neue Niederlassungen der Beduinenstämme des Hinterlands. 1761 erfolgte die Gründung **Abu Dhabis**, 1833 siedelten Beduinen vom Stamm der Bani Yas unter Führung ihres Scheichs Maktoum erstmals am Creek von **Dubai**.

Entstehung der Scheichtümer

Wiederholt überfielen die Qasimi die Schiffe der Briten, was der Golfregion in Europa den Namen »Piratenküste« eintrug. Die britische Regierung, unterstützt vom Sultan von Oman, entsandte mehrere Kriegsschiffe. 1819 griffen sie Ras al-Khaimah an, den Stützpunkt der Qasimi, und brannten die Forts von Umm al-Quwain, Ajman, Sharjah und Dubai nieder. Schließlich schlossen Großbritannien und die Qasimi 1820 einen Vertrag, in dem die Scheichs auf Überfälle auf Schiffe der Ostindien-Kompanie verzichteten; im Gegenzug stellten die Briten die Scheichtümer unter ihren militärischen Schutz. Zahlreiche weitere Verträge und Vereinbarungen über einen Waffenstillstand (**»truce«**) folgten.

Immer noch Piraten

Mangels genau definierter Grenzen und eines übergreifenden Landesnamens bürgerte sich für die Emirate am Arabischen Golf die Bezeichnung **Trucial Coast** ein. Mit der Unterzeichnung der **»Exclusive Agreements«** verpflichteten sich die Scheichtümer 1892, anderen Staaten jegliche Niederlassungsrechte an ihrer Küste zu verwehren, was einem britischen Protektorat gleichkam.

»Trucial Coast«

»Trucial States Council« 1951 gründeten die Briten den »Trucial States Council«, den »Rat der Emire«, in dem strittige Fragen diskutiert wurden. 1968 beschloss die britische Labour-Regierung, sich innerhalb von drei Jahren aus allen abhängigen Territorien »östlich von Suez« zurückzuziehen. Die Emirate mussten sich nun selbst um ihre politische Zukunft Gedanken machen; dabei galt es, höchst unterschiedliche Interessen zu berücksichtigen. Großbritannien drängte auf eine Föderation.

Gründung der VAE Die Hoffnung auf Erdöl erleichterte die Zusammenarbeit; immerhin exportierte Abu Dhabi seit 1963 Erdöl. Auf Initiative von Abu Dhabi und Dubai und dank des Verhandlungsgeschicks von Sheikh Zayed Bin Sultan al-Nahyan (Herrscher von Abu Dhabi; 1918 bis 2004) kam es schließlich am 2. Dezember 1971 zur **Gründung der Vereinigten Arabischen Emirate** durch die sieben Scheichtümer Abu Dhabi, Dubai, Sharjah, Ajman, Ras al-Khaimah (seit 1972), Umm al-Quwain und Fujairah.
Die Nachbar-Scheichtümer Qatar und Bahrain, die bis dahin ebenfalls unter britischem Protektorat gestanden hatten, entschlossen sich, selbstständig zu werden. Bahrain proklamierte am 15. August 1971 seine Unabhängigkeit, Qatar am 1. September desselben Jahres.

Entwicklung bis heute Nach der Entdeckung des Erdöls in den 1950er- und 1960er-Jahren begann in den VAE eine **beispiellose Bautätigkeit**. Heute zählen seine Seehäfen und Flughäfen zu den größten der Welt und sind Knotenpunkten des Welthandels. Dubai nutzte vielleicht als erstes der Emirate die Globalisierung für sich und wurde zur hypermodernen Metropole. Der Bau des in aller Welt bekannten Luxushotels Burj al-Arab, und die 2011 erfolgte Eröffnung des Burj Khalifa, des höchsten Gebäudes der Welt, bilden Marksteine dieser Entwicklung.
Die weltweite **Finanzkrise** bescherte 2009 auch Dubai massive Probleme und führte zu zahlreichen Baustopps bzw. -unterbrechungen, bis das reiche Abu Dhabi mit einem Milliardenkredit für Dubais Verbindlichkeiten bürgte. Die Krise führte die Emirate enger zusammen. 2013 gewann das Emirat Dubai den Wettbewerb um die Ausrichtung der Weltausstellung im Jahr 2020 (www.expo2020dubai.ae). Dubai plant zur Bewältigung des zu erwartenden Besucherstroms den weiteren Ausbau seiner Infrastruktur, mit erheblicher Bautätigkeit ist daher zu rechnen.
Auf den »Arabischen Frühling« reagierte die Führung der VAE mit beträchtlichen Lohnsteigerungen, verbesserten Sozialleistungen und größeren Finanzspritzen für die ärmeren Emirate. Proteste und Forderungen nach einem demokratischen Wandel wie beim Nachbarn Bahrain erlebten die sieben Emirate jedenfalls nicht. Die VAE-Führung hat allerdings auch keinen Zweifel daran gelassen, dass Opposition nicht geduldet wird. Parteien und Gewerkschaften gibt es nach wie vor nicht, die Muslimbrüderschaft ist verboten.

KUNST UND KULTUR

Die islamische Kultur bescherte der Welt eine hoch entwickelte Dekorationskunst. Die Techniken sind überaus vielfältig; den höchsten Stellenwert besitzen jedoch die Kalligrafie mit unterschiedlichen Schönschriften und die Gestaltung von Arabesken.

▌ Kunst ohne Bildnisse

»Die Engel betreten kein Haus, in dem sich eine bildliche Darstellung von Geschöpfen Gottes befindet.«

Gemäß dieser Ermahnung Mohammeds schließt die islamische Kunst Abbildungen von Menschen und Tieren in Malerei und Plastik aus. Dies wird zwar üblicherweise mit dem Koran begründet, wonach die Nachahmung der Natur eine gotteslästerliche Tat sei, dürfte aber vermutlich andere Ursachen haben, denn in frühen Moscheen und anderen islamischen Bauten waren figürliche Abbildungen von Lebewesen durchaus üblich. Vermutlich nahm die Selbstdarstellung reicher Stifter überhand und wurde zum Symbol von Wohlhabenheit und Luxus. Gleichzeitig zeigte sich, dass mit dem Formenreichtum und der Ausdruckskraft der byzantinischen Malerei nicht konkurriert werden konnte. So setzte sich im Islam das Prinzip der Bilderlosigkeit durch. Strikt befolgt wurde es jedoch nur in der religiösen Kunst (und selbst dort gibt es Ausnahmen); in Persien und Indien entwickelte sich v. a. am Hof in der Miniaturmalerei eine figürliche Kunst.

Bilderverbot

Das Bilderverbot führte zur Entwicklung einer ganz eigenen Formensprache in Kunst und Architektur. Florale und geometrische Motive sowie kunstvolle Schriftbänder und Stalaktitengewölbe schmücken Decken und Wände islamischer Gotteshäuser und Paläste. Fein herausgearbeitete, immer wiederkehrende Ornamente begegnen in Stuckdekorationen, in den Mustern der Fayencekacheln an Wänden und auf Fußböden, in den Holzschnitzereien der Türen, Decken und Fenstergitter, in Silberschmiedearbeiten und Metallzselierungen.

Ornamentik

Die Kunst des schönen Schreibens, die Kalligrafie, wird im Islam hoch geschätzt und ist bedeutender als andere Künste: Nichts sei verdienstvoller, als das Wort Gottes niederzuschreiben. Immer wieder taucht die Formel **»Bismi allah«** (»Im Namen des gnädigen und barmherzigen Gottes«) auf; die Wörter »Allah« und »Mohammed« werden immer wieder in höchst unterschiedlichen Formen verwendet. Neben den Suren des Koran werden auch Gedichtzeilen, berühmte Namen und wichtige Daten kalligrafisch dargestellt; fast jedes Bauwerk der

Kalligrafie

islamischen Welt trägt in irgendeiner Form eine **kalligrafische De-koration**, auch werden Schriftlinien und -züge als Umrahmung von Fenstern, Türen und Nischen verwendet. An Schriften unterscheidet man die frühere, kufisch genannte Form, deren einfache Handha-bung – ohne viele Rundungen – sich besonders für die Beschriftung von Pergament und Stein eignete, und die Kursivschrift. Die enge Verbindung der Kalligrafie mit der Geometrie zeigt sich in den Pro-portionen der Schönschrift, die nach geometrischen Figuren und Prinzipien variiert werden.

Arabeske

Neben der Kalligrafie tritt bevorzugt die Arabeske. Das Ziermuster enthält **Pflanzenmotive**, hauptsächlich Ranken, die in großer Vielfalt aus ineinander verschlungenen Linien gestaltet und in immer neuen Variationen dargeboten sind. Die floralen Formen sind mit geometri-schen Strukturen und oft auch mit Schriftzeichen verbunden.

▌ Islamische Baukunst

Typisch für **islamische Architektur** war ihre lokale Ausrichtung, denn im Gegensatz zu Medizin oder Musik wurde die Baukunst nicht als wissenschaftliche Disziplin verstanden, sondern als Handwerk. Da Bauhandwerker nicht in Zünften organisiert waren und auch nicht reisten, fand in der arabischen Welt kaum überregionaler Austausch bautechnischen Wissens statt.

Moscheen

Seit der Errichtung der Großen Moschee in Damaskus zu Beginn des 8. Jh.s prägen Bögen die Struktur der islamischen Baukunst. Zugleich entwickelte sich aus den zu Arkaden verbundenen Säulen die **deko-rative Architektur** des Islam, denn die Fläche zwischen den Bögen wurde schon bald mit Ornamenten und Mustern in vertikaler und horizontaler Ausrichtung verziert. Der Bau der Moscheen folgt ein-heitlichen Gestaltungsprinzipien. Vom schlanken **Minarett** aus ruft der Muezzin die Gläubigen fünf Mal am Tag zum Gebet. Der Innen-raum, meist von einer Kuppel überdacht, ist mit Ornamenten und Schriftzeichen geschmückt und oft mit mehreren Lagen von Teppi-chen ausgelegt. Hauptelemente sind die in Richtung Mekka zeigende Gebetsnische (**Mihrab**) in der Qiblawand sowie die Predigtkanzel (**Minbar**). Im von Bogengängen umgebenen Innenhof auf befinden sich die Waschplätze für die rituellen Waschungen.

Wohnhäuser

Arabische Wohnanlagen und Siedlungen sind in sich abgeschlossener als westliche Städte und Dörfer, Besuchern bleibt daher viel verbor-gen. Kreuz und quer, scheinbar chaotisch, häufig in Sackgassen oder in engen Innenhöfen endend, verlaufen die Straßen und Gässchen. Doch das Durcheinander hat einen Sinn: Die so plötzlich an ver-

Abu Dhabis strahlend weiße Sheikh Zayed-Moschee ist ein Höhepunkt der
neoislamischen Sakralarchitektur.

schachtelten Bauwerken endenden Gassen sichern ihren Bewohnern Privatheit, geben dem Sippenverband die erwünschte Abge-
schiedenheit.

Die Gestaltung privater Wohnhäuser orientierte sich an den **Prinzipien
der sakralen Architektur**. Während das Äußere beinahe schmuck-
los erscheint, entfaltet sich innen eine fast verschwenderische Pracht.
Arabische Wohnhäuser erscheinen westlichen Besuchern oft überraschend groß, jedoch beherbergen die weit verzweigten Gebäude die
zahlreichen Mitglieder einer Familie. Kleine Fenster schützen vor der
heißen, oft lebensfeindlichen Außenwelt; dicke Mauern spenden
Kühle auch im Sommer. Jedes Haus verfügt über einen ausschließlich
Männern vorbehaltenen Empfangsraum, den **Mafradsch**, der traditionell im Erdgeschoss eingerichtet ist und sich nur in den städtischen,
mehrstöckigen Häusern im obersten Stockwerk befindet. Hier lassen
sich die Herren des Hauses nach den üppigen Mahlzeiten auf Teppichen und Kissen nieder, trinken Tee und rauchen eine Wasserpfeife,
während die Damen in den Frauen vorbehaltenen Gemächern zu-
sammensitzen. Noch heute wird dieser Brauch gern beibehalten.

Schon in der bronzezeitlichen Umm-al-Nar-Epoche errichteten Siedler **Forts**
steinerne Türme. Mit der Islamisierung der Arabischen Halbinsel im
7. Jh. nahm Zahl und Größe der **Wachtürme** zu. Sie waren rund,
bestanden aus einem teilweise sehr starken Fundament aus Stein und
der Aufbau darüber aus luftgetrockneten Lehmziegeln. Der Eingang

Das Kalba Old Fort, südlich von Fujairah-Stadt, ist ein typischer arabischer Festungsbau aus dem 16. Jahrhundert.

befand sich auf der Höhe des ersten Stockwerks und war nur mit Leitern oder Stricken zu erreichen. Im Lauf der Zeit verband man mehrere Türme durch Mauern aus Stein oder Lehm und schuf so eine **gesicherte Festung** mit einem Innenhof.

Bald waren die Emirate mit einem Netz von Festungen überzogen, die von Hügeln und Bergkuppen aus die Dörfer und Oasen bewachten. Um auch der Bevölkerung eine Zufluchtsstätte bieten zu können, erweiterte man das zu schützende Areal ständig. Es wurden Wohn- und Lagerräume gebaut, Stallungen errichtet und der Innenhof vergrößert. Manche Forts waren zur Bewässerung sogar mit Kanälen, den **Aflaj** (▶ Baedeker Wissen, S. 140), durchzogen.

Ab dem 17. Jh. nutzten die Emire und Imame die Forts auch als ihre **Statthalter-Residenz**. Sie erhielten repräsentative Räume; die mächtigen Holztore wurden mit Eisen- und Kupfernägeln verziert. Von vielen Forts sieht man heute nur noch die steinernen Fundamente und zerfallene Lehmmauern. Die Ruinen sind nationale Denkmale und aufwendig mit den ursprünglichen Materialien restauriert.

❘ In Gold und Silber: Kunsthandwerk

Silber-
schmuck In arabischen Ländern besitzt Silberschmuck traditionell eine hohe Bedeutung. Die silbernen **Maria-Theresien-Taler**, die schon im 18. Jh.

als Zahlungsmittel für Kaffee nach Südarabien gelangen und noch bis 1968 gültige Währung im Jemen waren, gaben das Material zur Herstellung filigraner Kunstwerke. Auch fügte man die 28 g schweren, erstmals 1753 geprägten Münzen mit dem Porträt der österreichischen Kaiserin gern in Schmuckstücke ein. In üppige Ohrgeschmeide, Ketten und Gürtel wurden auch Korallen und in milchigem Ocker schimmernder Bernstein eingearbeitet.

Neben den traditionellen arabischen bzw. islamischen Formen übernahmen die Silberschmiede Anregungen aus dem asiatischen Kulturkreis und aus Afrika, so fein gearbeitete Blüten- und Blätterformen. Die filigrane Wirkung der Silberarbeiten wurde durch eine natürliche Eigenschaft des Edelmetalls gesteigert: Durch Oxidation verfärbt sich Silber bereits nach kurzer Zeit. Poliert man den Schmuck, bleiben in den Vertiefungen der fein ziselierten Schmuckstücke dunkle Verfärbungen zurück und ergeben eine besonders attraktive plastische Wirkung. Im benachbarten Oman ist die Silberschmiedekunst noch heute lebendig. In der **Silberstadt Nizwa** arbeiten Dutzende von Werkstätten noch in altbewährter Art und Weise.

Auf eine jahrhundertealte Tradition geht der Glaube an die magische Kraft des Silberschmucks zurück. **Amulette** sollen vor drohendem Unheil oder dem »bösen Blick« schützen. Bereits Kindern schenkte man ein Amulett, ein noch heute auf der Arabischen Halbinsel weit verbreiteter Brauch.

Mit dem sich verändernden Geschmack wurden aus den Silberschmieden der Emirate Goldschmieden. Da die über Jahrhunderte entwickelte Formensprache beim Gold aber anders ausfällt als bei oxidierendem Silber, sind die arabischen Goldschmiedearbeiten für den europäischen Geschmack meist kaum zufriedenstellend. Nur wenige Werkstätten konnten eine eigene, dem Gold angepasste schlichtere Formensprache entwickeln.

Goldschmuck

Die Töpferwaren der VAE kommen vorwiegend aus Ras al-Khaimah. Aus dem dort vorkommenden roten Ton werden Tongefäße für die Aufbewahrung von Lebensmitteln hergestellt sowie Krüge, Töpfe, Tassen und Becher.

Als Souvenir beliebt sind die zur Verbrennung von Weihrauch bestimmten, **Mabkhar** genannten Tonbehälter.

Töpferei

▎ Nur die Männer tanzen: Arabische Folklore

Volksmusik und Volkstanz spielen auf den meisten traditionellen Festen, v. a. aber auf Hochzeiten, eine große Rolle. Abgesehen von wenigen Ausnahmen wie dem »Haartanz«, der von jungen, unverschleierten Frauen in bunten Kleidern aufgeführt wird, tanzen nur die

Volksmusik,
Volkstanz

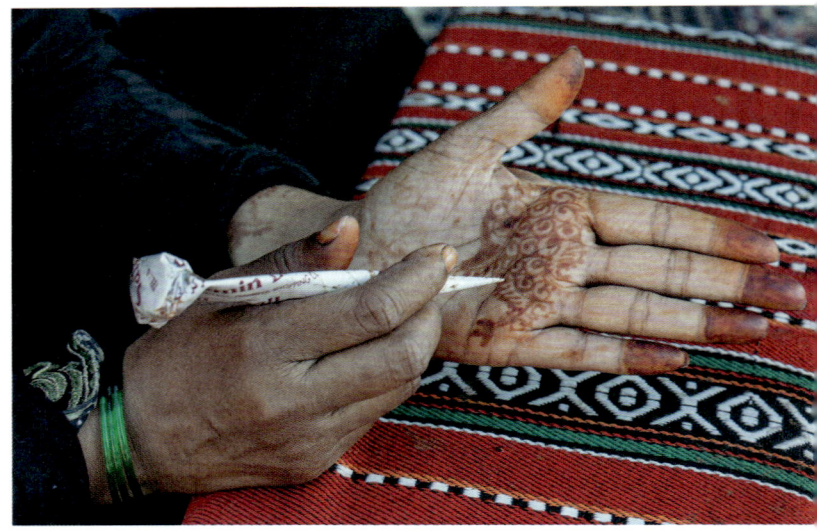

Henna-»Tätowierungen« sind ein exotisches, aber vergängliches Souvenir einer Reise in die Emirate.

Männer, wobei keine festen Gruppen bestehen. Die Tänzer bewegen sich in einer Reihe oder im Kreis und klatschen – im Rhythmus der Trommeln und Tambourine – in die Hände.

▌ Religion goes Klima: traditionelle Kleidung

Kleidung der Männer Die traditionelle Kleidung richtet sich nach religiösen Vorschriften und dem Klima. Männer bevorzugen die **Dishdasha**, einen knöchellangen, langärmeligen, weißen Kaftan, im Winter auch farbig oder gestreift, meist aus Baumwolle. Darüber trägt man zu besonderen Anlässen einen mit einer breiten Goldbordüre besetzten, an ein Cape erinnernden schwarzen oder braunen Überwurf. Den Kopf bedeckt stets ein locker herabfallendes Tuch (**Kafiya** oder **Ghutra**), das von einer schwarzen Wollkordel (**Aqal**) gehalten wird; ein kleines Käppchen (**Taqia**) gibt dem Tuch einen besseren Halt. In Saudi-Arabien ist das Kopftuch meist weiß, in den Golfstaaten weiß oder weiß-rot gemustert oder kariert, in Palästina weiß-schwarz gemustert.

Die Männer ragen den traditionellen **Krummdolch** nur bei festlichen Anlässen; noch vor wenigen Jahrzehnten gehörte der Dolch mit der bogenförmigen und mit Silberfäden oder Silberplättchen reich verzierten Scheide zur unverzichtbaren Ausstattung. Der oft ebenfalls mit Silber geschmückte Griff besteht aus Horn, Tierknochen oder – bei wertvollen Exemplaren – aus Elfenbein. Echte Dolche sind nicht billig; die an Touristen verkauften Exemplare besitzen meist einen Plastikgriff, die Klinge ist oft aus Blech und hohl. Der dazugehörige Gürtel, früher aus Leder und mit Silber verziert, ist heute aus Plastik und hat einen brokatähnlichen Besatz.

Hauptkleidungsstück der Frauen ist die **Kandoura**, ein langes Kleid, dessen Halsrand, Ärmel und Saum manchmal mit aufwendigen Stickereien verziert sind. Über der Kandoura wird oft ein rechteckiges Tuch (**Thaub**) mit Löchern für Kopf und Arme getragen und unter der Kandoura eine lange, am Saum bestickte Hose (**Sirwal**). Außerhalb ihres Hauses legen Frauen einen langen schwarzen Umhang an, die »Abaya«, »Abba« oder »Shaili«. In Dubai, Abu Dhabi und Sharjah verschleiern nur noch ältere Frauen ihr Gesicht, während in den übrigen Emiraten ein langer seidener Schleier bevorzugt wird. Eine schwarz glänzende, mitunter auch goldfarbene Maske (**Burga**), die Augenbrauen, Nase und Mund verbirgt, tragen meist Frauen aus Saudi-Arabien und Qatar, die in den Emiraten zu Besuch sind.

Kleidung der Frauen

Zum traditionellen Schmuck der Frauen gehören Henna-Malereien zu besonderen Anlässen wie Hochzeiten, Geburten und religiösen Feiertagen. Aus dem Pulver des Henna-Strauchs wird mit duftenden Ölen und Essenzen eine rötliche Paste angerührt, mit der Hände, Arme, Füße und Beine mit kunstvollen Mustern bemalt werden – Symbol für Schönheit, Reinheit und Fruchtbarkeit. Der an Tätowierungen erinnernde Schmuck bleibt mehrere Tage oder Wochen auf der Haut, bis er verblasst. In Kosmetikstudios können sich heute auch Touristinnen ihre Hände mit traditionellen Mustern verzieren lassen.

Henna-Malerei

INTERESSANTE MENSCHEN

▌ »Arabischer Marco Polo«: Ibn Battuta

(1304–1377)
Rechts-
gelehrter
und Welt-
reisender

Er ist weiter gereist als jeder andere seiner Zeit: Ibn Battuta lebte für seine Reisen, die ihn 120 000 km weit führten. Größter Ehrgeiz des gläubigen Muslim war es, die bedeutendsten Orte des islamischen Weltreichs mit eigenen Augen zu sehen. Der 1304 in Tanger geborene Rechtsgelehrte aus wohlhabendem Elternhaus begab sich mit 21 Jahren auf seine erste Weltreise, der im Verlauf von 30 Jahren noch viele weitere bis nach Indien, zu den Malediven, nach China und Afrika folgten. Nach dem Besuch Mekkas 1326/1327 segelte er von Jeddah in Saudi-Arabien entlang der Küste des Roten Meers nach Aden im Jemen und von dort über Salalah und Sur (Oman) zur Ostküste der heutigen VAE. In seinem Reisebericht schildert er, wie er überall Glaubensbrüder trifft, die ihn fördern und in Notlagen unterstützen. Seine längste Reise führte ihn 1333 bis 1346 durch Indien, wo er zeitweise als Richter beim Sultan von Delhi beschäftigt war. Seine letzte Reise war eine nicht ungefährliche Saharadurchquerung, die ihn 1355/1356 von Tanger nach Mali und Timbuktu brachte. Der Sultan von Marokko war es schließlich, der Battuta veranlasste, einen Bericht über seine weiten Reisen und Erlebnisse einem Gelehrten zu diktieren – so entstand sein Buch »Rihla« (»Meine Reisen«). Ibn Battuta starb 1377 (anderen Angaben zufolge 1369) in seiner Geburtstadt Tanger.

▌ »Löwe des Meeres«: Ahmed Bin-Majid

(1432–1500)
Seefahrer

Der 1432 in Julfar geborene Shihab al-Ahmed Bin-Majid al-Najdi galt als einer der besten Navigatoren des arabischen Kulturkreises. Nach der Koranschule studierte er Geografie, Astronomie und arabische Literatur. Der selbst ernannte »Löwe des Meeres« zeigte den Portugiesen den Weg nach Mauritius und wurde schließlich 1498 von Vasco da Gama an der Westküste Afrikas angeheuert, ihn auf seiner Reise nach Indien zu begleiten. Majid zeigte ihm den Weg um das Kap der Guten Hoffnung, segelte an der Ostküste Afrikas nach Norden und überquerte den Indischen Ozean. In Dutzenden von Büchern hielt er sein Wissen über die Seefahrt fest. Sein 1489 erschienenes Buch über »Die Grundlagen der Ozeanografie« gilt als frühes Standardwerk, in dem die Ursprünge der Navigation, des Kompassgebrauchs und Kenntnisse über astronomische Meteorologie aufgezeigt werden.

OBEN: Der Musikethnologe Hans Helfritz bei Tonaufnahmen in der Wüste

UNTEN: Ibn Battuta auf Reisen in Ägypten

▌ Neugieriges Multitalent: Hans Helfritz

(1902–1995)
Schriftsteller,
Fotograf,
Komponist,
Musik-
ethnologe

Hans Helfritz verband schon früh seine unbändige Lust am Reisen mit einem profunden wissenschaftlichen Hintergrund. Neben akademischen Studien sind es jedoch vor allem seine feuilletonistischen Reiseberichte, die Helfritz weit über Deutschland hinaus bekannt machten. Der Schriftsteller, Filmemacher, Komponist und Musikethnologe wurde am 25. Juli 1902 in Chemnitz geboren und erhielt nach dem Abitur in Berlin eine Ausbildung an der Hochschule für Musik in Charlottenburg. 1931, 1933 und 1935 bereiste er Südarabien. Noch vor Ausbruch des Zweiten Weltkriegs ging Helfritz nach Chile, von wo er ausgedehnte Forschungsreisen durch Mittelamerika unternahm. In seinen Büchern »Unter der Sonne des Orients« (1931), »Vergessenes Südarabien« (1936) und »Glückliches Arabien« (1956) dokumentierte er seine Reisen durch die Arabische Halbinsel. Helfritz übersiedelte 1959 nach Ibiza und verfasste dort seine Autobiografie »Neugier trieb mich um die Welt« (1990). Er starb am 21. Oktober 1995.

▌ Legendärer Wüstendurchquerer: Wilfred Thesiger

(1910–2003)
Forschungs-
reisender

Noch heute gelten die Wüstendurchquerungen des Sir Wilfred Thesiger als Inspiration jedes Arabienreisenden. Thesiger, der den Typus des exzentrischen britischen Weltreisenden verkörperte, konnte auf eine exzellente Ausbildung zurückblicken. Der am 3. Juni 1910 im äthiopischen Addis Abeba geborene Wissenschaftler besuchte das Eliteinternat von Eton und studierte am Magdalen College in Oxford, bevor er eine Karriere in der Verwaltung im Sudan anstrebte. 1945 lernte er erstmals die Arabische Halbinsel kennen. Seine erste Wüstendurchquerung führte ihn von Salalah (Oman) durch die Weiten der Rub al-Khali bis zum Arabischen Golf nach Doha (Qatar). Vier Jahre später bereiste Thesiger als erster Europäer die gefürchtete Sandwüste Wahiba im Osten von Oman. Über seine zweite Wüstendurchquerung schrieb er das Buch »Die Brunnen der Wüste«, das ihn international bekannt machte. Auf Einladung des Sultans von Oman und des Präsidenten der VAE kehrte Sir Wilfred in den Jahren 1977, 1990 und 2000 nach Südarabien zurück und wurde mit hohen Auszeichnungen geehrt. Er starb am 24. August 2003 in London.

▌ Ausgleichender Herrscher: Sheikh Zayed Bin-Sultan al-Nahyan

(1917–2004)
Erster Präsi-
dent der VAE

Sheikh Zayed wurde 1917 (oder 1918) in Al Ain geboren. Seine Familie, Al-Nahyan, gehört zum Zweig Al-Bu Falah des Beduinenstamms Bani Yas, dem das Herrscherhaus von Dubai entstammt. Von 1946 bis

1966 war er Gouverneur der Ost-provinz des Emirats Abu Dhabi und löste nach einer Revolte 1966 seinen Bruder Sheikh Shakhbout Bin-Sultan Al-Nahyan als Emir ab. Sheikh Zayed war an der Grün-dung der Vereinigten Arabischen Emirate im Jahr 1971 maßgeblich beteiligt, wurde im selben Jahr deren erster Präsident und blieb bis zu seinem Tod in diesem Amt.

Er verstand es, die gegensätzlichen Interessen der Emirate aus-zugleichen, zur Not auch mit ge-legentlichen Finanzhilfen, und es ist vor allem ihm zu verdanken, dass die Grenzstreitigkeiten mit Saudi-Arabien und Oman beendet wurden. Die Einnahmen aus dem Ölgeschäft setzte er zur Entwicklung der Föderation ein: Schon 1966 ließ er die erste Mädchenschule gründen und 1972 die Schulpflicht einführen. Die teure Begrünung des Emirats Abu Dhabi geht ebenso auf ihn zurück wie zahlreiche Sozialleistungen. Heute finanziert im Wesentlichen Abu Dhabi das Wohlfahrtssystem der Vereinigten Arabischen Emirate. Sheikh Zayed starb am 2. November 2004, Nachfol-ger wurde sein ältester Sohn, Sheikh Khalifa Bin-Zayed Al-Nahyan, bis dahin stellvertretender Oberbefehlshaber der Streitkräfte der VAE.

E
ERLEBEN & GENIESSEN

Überraschend, stimulierend, bereichernd

Mit unseren Ideen erleben und genießen Sie
die Vereinigten Arabischen Emirate.

BEWEGEN UND ENTSPANNEN

Kamelrennen und Schlittschuhlaufen, Golfen und Tauchen, Polo und Autorennen – das Spektrum der in den VAE angebotenen Sportmöglichkeiten ist alles andere als monoton.

Skifahren auf Sand und Schnee

Selbst aufs Skifahren muss in den Emiraten niemand verzichten. Zwischen Oktober und April – danach wird es zu heiß – liegt die Fahrt mit dem **Monoski** über die Sanddünen im Trend. **»Sandboarding«** heißt die Aktivität, bei der die Sportler oft mehr als 150 Meter hohe Dünen mit Skiern oder Snowboards hinuntersausen. Da es noch keine Liftanlagen gibt, muss man die Sandpisten entweder zu Fuß erklimmen oder aber mit dem Jeep hinauffahren. Im Sommer, wenn es fürs Sandboarding zu heiß wird, steigen viele auf **alpinen Abfahrtslauf** um. In Dubais Skiarena (▶ S. 133) herrscht dank Kunstschnee das ganze Jahr über eine winterliche Atmosphäre.

Neben dem Strandspaß bietet der Kite Beach einen wunderschönen Blick auf eines der Wahrzeichen Dubais, das Luxushotel Burj Al-Arab.

Während des europäischen Winters bieten sich die Emirate als Ziel für einen erholsamen Badeurlaub an. Schwimmen, Segeln, Wasserski oder Surfen – in **Dubai** ist vieles möglich, wenn man es bezahlen kann. Am Jumeirah Beach gleicht die Stadt einer großen luxuriösen Wellnessoase. Große Abschnitte des kilometerlangen, feinsandigen Strandes befinden sich im Besitz von Vier- und Fünf-Sterne-Strandhotels. In diesen Hotelanlagen sorgen eigens für die verwöhnten Urlauber angepflanzte Palmen für Südseeatmosphäre. Aber auch einige Stadthotels haben einen **Beachclub** mit Liegestühlen, Sonnenschirmen und Cafés im Angebot. In den meisten Hotels können Nichthotelgäste gegen eine Gebühr Tagesmitglied des Beachclubs werden.

Strand-
vergnügen

Im öffentlich zugänglichen, aber kostenpflichtigen **Jumeirah Beach Park** (▶ S. 121), ein rund 700 Meter langer, palmenbestandener Strandabschnitt im Norden des Jumeirah Beach, kann man Liegestühle und Sonnenschirme mieten. Es gibt einen Grill- und einen Volleyballplatz. Der **Kite Beach** (▶ Abb. links; S. 121) ist kostenfrei zugänglich.

Auch in **Abu Dhabi** gehören große Abschnitte der Strände zu Luxushotels und -resorts. Allerdings gibt es am Südende der Corniche, am Strand von Al Bateen und auf Saadiyat Island (▶ S. 69) Bereiche, die gegen eine Eintrittsgebühr für jedermann zugänglich sind. Die Firma Bake bietet hier Sonnenschirme, Liegestühle und andere, für einen Tag am Strand nützliche Dinge an (www.bakeuae.com).

In den Emiraten **Ajman** und **Ras al-Kaimah** sind Ferien im Luxusresort mit Zugang zum hoteleigenen Strand ungleich günstiger als in Dubai oder Abu Dhabi.

Die Strände an der Küste des **Golfs von Oman**, in **Fujairah** und **Khor Fakkan**, sind längst nicht so breit und feinsandig wie die am Persischen Golf. Das Hajar-Gebirge fällt hier steil zum Meer ab und lässt nur wenig Raum für feinen Sand. Dennoch ist die Region ein Paradies für Wassersportler. Taucher und Schnorchler schätzen die farbenfrohe Unterwasserwelt. Die Hotels bieten Equipment zum Surfen, Wasserski, Segeln und Ausflüge mit dem Katamaran an.

Seit jeher sind **Kamelrennen** (▶ Baedeker Wissen, S. 242) für emiratische Männer und mittlerweile zunehmend auch für Expatriates ein besonderes Vergnügen.

Kamel- und
Pferderennen

Während der Besuch einer Kamelrennbahn schon Volkssport ist, sind die nicht minder traditionsreichen **Pferderennen** gesellschaftliche Ereignisse, die oft auch Mitglieder der Herrscherfamilien mit ihrer Anwesenheit beehren. Ebenso glamourös sind die **Poloturniere** in dem an der Grenze von Dubai und Abu Dhabi gelegenen Ghantoot Racing and Polo Club (www.grpc.ae), einem der renommiertesten der Welt. Beim jährlichen »HH President's Polo Trophy«-Rennen gibt sich die Polo-Elite hier ein Stelldichein, bejubelt von Mitgliedern der internationalen High Society.

AUF ZUM KAMELRENNEN!

Der Emir von Abu Dhabi zeigt keine Euphorie, wohl aber Zufriedenheit über den Ausgang des Rennens, das sein Kamel, das über eine Million US-Dollar wert ist, soeben gewonnen hat. Das Finale des 8 km-Laufs dauerte zwar kaum mehr als 12 Minuten, dennoch ist der »Große Preis von Al-Wathba« das bedeutendste Rennen der VAE und ein gesellschaftliches Ereignis allererstens Rangs.

»Wunder der Schönheit«, »unverzagter Mut« oder »Freude der Wüste« – für ihre vierbeinigen Gefährten kannten die Beduinen zahlreiche blumige Kosenamen, schließlich sicherten die optimal an die Wüste angepassten Tieren überhaupt ihr Überleben. Für die Wüstensöhne waren Kamele ihr wertvollster Besitz, denn sie lieferten Fleisch und Milch, aus der ledernen Haut wurden Sandalen und Wasserbehälter, aus Haaren und Fell Zelte, Teppiche und Kleidung gefertigt. Selbst der getrocknete Kot fand noch als Heizmaterial Verwendung. Heute sind die Tiere hauptsächlich eines: Statussymbole.

Eine Frage der Ehre

Schon am frühen Morgen überprüfen junge Beduinen und Männer aus Pakistan oder Bangladesh ein letztes Mal den Gesundheitszustand der wertvollen Tiere. Dann führen sie die Kamele zum Start. Das aus den Emiraten, aus Saudi-Arabien, Bahrain und Qatar stammende Publikum, Männer in weißen Dishdashas, nehmen auf gestreiften Empire-Sesseln auf den Tribünen Platz. An ihren vielfarbigen Kopfbedeckungen lässt sich erkennen, aus welchem Land sie stammen. Man telefoniert, unterhält sich und erkundigt sich nach den Gewinnchancen von Favoriten und Außenseitern oder studiert ausgiebig das Programmheft. Auch die

Ehre und Ruhm sind den Kamel-Jockeys egal: Heutzutage treiben Roboter die Rennkamele über die Ziellinie.

Diese drei warten gelassen auf ihren Einsatz im nächsten Rennen.

ausländischen Besucher spüren die Spannung, die über dem Platz liegt. Wenn die Tiere losrennen, kommt Bewegung in die Männer. Ausgewachsene Tiere erreichen Geschwindigkeiten von mehr als **60 km in der Stunde**. Einige Kamelbesitzer starten ihre schweren Geländewagen, um außerhalb der Rennstrecke ihre Tiere zu begleiten. Sie können nicht ruhig auf ihren Sitzen warten, sondern wollen ihrem Tier bei diesem wichtigen Ereignis möglichst nahe sein und feuern es unterwegs an. Bei Kamelrennen geht es nicht um Geld – Wetten sind im Islam verpönt –, wohl aber um Ehre und Ruhm. Der Besitzer des schnellsten Kamels erhält bei besonders wichtigen Rennen aber schon mal eine Luxuslimousine oder eine Villa als Trophäe.

Von Kinderjockeys zu Robotern

Da das Gewicht des Jockeys über Sieg oder Niederlage eines Rennens entscheiden kann, ritten früher ausschließlich Kinder die Kamele. Vielfach waren das fünf- oder sechsjährige Jungen aus Bangladesh oder Sri Lanka, die ihren Eltern regelrecht abgekauft worden waren. Doch diese Zeiten sind glücklicherweise vorbei. Dank anhaltender

internationaler Proteste wurde 2005 ein Gesetz erlassen, das Kinderjockeys verbietet. Tausende von Kindern kehrten im Rahmen einer groß angelegten Rückholkampagne in ihre Heimat zurück und erhielten dort eine Schulausbildung. Die schnelle Umsetzung des Gesetzes verdankt sich aber auch einer neuen Erfindung: Kleine Roboter treiben heute die Rennkamele an.

Nationalsport Kamelrennen

Auf der gesamten Arabischen Halbinsel sind Kamelrennen Nationalsport. Jedes Emirat unterhält zumindest einen **Kamelrennplatz**, auf dem während der Wintermonate von Oktober bis März jeden Donnerstag und Freitag (zunehmend auch samstags) Rennen stattfinden. Aus allen Richtungen strömen die Zuschauer herbei, Autobahnen und Zufahrtsstraßen sind dann meist verstopft. In Dubai wurde die Rennbahn von Nad al-Sheba abgelöst durch die **Al-Marmoun Camel Race Track** an der Al Ain Road (E66), 40 km südöstlich von Dubai (nach The Seven's Rugby Complex und der Esso-Tankstelle biegt man nach rechts ab). Die **Al-Wathaba Camel Race Track** in Abu Dhabi liegt ebenfalls an der Al Ain Road 45 km östlich der Hauptstadt.

SPORT- UND FREIZEITANGEBOTE

EISLAUFBAHNEN

ABU DHABI ICE RINK
Zayed Sports City
Airport Road, Abu Dhabi
Tel. 02 4 03 43 33
Tgl. 9–22 Uhr
45 Dh mit Schlittschuh-Ausleihe
www.zsc.ae

DUBAI ICE RINK
Dubai Mall, Metro: Dubai Mall
Tel. 04 4 48 51 11
Tgl. 8–22, So. ab 10 Uhr
Eintritt: 60 Dh (2 Std.)
Schlittschuh-Ausleihe: 40 Dh
www.dubaiicerink.com

FITNESSCENTER

AL-NASR LEISURELAND
Großer Freizeitpark mit zahlreichen
Sporteinrichtungen, darunter
Squashplatz, Bowling-, Gokart- und
Eislaufbahn.
Umm Hureir, Bur Dubai, Dubai
Metro: Oud Metha
Tel. 04 3 37 12 34
Tgl. 9–22 Uhr
www.alnasrll.com

FLAMINGO BEACH RESORT
Freizeit- und Wassersportclub
UAQ Tourist Centre
Umm al-Quwain
Tel. 06 7 65 00 00
www.flamingoresort.ae

GOLF
Fantastische Golfplätze in einer Region, die fast nur aus Wüste besteht,
das ist schon lange kein Widerspruch
mehr. Internationale Golfplatzarchi-
tekten entwarfen Anlagen, auf denen
längst Turniere von Weltrang ausgetragen werden. Meerwasserentsalzungsanlagen sorgen für aus-
giebige Bewässerung, ein Heer von
Gärtnern kümmert sich darum, dass
die Rasenflächen wie maniküt aussehen. Die meisten Plätze besitzen
eine Flutlichtanlage für das Spiel zur
kühleren, späteren Stunde.

ABU DHABI CITY GOLF CLUB
Die erste Neun-Loch-Anlage inmitten
der Hauptstadt der VAE, auch bekannt als »Golfplatz des Volkes«,
bietet eine Spielumgebung mit Blick
auf die Skyline von Abu Dhabi.
Al Mushrif, 19th & 24th Street
Tel. 02 4 45 96 00
Greenfee ab 225 Dh
www.adcitygolf.ae

ABU DHABI GOLF CLUB
Markenzeichen des Clubs ist das
Clubhaus in Form eines Falken mit
gewaltigen Flügeln, der auf einem
Golfball sitzt. Die preisgekrönte
Anlage ist Austragungsort der
jährlichen Abu Dhabi HSBC Golf
Championship, einer Veranstaltung
der PGA European Tour.
Sas Al Nakhl
Tel. 02 885 35 55
Greenfee ab 945 Dh
www.adgolfclub.com

DUBAI GOLF OFFICE
Zentrale Reservierungsstelle der
Golfplätze in Dubai
Tel. 04 3 80 20 11
www.dubaigolf.com

DUBAI CREEK GOLF & YACHT CLUB
Der unmittelbar am Creek auf der
Deira-Seite liegende 18-Loch-Par-
72-Championship-Course ist Dubais
schönster Kurs mit einem faszinie-
renden Ausblick auf den Creek.
Architektonisches Highlight ist das
Clubhaus direkt am Wasser, das den

Segeln einer arabischen Dhau nachempfunden ist. Wer möchte, wohnt
gleich nebenan im Park Hyatt luxuriös
zwischen Greens und Creek.
Baniyas Road, Port Saeed
Tel. 04 2 95 60 00
Greenfee ab 665 Dh
www.dubaigolf.com

EMIRATES GOLF CLUB

Weithin sichtbares Erkennungs-
zeichen des Emirates Golf Club ist
das Clubhaus, sechs Bauten im Stil
gewaltiger Beduinenzelte aus Beton
und Glas. Neben dem 18-Loch-Platz
Majlis, Dubais ältestem Kurs, liegt
der 18-Loch-Kurs »The Faldo«
(entworfen von der Golferlegende
Nick Faldo) mit einem durch die
Greens mäandernden Wasserlauf.
Emirates Hills 2
(nahe Metro Nakheel)
Tel. 04 4 17 99 99
Greenfee ab 600 Dh
www.dubaigolf.com

NAD AL-SHEBA GOLF CLUB

Der sich durch tiefe Bunker und
doppelte Greens auszeichnende
18-Loch-Par-71-Platz Nad al-Sheba
gilt als High Society Course, auf dem
sich die Prominenz zum Abschlag
trifft. Gestaltet wurde der 6861 m
lange Course von Stararchitekt Karl
Litten nach schottischem Muster als
Links-Style-Spielfläche.
Nad al-Sheba, südöstlich des
Zentrums
Tel. 04 3 36 36 66
Greenfee: 220 Dh
www.dubaigolf.info

THE ELS GOLF CLUB

Verkehrsgünstig an der Emirates Road
in der Dubai Sports City gelegen, ist der
Els Golf Club Dubais edelster Course:
Der Championship Parcours des Süd-
afrikaners Ernie Els mit seinen blen-
dend weißen Sandbunkern, üppigem
Bermuda-Gras und den angrenzenden
Wüstendünen ist auch bekannt für

sein vorzügliches Ausbildungszentrum
(Butch Harmon Schools of Golf).
Dubai Sports City
Tel. 04 4 25 10 00
Greenfee: 795 Dh, Twilight-
Specials ab 275 Dh
www.elscubdubai.com

REITEN

ABU DHABI EQUESTRIAN CLUB

Saeed Bin-Thanoun Street
Mushrif, Abu Dhabi
Tel. 02 4 45 51 11
90 Schul- und Mietpferde,
ab 70 Dh pro Stunde
www.adec-web.com

DUBAI POLO & EQUESTRIAN CLUB

Al Qudra Road (gegenüber
Arabian Ranches)
Tel. 04 3 61 81 11
Privater Reitunterricht für
450 Dh/Std.
www.poloclubdubai.com

SHARJAH EQUESTRIAN & RACING CLUB

Der Club unterhält eine Reitschule
und eine Rennbahn.
Al-Dhaid Road, Interchange 6,
Al-Atain, Sharjah
Tel. 06 5 31 11 55
www.serc.ae

AL WADI EQUESTRIAN ADVENTURE CENTRE

Der Adventure Centre liegt in der
Dünenlandschaft von Ras al-Khaimah
und bietet zahlreiche Aktivitäten an.
nahe Al-Wadi Desert Ritz-Carlton
auf der Autobahn E311, Ausfahrt (Exit) 119, dann 7 km in
südlicher Richtung
Ras al-Khaimah
Tel. 07 2 43 54 22
Unterrichtsstunde mit Pferd:
ab 150 Dh, Ausritte mit Pferd
oder Kamel in die Wüste: 250 Dh
www.alwadiequestrian.com

Die Entdeckung der Einsamkeit – auf einer Wanderung in den Dünen ...

SAND SKIING

Skifahren oder Skateboarden auf den Sanddünen wird immer beliebter. Viele Reisebüros in den VAE organisieren Touren und verleihen die Ausrüstung. Bei manchen Exkursionen in die Wüste wird das Skivergnügen auf Sand als Teil des Ausflugsprogramms angeboten.

ARABIAN ADVENTURES

Emirates Holidays Building
(1. Stock)
Sheikh Zayed Road, Dubai
Metro: Business Bay
Tel. 04 3 03 48 88
Dependance in Abu Dhabi:
West Corniche Road
Tel. 02 6 91 17 11
www.arabian-adventures.com

HOCHSEEANGELN

Mehrere Charter-Firmen bieten in den VAE organisierte Angeltouren an. Man kann auch Boote für individuelle Ausflüge mieten.

OCEAN ADVENTURES

Die Firma Ocean Aventures in Sharjah bietet ein 12-m-Boot für bis zu sechs Personen und Angeltouren (halbtags 2500 Dh, ganztags 4000 Dh) auch an die Ostküste bis nach Oman an.
Marbella Resort
Buheira Corniche, Sharjah
Tel. 50 6 88 89 75
www.oceanadventuresuae.com

HILTON FUJAIRAH

Der Golf von Oman ist reich an Plankton und der Fischbestand entsprechend groß. Fürs Abendessen lässt sich ein 2 kg schwerer Mahi Mahi oder mit etwas Glück auch ein mächtiger Marlin fangen.
Beach Road
Tel. 09 2 22 24 11
Angelausflug für 1 Stunde mit bis zu 4 Pers. ca. 50 €
www.hilton.de/fujairah

KLETTERN

VIA FERRATA

Klettern ist in den VAE ein noch eher ungewöhnlicher Sport, denn er lässt sich in freier Natur nur im Hajar-Gebirge praktizieren. Erst Ende 2016 eröffneten mit der Via Ferrata in Ras al-Khaimah drei verschiedene Kletterparcours mit Zip-Line-Abschnitten von 50, 60 und 300 m Länge. Es gibt den Standardparcours (Ledge Walk) mit gemäßigten Kletterpartien, eine technisch schwierigere Route (Middle Path) mit vertikalen Abschnitten, horizontalen Überschreitungen und zwei Überhängen. Die höher gelegene senkrechte Strecke (Julphar Scare) ist besonders anspruchsvoll. Pro Runde sind bis zu acht Abenteurer unter der Anleitung von Profis ca. 4 Std. unterwegs. Kosten je Tour 400 Dh. Betreiber der Via Ferrata ist der Outdoor-Anbieter Absolute Adventure mit Sitz in Dubai.
www.jebeljais.ae

TAUCHEN

Die Ostküste ist wegen ihrer vielfältigen Unterwasserflora und -fauna um die vorgelagerten Felseninseln und Riffe bei Tauchern sehr beliebt. Verschiedene Tauchzentren in den Emiraten bieten Tauchausflüge und Kurse an. Empfehlenswert für Taucher ist auch die landschaftlich spektakuläre Halbinsel Musandam, die zu Oman gehört. Die Westküste der VAE ist dagegen flach und sandig und deshalb für Taucher uninteressant.

EMIRATES DIVING ASSOCIATION

Der Tauchsportverband informiert über das Tauchen in den VAE.
Heritage House – Al Ahmadiya, Dubai
Tel. 04 3 93 93 90
www.emiratesdiving.com

SANDY BEACH DIVING CENTRE

Das Diving Centre, das auch PADI-Tauchkurse anbietet, liegt am Strand von Al-Aqqa auf halber Strecke zwischen Dibba und Khor Fakkan.
Sandy Beach Motel
Dibba – Khor Fakkan Highway
Tel. 09 2 44 55 54
www.sancybm.com

AL-BOOM DIVING

Die in Dubai ansässige Tauchschule bietet Tauchkurse nach PADI und organisiert Ausflüge an die Ostküste und auf die Musandam-Halbinsel.
Dubai, Al-Wasl Road
(nahe Iranian Hospital)
Tel. 04 3 42 29 93
www.alboomdiving.com

WASSERSKI · WINDSURFEN

Viele der großen Strandhotels bieten ihren Gästen in der Regel die Möglichkeit zum Wasserskifahren oder Windsurfen.

VOGELBEOBACHTUNG

Im Frühjahr und Herbst laden die Meeresarme und Lagunen von Dubai, Sharjah, Ajman und Ras al-Khaimah sowie die Mangrovensümpfe von Umm al-Quwain zu Vogelbeobachtungen ein. Touren organisiert das Birds Records Committee in Dubai.
www.uaebirding.com

WÜSTENFAHRTEN IM AUTO

Auf eigene Faust Touren in die Wüste zu unternehmen, ist immer riskant. Wer mit einem Wagen ohne Vierradantrieb unterwegs ist, sollte unter keinen Umständen die befestigte Straße verlassen. Doch auch mit einem Geländewagen ist die Gefahr, im weichen Sand stecken zu bleiben, recht groß. Generell gilt: Je dunkler der Boden desto fester ist der Untergrund. Sobald man die asphaltierte Straße verlässt, sollte etwas Luft aus den Reifen abgelassen werden: Auf hartem, steinigem Untergrund sollte der Reifendruck etwa 75 Prozent des vom Hersteller empfohlenen Luftdrucks betragen, in weichem Wüstensand höchstens 50 Prozent, damit die Reifen besser greifen können. Ein verminderter Reifendruck erfordert jedoch ein sehr vorsichtiges Fahren. Grundsätzlich sollten immer mindestens zwei vollgetankte Fahrzeuge zusammen unterwegs sein. Zur Ausrüstung gehören Reservekanister, Wasservorrat, Reserverad, Abschleppseil, Werkzeug, eine Holzbohle, um das Fahrzeug aufbocken zu können, Sand-schaufeln sowie ein größeres Blech, das unter die Räder geschoben werden kann, falls das Auto im Sand festsitzt. Um zu vermeiden, dass das Fahrzeug umstürzt, werden Sanddünen gerade angefahren, nicht diagonal.

Mehrere Veranstalter bieten »Desert Driving Courses«, **Wüsten-Fahrkurse**, an. Ein ganztägiger Kurs kostet ca. 250–300 Dh. Wer einen Wüstenausflug über einen Veranstalter bucht, kann sich beim »Dune Bashing« von einem erfahrenen Fahrer auf eine Achterbahnfahrt durch die Dünenlandschaft mitnehmen lassen.

ESSEN UND TRINKEN

Essen ist in den Emiraten immer auch ein großes Vergnügen, das mit dem Koran in Einklang steht. Die Einheimischen schätzen üppige Buffets mit einem bunten Angebot an Fleisch-, Fisch- und Gemüsegerichten. Legendär ist die Gastfreundschaft der Emiratis. Die Gastgeber sind ihren Gästen gegenüber stets sehr aufmerksam und bieten immer mehr an, als sie überhaupt verzehren können. Anders als in Europa ist es jedoch kein Zeichen guten Benehmens, den Teller leer zu essen. Denn nur wer noch etwas übrig lässt, bringt damit zum Ausdruck, dass er auch satt geworden ist.

Hauptsache Fleisch Seit jeher gehören **Fleischgerichte** zur arabischen Esskultur. Schon für die Nomaden, die einst durch die Wüste zogen, waren die Tiere, die sie mit sich führten, eine wichtige, stets verfügbare Nahrungsquelle. Da der Koran Muslimen verbietet, Blut zu sich nehmen, müssen die Tiere aber geschächtet werden. Schweinefleisch gilt als unrein und ist tabu. Die Emiratis bevorzugen Lammfleisch und Huhn, seltener Rind. Auch Gerichte aus Kamelfleisch sind nach wie vor populär, tauchen auf den Speisekarten der Restaurants aber kaum auf, dafür umso mehr **Seafood**, denn der Persische Golf ist reich an Meerestieren. Der **Hammour**, eine Barschart, fehlt auf keiner Speisekarte und wird meist in Tomatensauce gedünstet serviert.

Fladenbrot Die Zeiten, in denen man aus gemeinsamen Schüsseln und mit den Fingern aß, sind heute vorbei. Löffel und Gabel haben längst auch in

Zum Dessert gibt's Süßes: mit Mandeln, Marzipan oder Schokolade gefüllte Datteln.

ländlichen Regionen Einzug gehalten, dennoch dient das Fladenbrot immer noch als Ersatzbesteck. Man isst allerdings ausschließlich mit der rechten Hand, da die linke als unrein gilt. Essen ist in den Emiraten Familiensache. Meist trifft man sich abends, wenn die Hitze nachgelassen hat, zu gemeinsamen Tafelrunden.

Die **Mezze**, kalte Vorspeisen, leiten jede Hauptmahlzeit ein. Dabei kommt oft ein ganzes Potpourri feinster Leckerbissen auf den Tisch. Köstliches Houmus aus Kichererbsen gehört dabei unbedingt dazu. Aber auch die würzigen Foul Medames und deftiges Moutabel dürfen bei keinem Mezze fehlen. Den Abschluss der Mahlzeit bilden üppige, zuckersüße **Desserts**, meist mit Rosenwasser und Honig, Pistazien und Dattelstückchen angereichert. Honigtriefendes Blätterteiggebäck, mit Mandeln, Marzipan oder Schokolade gefüllte Datteln oder kandierte Feigen und Orangen sind die Klassiker unter den Süßspeisen. Überaus populär ist aber auch der Auflauf »Umm Ali« (▶ S. 252).

Delikate Vorspeisen und zückersüße Desserts

Wohl an keinem anderen Ort der Welt gibt es so viele verschiedene **Spezialitätenrestaurants** wie in den Emiraten. Die aus fast 200 Nationen stammenden Expatriates, die hier arbeiten, brachten ihre Esskulturen an den Golf, und viele von ihnen eröffneten bald eigene Restaurants. Von der thailändischen und chinesischen über die italienische und französische bis zur russischen, deutschen und polynesischen Küche: Aller Herren Länder sind zumindest in Dubai mit Nobelrestau-

Vielfältige Kulinarik

rants, Garküchen oder Imbissstuben vertreten und laden zu kulinarischen Entdeckungsreisen ein (▶ Hier kocht die Welt, S. 12). Wer richtig gut und dennoch günstig essen möchte, kehrt am besten bei einem Inder oder Pakistani ein. Die Zutaten sind immer frisch, Hygiene und Service einwandfrei und vorbildlich. Je größer und teurer ein **Hotel**, desto größer ist auch die Auswahl an Restaurants. Fünf-Sterne-Hotels besitzen sowohl arabische als auch Restaurants mit internationaler Küche. In diesen Luxusherbergen gibt es immer auch **Cafés** in der Tradition europäischer Kaffeehäuser und **Bistros**, in denen man rund um die Uhr Snacks aller Art bestellen kann. Da Hotels im allgemeinen alkoholische Getränke ausschenken dürfen, kann man sein Essen hier bei einem Bier oder einem Wein genießen. Nur in Sharjah gilt auch für Hotels ein absolutes Alkoholverbot.

Beduinen-mahlzeit

Ein »Beduin Dinner« bildet den krönenden Abschluss der meisten Wüstensafaris. Bei so einem Gelage lässt man sich – oft in einem Beduinenzelt – auf bequemen Sitzkissen nieder und mit köstlich duftenden Speisen verwöhnen. Die Teilnehmer haben die Wahl zwischen in würzigen Gemüsesaucen gegartem Fleisch und knusprigen Fleischspießchen, zwischen delikatem Tomaten- und Gurkensalat sowie Linsen- und Bohnengerichten. Dazu werden pikante Joghurtsaucen und knuspriges Fladenbrot aus dem Steinofen gereicht.

Dinner Cruise

Dinner Cruises mit einer Dhau sind eine entspannende Form der Unterhaltung. Denn während das Boot geräuschlos durch das Wasser gleitet, lässt sich auf dem Oberdeck die laue Abendluft genießen – und Büfetts locken mit tausenderlei Gaumenfreuden. Die Dhaus starten am Quay 1, Dhow Warfage, am Nordufer des Dubai Creek zwischen den Hotels Radisson Blu und Sheraton, am Südufer vor Bastakiya sowie im Al-Boom Tourist Village (▶ S. 105).

Gut und preiswert

Die **Food Courts** in den Shoppingmalls sind eine besonders preisgünstige Alternative zu den Restaurants. Sie bieten arabische und asiatische Gerichte, aber auch Burger, Pizza, Pasta, Salate und Baguettes für wenig Geld an. Um die Mittagszeit ist es zwar sehr voll, dafür erhält man schon für rund 15 Dirham eine vollständige Mahlzeit.

Emirates Nightlife

Da das Nachtleben in den Emiraten nicht besonders viel hergibt, sind die von vielen Hotels mehrmals wöchentlich veranstalteten **Themenabende** eine beliebte Form der Unterhaltung. Ob »Seafood Night« oder »Italian Night« – die Shows finden ebenso wie die dazu passenden Büfetts bei Einheimischen wie Touristen großen Anklang.

Gewürz-kultur

Arabisches Essen ohne Gewürze ist wie ein Himmel ohne Sterne oder wie eine Wiese ohne Blumen heißt es, und tatsächlich sind es die Gewürze, die die Essenz der arabischen Küche bilden. Gewürze verleihen den Gerichten ihren unverwechselbaren Geschmack und ihren verlockenden Duft. Mehr als auf ein einzelnes Gewürz kommt es dabei auf die richtige **Gewürzmischung** an. Zwar bieten die Händler in den Souks viele verschiedene standardisierte Mixturen an, doch stellen viele Emiratis diese nach wie vor gerne selbst her. Zum Einsatz kommen dabei Pfeffer, Paprika, Kardamon, Kümmel, Nelken, Muskat und viele andere bei uns unbekannte Gewürze. Zimt, den man in Europa hauptsächlich aus der Weihnachtsbäckerei kennt, verwendet man in Emiraten auch bei der Zubereitung von Lammfleisch oder Gemüse und verleiht den Gerichten dadurch einen pikant-süßen Geschmack. Kaffee wird gern mit Kardamomkernen angereichert, Desserts werden mit Muskat, Gewürznelken und Lavendel parfümiert.

In den Gassen der Souks wabert nicht nur der Duft von Gewürzen, sondern auch der Geruch von **Räucherharz** durch die Luft. Es besteht aus einer Mischung aus Sandelholz, Myrrhe und einem Moschussekret, die zusammen mit Weihrauch und Zucker in Rosenwasser abgekocht wird. Die erkaltete Masse bildet dann den Ausgangsstoff

Welt der
Düfte

PURE NOSTALGIE

Die Lichter spiegeln sich im alten Creek von Dubai, funkeln und glitzern wie die Sterne. Mitten drin schöne, bunt beleuchtete Dhaus, jene traditionellen arabischen Holzboote, die heutzutage keine Lasten mehr befördern, sondern emiratische Büfetts und Romantiker, die sich diese gerne einverleiben in der lauen Nachtstimmung. So schön! So kitschig! So romantisch! Und so magisch ... (▶S. 105)

TYPISCHE GERICHTE

Im Folgenden einige Gerichte, die Sie in den Vereinigten Arabischen Emiraten unbedingt einmal probieren sollten.

Houmus, das Kichererbsenpüree, ist eine unnachahmliche, aber kalorienreiche Spezialität. Dazu weicht man Kichererbsen über Nacht in Salzwasser ein und kocht sie am nächsten Tag in frischem Wasser weich. Der so entstandene Brei wird im Mixer zusammen mit fein geriebenem Knoblauch, Zitronensaft, Salz und Sesamöl püriert und anschließend auf flachen Tellern serviert.

Moutabel heißt die herzhafte Auberginencreme, die ursprünglich aus Syrien stammt. Zunächst werden dafür Auberginen so lange im Backofen gegart, bis sie vollständig weich sind und ihr Fleisch sich aus der Schale löffeln lässt. Mit Knoblauch, Sesamöl und Vollmilchjoghurt, manchmal auch mit zerstoßenen grünen Chilischoten verrührt, entsteht aus dem Auberginenmus eine gehaltvolle, leckere Creme. In Dubai gibt man gerne noch einige Granatapfelkerne mit auf den Teller.

Umm Ali ist der beliebteste traditionelle Nachtisch in den Emiraten. »Alis Mutter« ist ein süßer, frisch aus dem Backofen servierter Auflauf aus Weißbrot, Eiern, Milch, Zucker, Rosenwasser, Muskat und geriebenen Mandeln, die arabische Version des Bread Pudding. Umm Ali taucht häufig auf den Dessertbüffets der Hotels auf – dann heißt es schnell zugreifen.

Shawarma ist Arabiens Antwort auf amerikanisches Fastfood und die wohl beliebteste Zwischenmahlzeit der

Region. Die in knuspriges Fladenbrot gehüllten, am Drehspieß gegrillten Hühner-, Kalb- oder Lammfleischscheiben sind, mit einer Joghurtsauce bestrichen und mit Tomaten sowie Zwiebeln garniert, geradezu eine Delikatesse. Seinen unnachahmlichen Geschmack verdankt der Snack den Marinaden, in die das Fleisch vor dem Grillen eingelegt wird und die stets Ingwer, Knoblauch, Essig, Chilis und Kardamon enthalten.

Foul Medames, dicke Bohnen, in würziger Tomatensoße mit Zwiebeln, Chilischoten und vielerlei Gewürzen gekocht, sind eine beliebte Vorspeise, die man aber auch zum Frühstück isst und die auf keinem mittäglichen oder abendlichen Büfett fehlt. Das aus Ägypten stammende und dort schon seit dem vierten Jahrhundert bekannte Gericht wird traditionell mit kleinen runden Bohnen zubereitet, die im offenen Topf bei niedriger Hitze weichgekocht werden.

für die Räucherkerzen, mit denen die Emiratis Kleidung und Räume parfümieren. Überhaupt sind Duftstoffe aller Art in der ganzen Region sehr beliebt, das Harz des Weihrauchbaums ein wichtiger Bestandteil von **Parfüms** und **ätherischen Ölen**. Schon die Menschen der Antike wussten den Duft des **Weihrauchs** und seine vermeintlich heilende Wirkung zu schätzen. Über die berühmte Weihrauchstraße gelangte das Harz auch nach Europa. Bis heute ist der Oman der wichtigste Lieferant. Von dort kommt auch das teuerste Parfüm der Welt, Amouage, das Silberweihrauch, Myrrhe und Felsenrose enthält.

Wein, Bier & Co. Wer in den VAE in der Öffentlichkeit **alkoholische Getränke** zu sich nimmt oder sich gar betrunken zeigt, der bekommt es mit den Gesetzeshütern zu tun. Dies gilt nicht nur für Muslime, denen ihre Religion den Genuss von Alkohol verbietet, sondern auch für die Touristen aus aller Welt. Gleichwohl muss man auch in den Emiraten – mit Ausnahme von Sharjah – nicht auf Wein, Bier und Drinks verzichten. Die meisten Hotels besitzen nämlich eine **Schanklizenz** für Alkohol. In den Bars und Clubs der Luxushotels gibt es alle Getränke, die gut und teuer sind. In der »Skyview Bar« des Burj al-Arab zum Beispiel stehen exklusive Longdrinks, Champagner und 25 Jahre alter brasilianischer Cachaça (Zuckerrohrschnaps) auf der Karte. Bis vor Kurzem konnte man hier für 4690 Euro den teuersten Cocktail der Welt genießen, gemixt u. a. aus 55 Jahre altem schottischen Malt Whisky und angereichert mit Blattgold. Das Nachfolgegetränk ist schon für umgerechnet etwa 3000 Euro zu haben.

Cocktails und Mocktails Emiratis trinken **Mineralwasser** zu jeder Gelegenheit. Meist kommt die heimische, stille Variante aus Fujairah oder Ras al-Kaimah auf den Tisch. Hotels, Restaurants und Supermärkte bieten aber auch aus Frankreich und Italien importiertes Sprudelwasser an. Frisch gepresste **Säfte** aus Orangen, Mangos, Granatäpfeln und anderen tropischen Früchten stehen auf jeder Speisekarte. Kleine Fruchtsaftbars gibt es in jedem Souk und selbst in den Dubaier Metrostationen. **Mocktails**, die alkoholfreien Pendants zu scharfen Cocktails, sind nicht nur auf coolen Dachterrassenparties angesagt. Jedes Restaurant und jede Bar bietet mittlerweile eigene Mixturen an. Saudi-Champagner, ein Cocktail aus frischen Minzeblättern, Apfelsaft, Zuckersirup und Tonic Water, ist schon ein Klassiker und wird überall serviert. Mittlerweile beteiligen sich auch die großen Luxushotels an der Pflege der Mocktail-Kultur, manche geben sogar Rezeptbücher heraus.

Kaffeetradition Neben Tee ist **Kaffee** das Nationalgetränk. Es wird stets in kleinen, nur zu einem Drittel gefüllten Gläsern oder henkellosen Tassen gereicht und zu jeder Gelegenheit getrunken. Gemeinsame Mahlzeiten eröffnen und beschließen die Emiratis gern mit einem Kaffee. Dabei gilt es, folgende Regeln zu beachten: Ein Tässchen Kaffee abzulehnen, kommt

OBEN: Kaffee aus dem Kupferkännchen: stark, süß und oft mit
Kardamom gewürzt

UNTEN: Etwas ganz besonders
Leckeres: Kamelmilch-Schokolade

einer Beleidigung des Gastgebers gleich. Wenn man nach der ersten Tasse nicht zu erkennen gibt, dass man genug hat, wird noch ein zweites und drittes Mal nachgeschenkt. Natürlich bieten die Cafés von Dubai und Abu Dhabi heutzutage auch Kaffeespezialitäten wie Cappuccino und Latte macchiato an. Die jahrhundertealte arabische Tradition der **Kaffeezubereitung** ist aber nach wie vor sehr populär. Dabei mischt man fein gemahlenes Kaffeepulver mit Zucker und erhitzt es mit Wasser in einem Kupferkännchen. Der Kaffee, manchmal mit Kardamom gewürzt, wird dann so in die Tassen gegossen, dass der Kaffeesatz in der Kanne verbleibt. **Tee** ist gewöhnlich recht süß. In indischen Teestuben und kleinen Restaurants schätzt man Chai: Tee mit heißer Milch und Zimt sowie anderen Gewürzen.

RESTAURANT-EMPFEHLUNGEN

Empfehlungen für Restaurants finden Sie im Kapitel »Ziele« bei der jeweiligen Destination.

PREISKATEGORIEN RESTAURANTS
(Preis für ein Hauptgericht)

€€€€	über 30 €
€€€	20 bis 30 €
€€	10 bis 20 €
€	bis 10 €

FEIERN

Kamelrennen, Dubai Shopping Festival, Popkonzerte, hoch dotierte Golfturniere oder Formel-1-Rennen – besonders in Dubai und Abu Dhabi ist das ganze Jahr über etwas los. Während die meisten dieser Veranstaltungen erst mit dem Ölboom aufkamen, sind die religiösen Feste so alt wie der Islam.

Fest des Fastenbrechens

Das Ende des Ramadan begehen die Muslime in den Emiraten wie überall auf der Welt mit dem **Eid al-Fitr**, dem Fest des Fastenbrechens. Es dauert rund drei Tage und wird mit großen Festgelagen gefeiert. Familien und Freunde beschenken sich, Hotels und Restaurants sind meist ausgebucht, und die Geschäfte werben mit Eid al-Fitr-Angeboten um Kunden. (Termine: 14./15.6.2018, 4./5.6.2019, 23./24.5.2020).

Fastenmonat Ramadan

Im **Ramadan**, dem neunten Monat des islamischen Kalenders, gedenken die Muslime den Offenbarungen Gottes im Koran. Von Son-

Bei vielen traditionellen Festen wird Volksmusik gespielt, zu der nur die Männer tanzen.

nenauf- bis Sonnenuntergang verzichten sie auf Essen, Trinken und Rauchen. Auch von Nicht-Muslimen erwarten die Emiratis in dieser Zeit Rücksichtnahme und Zurückhaltung. Viele Geschäfte und Museen haben während des Ramadans verkürzte Öffnungszeiten, Restaurants öffnen erst nach Sonnenuntergang (Termine: 16.5.–14.6.2018, 6.5. bis 5.6.2019, 24.4.–24.5.2020).

Eid al-Adha, das Opferfest, beendet die 10-tägige Hadsch-Periode im zwölften Monat des islamischen Kalenders und wird in vielen Familien mit der Schlachtung eines Hammels begangen. Die Gläubigen sind aufgerufen zu spenden. Die große Pilgerfahrt nach Mekka, eine religiöse Pflicht für alle Muslime, kann nur während der Hadsch-Periode unternommen werden (Termine: 21.–24.3.2018, 11.–14.8.2019, 31.7.–3.8.2020).
Opferfest

Die Expatriates treffen sich zu Ostern, Weihnachten und anderen Festtagen ihrer Heimatländer meist in den großen Hotels.
Expatriates

Die **Feste und Feiertage** in den VAE orientieren sich meist am islamischen Kalender, dem der Umlauf des Mondes um die Erde zugrundeliegt; nur einige wenige Feiertage richten sich nach dem gregorianischen
Islamischer Kalender

257

Kalender. Das islamische Jahr ist etwa elf Tage kürzer als unser Sonnenjahr. Die **islamische Zeitrechnung** beginnt mit der Hedschra, der Flucht Mohammeds von Mekka nach Medina am 15. Juli 622 n. Chr. Das Jahr 2018 ist daher nach dem islamischen Kalender das Jahr 1439/1440 A. H. (Anno Hijra bzw. Anno Hedschra).

Veranstaltungstermine Über Veranstaltungstermine und die Unterhaltungsprogramme der großen Hotels informieren die monatlich erscheinenden Zeitschriften »What's On«, »Time Out Abu Dhabi« und »Time Out Dubai«.

FEIERTAGE UND EVENTS

WÖCHENTLICHER FEIER- UND RUHETAG

Der Freitag ist der gesetzliche Ruhetag. An diesem Tag treffen sich die Gläubigen zum mittäglichen Gebet in der Moschee. Banken, Behörden und die meisten Geschäfte sind geschlossen Das Wochenende erstreckt sich in den VAE – anders als in der restlichen islamischen Welt – auf Freitag und Samstag.

NATIONALE FEIERTAGE

6. AUGUST

Accession Day: Tag des Dienstantritts (1972) des ersten Präsidenten der VAE, Sheikh Zayed Bin-Sultan al-Nayan.

2. DEZEMBER

National Day: Tag des Zusammenschlusses der sieben Emirate (1971), an dem in den Emiraten eine ganze Reihe von kulturellen Veranstaltungen geboten wird.

EVENTS

JANUAR/FEBRUAR

DUBAI DESERT CLASSIC

Das hochklassige Golfturnier findet seit 1989 statt.
www.dubaidesertclassic.com

MÄRZ

DUBAI WORLD CUP

Mit mehr als 10 Mio. US-Dollar Preisgeld das höchstdotierte Galopprennen der Welt.
www.dubaiworldcup.com

NOVEMBER

ABU DHABI FORMEL 1

Der Große Preis von Abu Dhabi ist ein Motorsportrennen im Rahmen der Formel 1, seit 2009 auf dem Yas Marina Circuit (▶ S. 72).
www.yasmarinacircuit.com

NOVEMBER BIS APRIL

PFERDERENNEN

Unter der Schirmherrschaft der Herrscherfamilie, die selbst viele Rennpferde besitzt, werden in Dubai Pferderennen veranstaltet. So finden zwischen November und April jede Woche jeweils sechs Rennen statt; sie beginnen ab 19 Uhr.

NOVEMBER BIS MÄRZ

KAMELRENNEN

Kamelrennen werden in den Wintermonaten jeweils donnerstags, freitags und zunehmend auch samstags bereits ab 7 Uhr morgens veranstaltet, auch am Nationalfeiertag (2. Dez.).

KULTURVERANSTALTUNGEN

MADINAT THEATRE
Das kleine Theater mit insgesamt 442 Zuschauerplätzen liegt in Madinat Jumeirah (Dubai) in der Nähe des Burj al-Arab.
Souk Madinat
Tel. 04 3 66 65 46
www.madinattheatre.com

DUBAI COMMUNITY THEATRE & ARTS CENTRE
Das Theater, von Expatriates betrieben, führt u. a. Ballett, Musicals und auch Schauspiel-Klassiker auf.

Mall of the Emirates, Level 2, Al-Barsha
Tel. 04 3 41 47 77
www.ductac.org

DUBAI OPERA
Das Opernhaus zu Füßen des Burj Khalifa bietet 2000 Zuschauern Platz. Neben klassischen Konzerten gelangen auch Musicals, Jazz, Theaterstücke und Ballett zur Aufführung.
Sheikh Mohammed Bin Rashid Boulevard
Tel. 04 4 40 88 88
www.duba.opera.com

SHOPPEN

Es gibt Leute, die behaupten, dass der Name »Dubai« von »do buy«, der Aufforderung zu kaufen, abgeleitet ist. In der Tat kaufen die Emiratis eifrig und mit Leidenschaft ein. Mehr als schnöden Einkaufszentren gleichen die Malls von Dubai und Abu Dhabi gigantischen Palästen aus Glas und Chrom, in denen eine glitzernde, kunterbunte Warenwelt mit allerlei Verheißungen lockt. Die Menschen kommen aber nicht nur zum Shoppen hierher, sondern auch um Freunde zum Essen zu treffen oder sich Freizeitvergnügen wie Kino, Tanzshows oder sogar Skifahren hinzugeben.

Wegen der niedrigen Zollgebühren und weitgehend fehlender Steuern sind viele internationale Markenartikel – vor allem Bekleidung, Elektronik und Kosmetika – in den Emiraten z. T. deutlich preiswerter als in Europa. Darüber hinaus findet man auch sehr schönes Kunsthandwerk, das aber meist aus den Nachbarländern stammt.

Günstig shoppen

Geschäfte haben in der Regel Sa.–Do. 8–13 und 16 bis 20, Souks oft bis 22 Uhr geöffnet.

Öffnungszeiten

Seit jeher sind die Menschen am Golf gute Kaufleute und leidenschaftliche Händler. Die **Kunst des Feilschens** gilt hier nicht als Laster, sondern leitet jeden, übrigens meist beide Seiten zufriedenstellenden Geschäftsabschluss ein. Bis heute wird in den Souks rege und laut über den richtigen Preis diskutiert. Aber auch wenn es im Labyrinth der

Souks

OBEN: Die Schaufenster der Läden in den Gold-Souks sind zum Bersten gefüllt mit Armreifen, Ringen und Halsketten aus dem edlen Metall.

UNTEN: Einheimisches Paar mit »Wackelköpfen«: Vor allem in den Souvenirshops der Shoppingmalls wird auch allerhand Kitsch und Tand angeboten.

engen, schattigen Gassen chaotisch zugeht, verliert man nie den Überblick, denn die Geschäfte der verschiedenen Gewerbe liegen meist nebeneinander und konzentrieren sich in einer Gasse. Wer auf der Suche nach einem bestimmten Artikel ist, hat so immer die Möglichkeit, sich in mehreren Läden umzuschauen. Die Händler nehmen es gelassen hin.

Die Goldsouks sind eine gute Adresse, wenn es um den Kauf von edlem Geschmeide geht, und zugleich Sehenswürdigkeiten allerersten Ranges. Mit etwa 300 Geschäften ist der Gold-Souk von Dubai der größte in den Emiraten. Touristen aus aller Welt drücken sich an den Schaufenstern die Nasen platt und kommen angesichts der von Gold überquellenden Auslagen aus dem Staunen nicht mehr heraus. Dabei zeichnet sich arabische Goldschmiedekunst nicht durch einfache und klare Formen aus, sondern durch ein verspieltes, oft filigranes Design. Die Preise für Goldschmuck und andere Dinge aus dem Edelmetall hängen vom **tagesaktuellen Goldpreis** ab. Der Gold-Souk von Abu Dhabi gehört zum Madinat Zayed Shopping Centre, der von Sharjah zum neuen Blue Souk. **Goldsouks**

Verführerische Düfte von Zimt und Kardamom, von Vanille und Weihrauch kündigen schon von Weitem die Gewürzsouks an. Die Händler bieten ihre Produkte aus offenen Jutesäcken an. Dunkelrot und tiefgrün leuchten die Chilischoten und goldgelb das Tamarindenpulver. In den Gewürzsouks kann man aber nicht nur Gewürze, Nüssen und Pistazien kaufen, sondern auch Parfüms, Duftöle und farbenfrohe Textilien aus Indien und Fernost. **Gewürzsouks**

Klimatisierte Shoppingmalls nach US-Vorbild, auch Commercial Centre genannt, sind fast schon ein Wahrzeichen der Emirate. Von internationaler Designermode bis zu H&M-Klamotten, vom Supermarkt bis zur Luxusboutique: Die Einkaufsmöglichkeiten sind riesengroß und oft besser als in vielen europäischen Metropolen. In den **Food Courts** der Malls kann man gut und preiswert essen. **Shoppingmalls**

Genaue Infos zu den besten Shoppingmalls finden Sie unter »Ziele« in den Kapiteln zu den einzelnen Städten.

Alljährlich im Januar und Februar, wenn das Golfturnier Dubai Desert und der Dubai World Cup, das höchstdotierte Pferderennen der Welt, viele tausend Besucher ins Land lockt, findet auch das Dubai Shopping Festival statt. Die Geschäfte gewähren dann bis zu 70 Prozent Rabatt auf alle Waren. Ein buntes Rahmenprogramm aus Lightshows, Straßenfesten und Kulturveranstaltungen mit internationalen Stars sorgt für die Unterhaltung der mittlerweile 3,5 Millionen Besucher, die das Spektakel alljährlich anziehen. **Dubai Shopping Festival**

Dubai Summer Surprises
Gegenstück zum Shopping Festival des Winterhalbjahrs sind die zehnwöchigen Dubai Summer Surprises. Zwischen Juni und August locken erneut Preisnachlässe und ein umfangreiches Showprogramm mit vielen, jede Woche neu angekündigten Überraschungen. Allerdings strömen zu den Summer Surprises keine Massen, da man sich angesichts der unerträglich hohen Temperaturen, die den Sommer über in den VAE herrschen, eigentlich nur in klimatisierten Räumen wohlfühlen kann.

Duty-free
Die Duty-free-Bereiche der Flughäfen von Abu Dhabi, Dubai und Sharjah bieten ein unglaublich breites Warenangebot und stehen auch Transitreisenden auf dem Weg von und nach Fernost offen. Unschlagbar hinsichtlich der Vielfalt an Waren ist der Duty-free-Bereich des Dubai International Airport. Vor und nach dem Flug kann man auf über 15 000 Quadratmeter Verkaufsfläche hochwertige Markenartikel günstig einkaufen.

Antiquitäten
Die in den VAE angebotenen Antiquitäten stammen meist aus dem Ausland, in der Regel aus dem Iran, Syrien und Indien. Antike Möbel aus den VAE findet man nur sehr selten, häufig dagegen solche aus Oman und Jemen. Sehr schön sind die »Sanduk«, alte Holztruhen, die mit kunstvollen Schnitzereien verziert sind.

Beduinenschmuck
Der Beduinenschmuck aus Silber, Holz und Leder, den man in den VAE kaufen kann, kommt meist aus Oman und Jemen. Das beste und preiswerteste Angebot findet man daher in Buraimi (Oman) bei Al Ain.

Bücher
Englischsprachige Bücher, vor allem über die VAE, sowie Bildbände erhält man in den Bookshops der Shoppingmalls und in den »Family Bookshops«.

Designerkopien
In zahlreichen Geschäften der VAE gibt es (illegale) Kopien und Falsifikate von Designerwaren und Markenartikeln – Uhren, Schmuck, Taschen und Bekleidung – mit den entsprechenden Logos und Einnähern der Originale. In Dubai gibt es ein ganzes Einkaufsviertel, den Karama-Basar, mit Geschäften, die zu Spottpreisen nachgemachte Designerartikel (Gucci, Dolce & Gabbana, Prada, Calvin Klein, DKNY) anbieten. Meist nur auf Nachfrage und in Hinterzimmern gibt es auch »Cartier«-, »Rolex«- oder »Breitling-Uhren« ab 25 € aufwärts. Die Einfuhr solcher Falsifikate in die EU ist allerdings nicht erlaubt.

Krummdolche
Dagger, arabische Krummdolche, in allen Variationen, von Imitaten aus Plastik bis zu Kunstwerken aus Silber, kommen meist aus dem Jemen und Oman, wo sie »Djambia« bzw. »Khanjar« heißen.

Kaffeekannen
Ein reizvolles Mitbringsel ist eine arabische Kaffeekanne (**Dallah**) aus Blech oder Stahl mit dem charakteristischen Schnabelausguss.

Blau, gelb, rot, violett oder grün? Im Gewürz-Souk von Dubai kann man sich sein kulinarisches Mitbringsel auch der Farbe nach aussuchen.

Die Töpferwaren der VAE stammen überwiegend aus Ras al-Khaimah, wo sie heute noch in traditionellen Brennöfen aus dem Ton der Umgebung gebrannt werden. **Keramik**

Besonders in Sharjah ist eine rege Kunstszene entstanden, die einheimische Künstler fördert. Zentrum ist die Sharjah Arts Area mit dem Sharjah Arts Museum und Galerien. **Kunst, Kunsthandwerk**

Traditioneller Silberschmuck wird aus dem Jemen und Oman importiert und ist deswegen teurer als in den Ursprungsländern. Aus dem eingeschmolzenen Silber des Maria-Theresien-Talers, der im 18. und 19. Jh. als Zahlungsmittel für Kaffee in den Jemen gelangte, wurde fein ziselierter Silberschmuck hergestellt. Weihrauch (**Luban**) und andere Baumharze sowie Duftmischungen (**Bokhur**) stammen vorwiegend aus Oman, werden aber auch in den VAE aufbereitet. Die Gefäße zur Verbrennung von Harzen und Duftmischungen, **Mubkhar** genannt, erhält man in Antiquitäten- und Kunstgeschäften. Datteln und orientalische Gewürze sind recht schmackhafte Souvenirs. **Souvenirs**

Zahlreiche Geschäfte in Dubai, Abu Dhabi, Al Ain und Sharjah bieten Teppiche und Stoffe an, die vorwiegend aus dem Iran, Pakistan und Zentralasien stammen. Das größte Angebot findet man auf dem Iranian Market am Hafen von Abu Dhabi. **Teppiche, Stoffe**

ÜBERNACHTEN

Das Angebot an luxuriösen Unterkünften ist in dem Emiraten äußerst vielseitig. Vor allen Dingen in Dubai, aber auch in Abu Dhabi sind in den letzten beiden Jahrzehnten außergewöhnliche Hotelanlagen und Resorts entstanden, die allermodernsten Komfort mit orientalischer Prachtentfaltung verbinden.

Luxusherbergen

In den Emiraten dominieren Fünf-Sterne-Hotels die Szene. Nahezu alle internationalen Luxushotel-Ketten sind hier mit einem Haus vertreten. Während die Mittelklasse-Hotels von **Dubai** fast ausnahmslos im alten Stadtzentrum zu finden sind, residieren viele Luxusherbergen am 20 km langen Jumeirah Beach oder in den neuen Vierteln Downtown Dubai und Dubai Marina. Unter ihnen stechen der einem aufgeblähten Dhau-Segel nachempfundene **Burj al-Arab** (▶ S. 121, 266) und das wellenförmige **Jumeirah Beach Hotel** besonders hervor.
Eine attraktive Alternative zu den großen Hotels sind kleinere Häuser im Vier-Sterne-Bereich, die u. a. in historischen Windturmhäusern residieren, wie sie es u. a. noch im restaurierten Bastakiya-Viertel in Bur Dubai gibt.
Das Flagschiff der Hotellerie von **Abu Dhabi** ist der von Kempinski betriebene **Emirates Palace**, der als touristisches Highlight auch von Nicht-Hotelgästen besichtigt werden kann (▶ S. 65, 268). Er liegt am Südende der Corniche von Abu Dhabi-Stadt, die sich über sieben Kilometer den Strand entlangzieht. Hier stehen die Hotels und Ferienresorts dicht an dicht.
Aber auch auf den Inseln Saadiyat, Yas und Sir Bani Yas haben sich Luxushotels und -resorts angesiedelt.

Hohes Preisniveau

Die VAE, und hier besonders Dubai und Abu Dhabi, sind ein teures Reiseland. Die Preise für eine Übernachtung in einem Fünf-Sterne-Hotel zählen in der Hauptsaison zwischen November und März zu den höchsten der Welt. Dies liegt am hohen Standard der Ausstattung und an der großen Nachfrage. Um die Weihnachtszeit und über Ostern sind die Häuser meist ausgebucht, in den Wintermonaten ist eine Belegungsquote von 80 Prozent normal.
Günstiger wird es allerdings im Spätfrühling und in den Sommermonaten, wenn die Außentemperaturen auf mehr als 40 Grad steigen. Dann reisen viele Einheimische nach Europa, die Hotelpreise fallen bis zu 60 Prozent. In der Regel ist es am günstigsten, wenn man von Deutschland aus bei einem Veranstalter bucht. Wer seine Reise individuell plant und evtl. nur einen mehrtägigen Stopover in Abu Dhabi oder Dubai einlegen will, erhält einen Überblick über die buchbaren mehr als 600 Hotels auf den Webseiten von Abu Dhabi und Dubai Tourismus.

Angesichts der Masse an teuren, internationalen Luxusunterkünften, besonders in Abu Dhabi und Dubai, scheint es fast so, als seien die Emirate ein Refugium wohlhabender, reicher Europäer, die sich im Urlaub verwöhnen lassen möchten. Doch finden sich im alten Stadtzentrum von Dubai und in den anderen Emiraten durchaus auch einfache und günstige Unterkünfte. Hier logieren oft Urlauber aus Asien oder Osteuropa und manchmal auch Backpacker, die auf dem Weg nach Asien sind und in den Emiraten einen Zwischenstopp einlegen. **Günstige Hotels**

In Dubai, Sharjah, Fujairah und Khor Fakkan gibt es recht komfortable Jugendherbergen (bait al-shabab), die von einer rührigen Organisation gemanagt werden. Mit einem Familienausweis erhalten Paare und Familien in der Regel ein gemeinsames Zimmer (in Dubai kostet das Doppelzimmer ca. 250 Dh). Ansonsten erfolgt die Unterbringung nach Geschlechtern getrennt und kostet zwischen 65 und 90 Dh pro Person. **Jugend-herbergen**

UAE Youth Hostel Association:
Al Nahda Road 39, Al Nahda 1, Qusais
P. O. Box 94141 Dubai
Tel. 04 2 98 81 51
www.uaeyha.com

Abu Dhabi und Dubai haben neuerdings eine Touristensteuer für Hotelübernachtungen eingeführt. In Abu Dhabi zahlt man vier Prozent der Hotelrechnung plus 15 Dh pro Nacht und Zimmer, in Dubai sind es 7 bis 20 Dh je nach Kategorie. **Touristen-steuer**

HOTELEMPFEHLUNGEN

Tipps zu Unterkünften finden Sie im Wissenskapitel »Luxushotels« (► S. 266) und im Kapitel »Ziele« bei den jeweiligen Destinationen.

HOTELS IN ABU DHABI
www.visitabudhabi.ae/de

HOTELS IN DUBAI
www.visitdubai.com/de

PREISKATEGORIEN HOTELS
(PREIS PRO NACHT IM DOPPELZIMMER)

€€€€	über 300 €
€€€	200 bis 300 €
€€	100 bis 200 €
€	bis 100 €

265

GRIFF NACH DEN STERNEN

*Wohnen wie im Raumschiff oder im Pri-
vatpool mitten zwischen Dünenbergen
durch die Wüste schwimmen? In den
VAE scheint nichts unmöglich, wenn Luxushotels sich im Wettstreit um die ausgefallensten Superlative zu übertreffen
versuchen. Manche Suiten sind dann
auch für kein Geld der Welt zu buchen,
außer man ist selbst ein Herrscher.*

Burj al-Arab –
Dubais Wahrzeichen

Sheikh Hamdan bin-Rashid al-Maktoum
traf beinah der Schlag, als er das Atrium
seines Hotelturms zum ersten Mal sah.
»Wo ist die Farbe?«, fragte er Chef-
designerin Khuan Chew. Alle Suiten hatte sie schon in buntester und üppigster
orientalischer Pracht ausgestattet,
3000 Quadratmeter Carraramarmor,

32 000 Quadratmeter italienische Mo-
saike und 8000 Quadratmeter Blattgold
verlegen lassen. Da wollte sie wenigs-
tens das Atrium in minimalistischem
Weiß wirken lassen. Doch sie hatte die
Rechnung ohne den Sheikh gemacht.
Und so erschien zur Eröffnung im Jahr
2000 auch das 180 Meter hohe Atrium
als Dom aus Farbe, Licht und Gold.
Der Burj al-Arab ist längst zum Wahrzeichen von Dubai geworden. »Zu so
einem Icon wird ein Bauwerk nur, wenn
man seine Silhouette erkennbar in drei
Sekunden zeichnen kann«, sagt Architekt Tom Wright, der den 321 Meter in
den Himmel ragenden »Arabischen
Turm« in Anklang an die Tradition der
arabischen Dhaus einem weißen Segel
im Wind nachempfand. Die Nobel-
herberge wird fälschlicherweise oft
»höchstes Hotel der Welt« oder
»Sieben-Sterne-Hotel« genannt. Trotz

dieses Etikettenschwindels herrscht dennoch kein Mangel an Superlativen: Die Suiten sind mindestens 170 Quadratmeter groß und beginnen bei etwas mehr als 1000 Euro pro Nacht. Mit dem privaten Lift geht es hinauf in die Welt des Luxus, zu der modernste Kommunikationstechnik und ein drehbares, pompösen Himmelbett aus Gold und Purpur gehören. Die Spiegel im Bad können dank eines ausgefeilten Kühlgebläses nicht beschlagen, und der Videoraum gleicht einem Kino. Dieses »Denkmal des Luxus« steht allerdings auf einer künstlichen Insel, die Nicht-Hotelgäste nur betreten, wenn sie einen Tisch in einem der Restaurants reserviert haben. Im **»Al-Mahara«** vielleicht, dem Spitzenrestaurant im Erdgeschoss des Burj al-Arab? Ein riesiges, raumhohes Aquarium, in dem sich tropische Fische zwischen Korallengärten tummeln, bildet hier die perfekte Kulisse für ein exquisite Seafood-Diner. Ein Drei-Gänge-Menü vom britischen Sternekoch Nathan Outlaw ist ab 450 Dh pro Person zu haben. Die Bar **»Gold on 27«** im 27. Stock des Burj al-Arab erstrahlt in Echtgold und serviert ausgefallene Cocktails wie den Light Sweet Crude aus Trüffelöl, Gänseleber und Islay-Whisky, eine Hommage an das Erdöl. Am **Infinity Pool** auf dem neuen Außenpooldeck lässt sich – am besten bei prickelndem Champagner – der Sonnenuntergang besonders gut genießen. Die Tagesmiete für eine Strand-Cabana beträgt für externe Gäste 2500 Dh, was noch immer erheblich preisgünstiger ist als eine Hotelübernachtung.

Jumeirah Beach
Tel. 04 3 01 77 77
202 Suiten
www.jumeirah.com/burjalarab

Restaurant Al Mahara: Tel. 04 3 01 76 00 (unbedingt vorher reservieren), www.almaharadubai.com
Bar Gold on 27: Tel. 800 46 53 66 27
www.goldon27.com

W Dubai Al Habtoor City – Im Design der Zukunft

Dieses Designhotel stellt die Hotelwelt auf den Kopf. Das beginnt schon beim Check-in, denn die Lobby ist hier nicht im Erdgeschoss, sondern auf der 30. Etage. Die Innenarchitekten der Silverfox Studios in Singapur ließen sich beim Entwurf des Interieurs von dem unentwegt fließenden Verkehr auf der am Hotel vorbeiführenden Sheikh Zayed Road inspirieren. Der verspiegelte Eingangsbereich mutet wie ein Raumschiff aus einem Science-Fiction-Film an (▶ S. 109). Dynamisch wirkende Linien in hellen Blau-Weiß-Tönen und galaktische Beatrhythmen hüllen die Gäste ein. Zimmer und Suiten sind eine Hommage an modernen Lifestyle. Alle lassen sich per Smartphone öffnen und besitzen einen Highspeed Internetzugang. In den futuristischen Wohnlandschaften sorgen wandhohe Fensterfronten für Licht. Die 690 Quadratmeter große »Extreme WOW Suite« erstreckt sich über zwei Etagen und hat ein DJ-Pult sowie eine Tanzfläche. Wer so etwas in seinem Zimmer vermisst, kann sich abends auch im Boa-Rooftop-Club unter die Leute mischen.
Der Service Whatever/Whenever (Was immer/Wann immer) erfüllt auch die ausgefallensten Wünsche. Wer will, kann sich nachts um zwei Uhr ein Paar Joggingschuhe kommen oder die Badewanne mit Schokolade füllen lassen.

Al Habtoor City, Sheikh Zayed Road
Tel. 04 436 66 66 | 356 Zi. und 76 Suiten
www.habtoorcitydubai.com

Emirates Palace – Alles Gold, was glänzt

Böse Zungen munkeln, dass der Herrscher von Abu Dhabi mit dem Bau des 2005 eröffneten Emirates Palace dem kleinen Nachbarn Dubai einmal so richtig zeigen wollte, wo das Zentrum der Macht liegt: in seinem Emirat nämlich. In der Tat stiehlt das Luxushotel, das ursprünglich als Unterkunft für hochrangige Staatsgäste geplant war, Dubais »Burj al-Arab« mit so manchen Zahlen die Schau. Mit einer Nutzfläche von einer Millionen Quadratmetern ist es das größte Hotel der Welt und mit geschätzten Baukosten von rund drei Milliarden US-Dollar auch eines der teuersten. Die Wände und Decken innen sind mit insgesamt 8000 Quadratmeter Blattgold verziert. Es gibt 1002 riesige Kronleuchter, 128 Küchen und 114 vergoldete Kuppeln. 2000 Mitarbeiter aus 50 Nationen verwöhnen die Gäste. Bei den Angaben zur Anzahl der Zimmer und Suiten fallen die geheimen Ruler Suites im 8. Stock des Hotels immer unter den Tisch. Sie sollen jeweils 680 Quadratmeter groß sein und sind den Herrscherfamilien der Nachbaremirate sowie ausländischen Staatsgästen vorbehalten. »Die Herrschersuiten sind jederzeit bezugsbereit«, heißt es bei Kempinski, dem Betreiber des Hotels, denn die Sheikhs tauchen oft ohne Vorankündigung auf. Während Angela

Merkel schon einmal in einer »Ruler Suite« übernachten durfte, musste Bernie Ecclestone, der die Formel 1 nach Abu Dhabi brachte, mit einer gewöhnlichen Suite vorliebnehmen. Nur prominent oder wohlhabend zu sein, reicht halt nicht immer aus.

Corniche Road West | Tel. 02 6 90 90 00
320 Zi. und 92 Suiten
www.emiratespalace.com

Qasr Al Sarab – Palast der Fata Morgana

Die Liwa-Oasen sind das Tor zur größten Sandwüste der Welt, der Rub al-Khali. Emir Sheikh Khalifa eröffnete hier 2009 eine der wohl spektakulärsten Hotelanlagen von Abu Dhabi: Im »Qasr Al Sarab«, dem »Palast der Fata Morgana«, verbinden sich Exotik, Abenteuer und Luxus auf fast schon irritierende Weise. Mit seinen sandfarbenen Zinnen und Windtürmen, seinen verschwiegenen Höfen und Aussichtsterrassen zitiert das Wüstenschloss, das zur thailändischen Anantara-Hotelkette gehört, die Formensprache der traditionellen, emiratischen Lehmbau-Architektur. Die Unterkünfte sind mit antikem Mobiliar ausgestattet, die Villen haben sogar einen eigenen Pool. Das Excursion Centre kümmert sich um Wüstensafaris per Jeep oder Quad, Heißluftballon-Touren, Kamelsafaris und Falkenjagden in die Wüste. Ein schicker Wellnessbereich, ein orientalischer Hammam (Dampfbad) sowie eine Dachterrasse mit Blick auf die Sanddünen der Rub al-Khali machen den Aufenthalt zu einem unvergesslichem Erlebnis.

Liwa-Oasen, Abu Dhabi,
Qasr Al-Sarab Road, Hamim
Tel. 02 8 86 20 88
154 Zi., 10 Suiten, 42 Villen
http://qasralsarab.anantara.com

P
PRAKTISCHE INFOS

Wichtig, hilfreich, präzise

Unsere Hintergrundinformationen
beantworten (fast) alle Ihre Fragen zu den
Vereinigten Arabischen Emiraten.

أبوظبي

Abu Dhabi

دبي

Dubai

KURZ & BÜNDIG

ELEKTRIZITÄT
Die Stromspannung beträgt 220/240 Volt, 50 Hertz. Flache Stecker kann man in zwei der Pole einstecken, für Schukostecker benötigt man einen Adapter, den man in Elektrogeschäften und Supermärkten bekommt.

NOTRUFE

POLIZEI
Tel. 999

AMBULANZ
Tel. 998 und Tel. 999

ROTER HALBMOND
Tel. 998

FEUERWEHR
Tel. 997

ADAC-NOTRUFZENTRALE MÜNCHEN
Tel. 00 49 89 22 22 22

DRK-FLUGDIENST DÜSSELDORF
Tel. 00 49 211 91 74 99 39

DEUTSCHE RETTUNGS-FLUGWACHT STUTTGART
Tel. 00 49 71 17 00 70

NOTRUFDIENST ÖSTERREICH
ÖAMTC-Notrufzentrale Wien
Tel. 00 43 12 51 20 00

NOTRUFDIENST SCHWEIZ
Schweizerische Rettungsflugwacht Zürich
Tel. 00 41 4 46 54 33 11

WAS KOSTET WIE VIEL?
3-Gänge-Menü: ab 20 €
Einfaches Essen: ab 7 €
Tasse Kaffee: 1–2 €
Glas Fruchtsaft: 1–1,50 €
1 l Benzin: 25–35 Cent
Doppelzimmer: ab 150 €
Preise für Restaurants S. 2
Preise für Hotels S. 2

ZEIT
Die VAE sind Mitteleuropa um drei Stunden voraus, während der Sommerzeit nur um zwei Stunden.

ANREISE · REISEVORBEREITUNG

Aus Deutschland, Österreich und der Schweiz

Lufthansa fliegt täglich von Frankfurt nach Abu Dhabi und Dubai. Die Flugzeit beträgt etwa sechs Stunden. Etihad, Emirates, Gulf Air (über Bahrain), Kuwait Airways (über Kuwait) und Qatar Airways (über Doha) bieten Verbindungen in beide Metropolen an. Qatar Airways zusätzlich auch nach Sharjah und Ras al-Khaimah. Sun Express bietet im Winter (Hauptsaison) einmal pro Woche Charterflüge von acht deutschen Städten an. Von Wien aus fliegen mehrmals wöchentlich Austrian Airlines und Emirates nach Abu Dhabi und Dubai, von Zürich aus Swiss, Emirates und Qatar Airways.

█ Fluggesellschaften

AUSTRIAN AIRLINES
Tel. 05 17 66 10 00
www.austrian.com

EMIRATES
Tel. 069 945 19 20 00
www.emirates.com

ETIHAD
Tel. 030 95 99 98 05
www.etihad.com

GULF AIR
Tel. 069 71 91 12 11
www.gulfair.com

KUWAIT AIRWAYS
Tel. 069 2 42 92 90
www.kuwaitairways.com

LUFTHANSA
Tel. 069 86 79 97 99
www.lufthansa.com

QATAR AIRWAYS
Tel. 069 2 50 90 44 00
www.qatarairways.com

SWISS
Tel. 08 48 70 07 00
www.swiss.com

█ Flugauskünfte/VAE

ABU DHABI
Tel. 02 5 05 55 55
www.abudhabiairport.ae

DUBAI
Tel. 04 2 24 55 55
www.dubaiairports.ae

RAS AL-KHAIMAH
Tel. 0 72 07 52 00
www.rakairport.com

SHARJAH
Tel. 0 65 53 11 11
www.sharjahairport.ae

█ Ein- und Ausreisebestimmungen

Deutsche, Österreicher und Schweizer erhalten bei Ankunft auf einem Flughafen dewr Vereinigten Arabischen Emirate (VAE) – in der Regel Abu Dhabi oder Dubai – ein kostenloses, 30 Tage gültiges Visum (»Visa on Arrival«). Dazu benötigt man einen noch mindestens sechs Monate gültigen Reisepass. Für die Ein- und Ausreise in den Oman, während eines Ausflugs beispielsweise, reicht ein Visum aus den Emiraten (▶ S. 287).   **Reise-dokumente**

Für Deutsche, Österreicher und Schweizer reicht in den VAE ein nationaler Führerschein. Für einen Ausflug in den Oman benötigt man allerdings einen internationalen Führerschein.   **Kfz-Papiere**

Bei der Einreise in die VAE unterliegen persönliche Dinge keinerlei Zollvorschriften. Es können 200 Zigaretten (Abu Dhabi: 800, Dubai: 400) oder 50 Zigarren oder 250 g Tabak (Dubai: 500 g) und 2 l Spirituosen sowie 2 l Wein zollfrei eingeführt werden. Im Emirat Sharjah ist die Einfuhr von alkoholischen Getränken verboten.   **Zollbestimmungen**

Wiederein-
reise nach
Deutsch-
land und
Österreich

Zollfrei für Reisende ab 17 Jahre sind 200 Zigaretten oder 100 Zigarillos oder 50 Zigarren oder 250 g Rauchtabak und 1 l Spirituosen mit
über 22 % Alkoholgehalt oder 2 l Spirituosen mit max. 22 % Alkoholgehalt und 4 l Wein und 16 l Bier. Reisemitbringsel dürfen einen Ge-
samtwert von 430 € nicht überschreiten (für Reisende unter 15 Jahre:
bis 175 €; www.zoll.de).

Wiederein-
reise in die
Schweiz

Bei der Wiedereinreise in die Schweiz gelten für Reisende ab 17 Jahre
folgende Freimengen: 200 Zigaretten, 100 Zigarillos, 50 Zigarren oder
250 g Tabak; 2 l Wein oder andere Getränke bis zu einem Alkoholgehalt
von 15 % sowie 1 l Spirituosen mit mehr als 15 % Alkoholgehalt. Souvenirs dürfen bis zu einem Wert von 300 sfr zollfrei eingeführt werden.

▌ Krankenversicherung und Impfungen

Empfehlung

Der Abschluss einer privaten Auslandsreisekranken- und Rückholver-
sicherung mit uneingeschränkter Kostenübernahme wird unbedingt
empfohlen. Impfungen für die Einreise in die VAE sind nicht vorge-
schrieben. Ärzte empfehlen aber, sich gegen Polio, Tetanus und Diph-
terie impfen zu lassen. Sonnenschutzcremes mit hohem Lichtschutz-
faktor und ein Mittel gegen Durchfall gehören auch ins Reisegepäck.

AUSKUNFT

Die Vereinigten Arabischen Emirate unterhalten in Europa kein Frem-
denverkehrsamt. In Frankfurt/Main gibt es Informationsbüros von Abu
Dhabi und Dubai. Auch die Deutsch-Arabische Gesellschaft (www.
d-a-g.de) und der Euro-Arabische Freundschaftskreis (www.eaf-ev.de)
informieren über die VAE.

TOURISTENINFORMATION

GOVERNMENT OF DUBAI
DEPARTMENT OF TOURISM
AND COMMERCE MARKETING
Bockenheimer Landstr. 23
60325 Frankfurt/Main
Tel. 0049 69 7 10 00 20
www.visitdubai.com
(auch für Österreich und die
Schweiz zuständig)

ABU DHABI
TOURISM & CULTURE
AUTHORITY
Goethestr. 27
60313 Frankfurt/Main
Tel. 0049 69 2 99 25 39 20
www.visitabudhabi.ae
(auch für Österreich und die
Schweiz zuständig)

BOTSCHAFTEN

BOTSCHAFT DER VAE
Hiroshimastr. 18–20
10785 Berlin | Tel. 030 51 65 16
www.uae-embassy.ae/
Embassies/de

GENERALKONSULAT DER VAE
Lohengrinstr. 21
81675 München | Tel. 089 41 97 70

BOTSCHAFT DER VAE
Chimanistr. 36, 1190 Wien
Tel. 01 3 68 14 55
www.botschaft-wien.com/verei
nigten-arabischen-emiraten.html

BOTSCHAFT DER VAE
Thunstr. 160 | 3074 Muri
Tel. 031 3 12 17 10
www.botschaft-bern.com/verei
nigten-arabischen-emiraten.html

BOTSCHAFTEN IN DEN VAE

BOTSCHAFTEN DER BRD
www.uae.diplo.de
Abu Dhabi
West Tower, 14. Etage
The Towers of the Trade Centre,
Abu Dhabi Mall | Tel. 02 5 96 77 00
Dubai
Street 14 A, Jumeirah 1
Tel. 04 3 49 88 88

BOTSCHAFT DER
REPUBLIK ÖSTERREICH
Abu Dhabi
Sky Tower, Office No. 504
Al Reem Island | P. O. Box 35539
Tel. 02 6 94 49 99
www.bmeia.gv.at/abu-dhabi.html

BOTSCHAFT DER SCHWEIZERI-
SCHEN EIDGENOSSENSCHAFT
Abu Dhabi
Capital Center Building,
17. Etage, Capital Center
Kaleej Al Arabi Street
Tel. 02 6 27 46 36
www.eda.admin.ch/uae

KONSULAT DER SCHWEIZERI-
SCHEN EIDGENOSSENSCHAFT
Dubai
World Trade Centre, 22. Stock
P. O. Box 93 00
Tel. 04 3 29 09 99

INTERNET

WWW.VISITABUDHABI.AE
Die offizielle Webseite der Touris-
musbehörde von Abu Dhabi informiert auch in deutscher Sprache.

WWW.VISITDUBAI.COM
Bietet übersichtlich geordnete Informationen zum Emirat Dubai. Hier
kann man auch Hotelzimmer buchen
(in deutscher Sprache).

WWW.DUBAI-CITY.DE
Die deutschsprachige Webseite bietet
Nachrichten, Wissenswertes und tou-
ristische Informationen über Dubai.

WWW.AJMANTOURISM.AE
Die offizielle Webseite der Tourismus-
behörde Ajman informiert in englischer
Sprache.

WWW.FURAIRAHTOURISM.AE
Die Homepage des Emirats Fujairah
bietet touristische Informationen in
englischer Sprache.

WWW.RASALKHAIMAH.AE
Die offizielle Webseite von Ras
al-Khaimah bietet touristische
Informationen (auch auf Deutsch).

WWW.SHARJAHTOURISM.AE
Die übersichtlich gestaltete Website
wendet sich in erster Linie an
Touristen und Besucher des Emirats
(auch in deutscher Sprache).

HTTP://EXPATAKTUELL.DE
Auf dieser Webseite informieren
deutsche, schweizerische und
österreichische Expats über
Aktuelles aus den Emiraten und
aus der Golfregion.

ETIKETTE

Bekleidung In allen sieben Emiraten wird erwartet, dass sich Besucher und Touristen entsprechend den in islamischen Ländern geltenden Regeln verhalten. Dazu gehört der **Verzicht auf eine offenherzige Bekleidung**. Männer sollten beim Stadtbummel kurze Hosen und Achselshirts vermeiden, bis zum Knie reichende Bermudashorts und Polohemden sind nur in Dubai akzeptabel. Frauen lassen körper- bzw. figurbetonende Röcke, Hosen oder Blusen im Hotelschrank. Kleidungsstücke, die den Körper locker bedecken, schützen ohnehin besser vor der immensen Sonneneinstrahlung. Offene Haartracht gilt in islamischen Ländern als aufreizendes Symbol. Wer also (über-)schulterlanges Haar hat und außerhalb von Dubai auf Besichtigungstour ist, bindet die Haare besser zusammen. Außerdem sollten Paare darauf verzichten, in der Öffentlichkeit Zärtlichkeiten auszutauschen.

Zurückhaltung gegenüber Frauen Arabische Frauen und Mädchen wollen weder fotografiert noch von Ausländern angesprochen werden, selbst dann nicht, wenn man nur nach dem Weg fragen will. Auch werden Frauen ohne Handschlag begrüßt.

Alkohol in der Öffentlichkeit In der Öffentlichkeit darf kein Alkohol getrunken werden. Der Genuss alkoholischer Getränke ist beschränkt auf Hotels, lizensierte Restaurants, Bars und Diskotheken. Im Emirat Sharjah ist Alkohol sogar völlig tabu. Alkoholisiert Auto zu fahren wird streng geahndet. Während des Fastenmonats Ramadan sollten auch Touristen nicht in der Öffentlichkeit essen, trinken oder rauchen.

Fotografierverbote Einige Regierungsgebäude, Hafenanlagen, Erdölkomplexe und militärische Einrichtungen sind »restricted areas« und dürfen nicht fotografiert werden. Möchte man die Paläste der Angehörigen der Herrscherfamilien fotografieren, fragt man besser vorher die Wache. Selbstverständlich wollen auch normalsterbliche Emiratis gefragt werden, bevor man einen Schnappschuss von ihnen macht.

Emiratis privat Erhält man eine private Einladung in das Haus eines Emirati – was Touristen eher selten passieren dürfte –, bringt man ein Geschenk für die Kinder mit – nicht für die Ehefrau, nach der man sich auch nicht erkundigt. In Privathäusern ist es üblich, die Schuhe auszuziehen. Auch sollte man so sitzen, dass die Fußsohlen nicht auf eine andere Person zeigen.

Service & Trinkgeld Bei Hotelrechnungen werden neben 8 bis 10 Prozent Steuern auch 10 bis 15 Prozent »Service charge« zum Rechnungsbetrag addiert, daher erübrigt es sich, Trinkgeld zu geben. Jedoch werden diese Gebühren nicht an das Personal weitergegeben, sodass man in Ausnahmefällen für ganz besonders guten Service ein kleines Trinkgeld geben kann. Auch Restaurants gehen zunehmend dazu über, zum Rechnungsbetrag neben Steuern auch Service oder »T p« zu acdieren. In diesem Fall ist ein weiteres Trinkgeld überflüssig.

Öffentliche Toiletten sind in den VAE kaum vorhanden. Man sucht bei Bedarf eine Shoppingmall, eine Metrostation oder ein Hotel auf. Sitztoiletten sind meist mit einem Wasserschlauch zur persönlichen Hygiene ausgestattet.

Dringende
Bedürfnisse

GELD

Landeswährung ist der Dirham (Dh), unterteilt in 100 Fils. In Umlauf sind Münzen im Wert von 1, 5, 10, 25 und 50 Fils sowie 1 Dh und Banknoten im Wert von 5, 10, 20, 50, 100, 200 und 500 Dh. Der Dirham ist mit 3,67 Dh pro 1 US-$ fest an die amerikansche Währung gebunden.
Geld kann bei Banken, in Hotels und in Geldwechselstuben (money exchange) gewechselt werden. An Bankautomaten erhält man mit der Bank- oder Kreditkarte Bargeld.

Landeswährung

WECHSELKURS
1 EUR = ca. 4,24 Dh
1 Dh = ca. 0,23 €
1 CHF = ca. 3,84 Dh
1 Dh = ca. 0,26 CHF
Aktuelle Wechselkurse: www.oanda.com/lang/de/currency/converter

Kreditkarten sind in den VAE das häufigste Zahlungsmttel. Gelegentlich erheben kleine Läden einen Zuschlag von 3 bis 5 Prozent, wenn man mit Kreditkarte statt Bargeld bezahlt.
Bei Verlust oder Problemen mit Kreditkarten wendet man sich in den VAE an: American Express, Tel. 8 00 49 31; D ners, Tel. 0 43 03 24 31; Master Card, Tel. 0 43 32 29 56 oder Visa, Tel. 04 2 23 68 88. Bei Verlust der Kreditkarte oder des Handys kann man sich auch an den **Sperrnotruf** in Deutschland wenden: Tel. 00 49 11 61 16.

Kreditkarten

Banken haben in der Regel So.-Do. 8.–12/13 Uhr geöffnet; einige Banken öffnen zusätzlich 16–17 Uhr. Die Wechselstuben (money exchange) öffnen tgl. 9–13 und 16–20 Uhr.

Öffnungs-
zeiten

GESUNDHEIT

Medizinische Versorgung

Die Versorgung mit Krankenhäusern (hospital) und niedergelassenen Ärzten (clinic) ist hervorragend; die Ärzte sprechen in der Regel Englisch, manche sogar Deutsch. In staatlichen Krankenhäusern werden in Notfällen mäßige Gebühren erhoben. Sucht man eine Arztpraxis auf, bezahlt man für eine Konsultation inkl. Erstversorgung etwa 100–200 Dh.

▌ Gesundheitsvorsorge

Apotheken

Apotheken heißen in den VAE »pharmacy« oder »chemist's«. Erhältlich sind fast alle Medikamente, meist rezeptfrei und recht preiswert, jedoch oft unter anderem Namen, sodass man regelmäßig benötigte Medikamente besser mit auf die Reise nimmt. In der Regel sind Apotheken von 8/9 bis 20 Uhr geöffnet, mit einer ca. zweistündigen Mittagspause in der Zeit zwischen 13 und 17 Uhr.

Sonnenschutz

Ein ausreichender Sonnenschutz ist unentbehrlich. Bei den hohen Tagestemperaturen in den VAE sollte man viel trinken, um den starken Wasserverlust des Körpers auszugleichen.

Erkältungen

Fast alle öffentlichen Gebäude in den VAE sowie Hotels und Restaurants sind klimatisiert. Da der Unterschied zur Außentemperatur oft mehr als 15 °C beträgt, zieht man sich leicht eine Erkältung zu. Empfehlenswert ist daher, auf Spaziergängen und Besichtigungstouren immer ein leichtes Jackett oder einen dünnen Pullover für den Aufenthalt in den Innenräumen mitzunehmen.

KRANKENHÄUSER IN ABU DHABI

SHEIKH KHALIFA MEDICAL CITY
Tel. 0 28 19 00 00
www.skmc.ae

MAFRAQ HOSPITAL
Tel. 02 5 01 11 11
www.seha.ae/mafraq

AL-SALAMA HOSPITAL
(auch zahnärztliche Behandlungen)
Tel. 0 26 96 67 77
www.alsalamahospital.com

KRANKENHÄUSER IN DUBAI

LATIFA HOSPITAL
(besonders für Kinder und Frauen)
Tel. 0 42 19 30 00
www.dha.gov.ae/en/
LatifaHospital

AMERICAN HOSPITAL DUBAI
Tel. 04 3 36 77 77
www.ahdubai.com

RASHID HOSPITAL
Tel. 04 2 19 10 00
www.dha.gov.ae/en/
RashidHospital

LITERATURTIPPS

Tausendundeine Nacht. C. H. Beck Verlag, München 2016. Die mehr als 700 Jahre alten Erzählungen des Bandes wurden nach ihrer ältesten arabischen Handschrift in der Ausgabe von Muhsin Mahdi von Claudia Ott ins Deutsche übertragen. Dabei gelang es der Übersetzerin, den Charakter der Originalgeschichten zu erhalten.

Belletristik

Stefan Weidner (Hg.): Die Farbe der Ferne. Moderne arabische Dichtung. C. H. Beck Verlag, München 2000. Die Anthologie führt die ganze Formenvielfalt der zeitgenössischen arabischen Lyrik vor.

Erdmute Heller und Hassouna Mosbahi (Hg.): Islam, Demokratie, Moderne. C. H. Beck Verlag, München 2001. Eine Textsammlung arabischer Autoren, die sich mit politischen, gesellschaftlichen und religiösen Problemen der arabisch-islamischen Welt auseinandersetzen.

Geschichte, Politik, Kulturgeschichte

Rainer Hermann: Die Golfstaaten. Wohin geht das neue Arabien? dtv, München 2011. Die arabische Welt ist in Aufruhr. Rainer Hermann, seit 2008 Nahost-Korrespondent der FAZ, stellt das Entwicklungsmodell der Golfstaaten vor. Sehr lesenswert.

Sultan Bin-Muhammad al-Qasimi: Meine frühen Lebensjahre. Georg Olms Verlag, Hildesheim 2011. Biografie des 1939 geborenen und am längsten amtierende Emirs der VAE. Am interessantesten lesen sich die Kapitel, in denen der Herrscher von Sharjah beschreibt, wie sich die panarabischen Ideen des Ägypters Nasser an der Golfküste verbreiteten und zur wichtigsten geistigen Strömung unter der damaligen Jugend wurden.

Navid Kermani: Gott ist schön. C. H. Beck Verlag, München 2011. Eine unterhaltsame und zugleich wissenschaftliche, juristische, literarische und historische Analyse des Koran.

Islam, Kulturgeschichte

Frauke Heard-Bey: Die Vereinigten Arabischen Emirate zwischen Vorgestern und Übermorgen – die Gesellschaft eines Golfstaates im Wandel. Georg Olms Verlag, Hildesheim 2010. Die Historikerin, seit 1967 in Abu Dhabi, zeichnet die Geschichte des Staats seit seiner Gründung.

Ibn Battuta: Reisen ans Ende der Welt 1325–1353. Hrsg. von Hans D. Leicht. K. Thienemann Verlag (Edition Erdmann), Stuttgart 1999. Ibn Battuta, der »arabische Marco Polo«, Rechtsgelehrter, Abenteurer,

Reiseberichte

Pilger und Diplomat, war insgesamt 27 Jahre lang auf Reisen, die ihn bis nach Indien und China führten. Mit seinen Aufzeichnungen lieferte er den wohl eindrucksvollsten Bericht über die islamische Welt des Mittelalters.

DuMont Bildatlas Nr. 24: Dubai · Abu Dhabi · VAE. DuMont Reiseverlag, Ostfildern 2016. Atmosphärische Reportagen, politische, wirtschaftliche und kulturelle Hintergrundberichte, die höchsten Wolkenkratzer, die verrücktesten Hotels und die schönsten Wüstenerlebnisse sowie viele reisepraktische Tipps von Jochen Müssig, gekoppelt mit einzigartigen Fotos von Martin Sasse.

Wilfred Thesiger: Die Brunnen der Wüste. Mit den Beduinen durch das unbekannte Arabien. Piper Verlag, München 1998. In den Jahren 1947 bis 1950 durchquerte der britische Forscher und Weltreisende zusammen mit Beduinen die Wüste Rub al-Khali, das »Leere Viertel« der Arabischen Halbinsel.

Arabische Küche **Ramzi Choueiry:** Chef Ramzis Arabisches Kochbuch. Georg Olms Verlag, Hildesheim 2014. Der in den VAE wie in der gesamten arabischen Welt berühmte Fernsehkoch aus dem Libanon mit renommierter Kochschule liefert traditionelle Rezepte für Mezze, Hauptspeisen und Desserts.

Magdi und Christine Gohary, Brahim Lagunaoui: Arabisch kochen – Gerichte und ihre Geschichte. Werkstatt Verlag, Göttingen 2004. Eine kulinarische Entdeckungsreise, bei der das Wasser im Munde zusammenläuft.

POST · TELEKOMMUNIKATION

WLAN Die meisten internationalen Hotels in den Emiraten bieten kostenfreies WLAN an.

Telefonieren Die in Westeuropa gängigen **Handys** funktionieren in den VAE problemlos. Die nationale Telefongesellschaft Etisalat bietet Touristen für den Zeitraum ihres Aufenthalts in den VAE den Kauf einer SIM-Karte an; diese **»Ahlan«-Karte** erhält man in den Duty-Free-Shops an den Flughäfen und in den Filialen von Etisalat. Im Kaufpreis von 75 Dh sind 25 Dh Gesprächsguthaben enthalten.

TELEFONNUMMERN

LÄNDERVORWAHLEN

VON DEUTSCHLAND, ÖSTER-
REICH UND DER SCHWEIZ ...
... in die VAE: 0 09 71
Die 0 der nachfolgenden
Ortsvorwahl entfällt.

VON DEN VAE ...
... nach Deutschland: 00 49
... nach Österreich: 00 43
... in die Schweiz: 00 41
Die 0 der nachfolgenden
Ortsvorwahl entfällt.

ORTSVORWAHLEN
Abu Dhabi: 02
Ajman: 06
Al Ain: 03
Dubai: 04
Fujairah: 09
Ras al-Kaimah: 07
Sharjah: 06
Umm al-Quwain: 06

TELEFONAUSKUNFT:
180 (gebührenfrei)

PREISE · VERGÜNSTIGUNGEN

Die Hotels senken ihre Preise im Sommer erheblich und bieten häufiger »special rates« bzw. »packages« mit Halb- oder Vollpension (s.a. S. 272 »kurz und bündig«).

REISEZEIT

Angesichts der recht kurzen Flugdauer von ca. sechs Stunden und der zwischen Oktober und April angenehmen Temperaturen sind die Emirate ein ideales Reiseziel fürs **Winterhalbjahr**. Als optimale Reisezeit bieten sich die Monate November bis März an, jedoch sind die Hotels in der Hochsaison, d. h. Weihnachten, Ostern – und in Dubai auch während des »Shopping Festivals« (▶ S. 261) in der Zeit von Mitte Januar bis Mitte Februar – weitgehend ausgebucht und die Zimmerpreise besonders hoch.
Während der heißen **Sommermonate** verlassen viele Einheimische ihr Emirat, und bereits im Mai senken die Hotels ihre Preise. Da die Temperaturen jedoch bis zu 50 °C steigen, empfiehlt es sich, in dieser

Zeit nicht in die VAE zu fliegen. Auch ist von einem Urlaubstrip im Fastenmonat Ramadan (▶ S. 256) abzuraten. Die Fastenregeln sind streng, und von Touristen wird erwartet, dass sie Rücksicht auf die Muslime nehmen. Restaurants öffnen während dieser Zeit erst nach Einbruch der Dunkelheit, und das geschäftliche und öffentliche Leben ist auf ein Minimum reduziert. In Dubai sind die mit dem Ramadan verbundenen Einschränkungen weniger stark.

Klima
Die VAE besitzen ein ganzjährig arides Klima. Regen geht meist nur während der Wintermonate nieder. Die durchschnittliche jährliche Niederschlagsmenge liegt unter 100 mm. Die Temperaturen fallen selten unter 20 °C.

Während der **Sommermonate**, von Mai bis August, steigt das Thermometer auf Werte von mehr als 40 °C. und manchmal sogar 50 °C. Die durchschnittliche tägliche Sonnenscheindauer liegt bei elf Stunden (im Winter bei acht Stunden). Die Luftfeuchtigkeit ist gering und tendiert im Landesinneren, wo es mitunter jahrelang nicht regnet, gegen 20 Prozent. Im Sommer sieht man daher tagsüber kaum Menschen auf den Straßen; die einheimische Bevölkerung flieht dann in kühlere Regionen.

Im **Winterhalbjahr** gehen die Temperaturen tagsüber auf Werte zwischen 20 und 30 °C zurück. Die Luftfeuchtigkeit ist während dieser regenreicheren Monate oft beträchtlich und kann an manchen Tagen sogar auf mehr als 90 Prozent steigen. Berüchtigt ist besonders der aus Nordwesten wehende, **Shimal** (Nord) genannte Wind. Der Shimal tritt zwischen Mai und Juli auf und kann mit Sandstürmen, manchmal aber auch mit Regen einhergehen. Er macht empfindlichen Menschen schwer zu schaffen, die dann unter Kopfschmerzen, gelegentlich auch unter Atembeschwerden leiden können.

Wassertemperaturen
Das Meer bietet das ganze Jahr hindurch eine recht angenehme Badetemperatur. Selbst im Januar und im Februar werden 20 °C Wassertemperatur erreicht. In den folgenden Monaten steigen die Wassertemperaturen allmählich an und erreichen im August sogar mehr als 30 ° C. Die Hotel-Pools werden in den Sommermonaten sogar gekühlt.

Sicherheit
Die VAE gehören zu den sichersten Ländern der Erde. Taschendiebstahl oder Autoaufbruch, Betrug im Restaurant und beim Einkauf oder gar Raub und Gewalt sind in den Emiraten – wie auf der gesamten Arabischen Halbinsel – nahezu unbekannt. Rund um die Uhr kann man sich überall frei bewegen und aufhalten, ohne Angst haben zu müssen; das gilt auch für allein reisende Frauen.

Bei Beschwerden und in Notfällen wendet man sich an das **Tourist Security Department** in Abu Dhabi (Tel. 0 25 12 77 77) oder Dubai (Tel. 8 00 44 38).

SPRACHE

In den VAE ist Arabisch die Amtssprache, jedoch verstehen die meisten Emirati auch Englisch. Straßen und Gebäude sind fast immer in Arabisch und Englisch ausgeschildert. Amtssprache

Da Arabisch die Sprache des Korans und des Propheten ist, kommt ihr eine religiöse Bedeutung zu. Im 7. Jh. verbreitete sie sich zeitgleich mit dem Islam überall auf der Arabischen Halbinsel. Über die Jahrhunderte entwickelten sich zahlreiche Regionalsprachen und Dialekte, die vom klassischen Hocharabisch abweichen. Sprache des Propheten

Die arabische Sprache gehört zu den semitischen Sprachen. Die arabische Schrift basiert auf der altsemitischen Konsonantenschrift der Nabatäer und besteht aus 28 Zeichen, die auf nur 17 unterschiedlichen Formen beruhen. Die weitere Unterscheidung erfolgt durch einen oder mehrere Punkte über oder unter dem Buchstaben. Geschrieben wird von rechts nach links. Eine Ausnahme bilden die arabischen Zahlen, die von links nach rechts gelesen werden. Die arabische Schrift ist die – nach der lateinischen – am häufigsten verwendete Schrift der Welt. Sprachfamilie

Ungewöhnlich sind die auf der Arabischen Halbinsel verbreiteten Namensfolgen, die sich stets aus mehreren Bestandteilen zusammensetzen. Ein vollständiger Name beinhaltet neben dem jeweiligen Vor- und Familiennamen auch den Namen des Vaters (und oft auch des Großvaters), gelegentlich auch den Namen des Stammes. Diese Elemente werden verbunden durch »Bin ...«, »Sohn von ...«, bzw. »Bint ...«, »Tochter von ...«. So behalten auch Frauen nach ihrer Hochzeit ihren Namen. Namensbestandteile der Herrscher der Emirate sind zudem die Stammbezeichnungen: Sheikh Zayed Bin-Sultan Bin-Khalifa Bin-Zayed al-Nahyan al-Bu Falah bedeutet: Scheich Zayed, Sohn des Sultan, Sohn des Khalifa, Sohn des Zayed aus der Familie Nahyan vom Stamm der Bu Falah. Arabische Namen

BASISWORTSCHATZ ARABISCH

EINIGE REDEWENDUNGEN

Guten Tag/Willkommen	**marhaba**
Gruß für alle Gelegenheiten	**salam, assalama**
Antwort	**marhaben**
Guten Morgen	**s'bâh el-cheir**
Guten Abend	**m'sâ el-cheir**
Gute Nacht	**liltek saida**
Auf Wiedersehen	**beslama**

PRAKTISCHE INFORMATIONEN
SPRACHE

Herr / Frau	**sidi / lalla**
Geben Sie mir ...	**atini ...**
Haben Sie ...	**ândik ...**
Ich habe nicht ...	**ma'andisch ...**
Wie bitte?	**neschnu**
Ich heiße ... (Josef)	**ana ismi ... (Youssouf)**
Ich bin ... (Josef)	**ana ... (Youssouf)**
(das Verb »sein« gibt es im Arabischen nicht)	
Deutschland	**Almanja**
Ich bin Deutscher/Deutsche	**ana Almani/Almania**
Ich bin Österreicher/in	**ana Nimsaui/Nimsauia**
Ich bin Schweizer/in	**ana Swissri/Swissria**
Sprechen Sie ...	**tkâlâm anta (anti) ...**
... Arabisch?	**... arabia?**
... Deutsch	**... almaniya**
... Französisch	**... fransaui (suri)**
... Englisch	**... l'inglesiya**
Ich verstehe nicht	**ana ma âfhamsch**
Entschuldigung	**samachni**
Ich möchte bitte	**min fadlak**
Danke	**schukran, saha**
(förmlich)	**barak-allahu fik**
Nein danke	**la barak-allahu fik**
Hör zu	**afak, asma**
Verzeihung	**samachni**
Guten Appetit	**schaia taiba**
Ja / Nein	**na'am / la**
Achtung	**balek**
Vorsicht, Achtung	**balek, (Pl.) balkum**
Gut	**behi, kwois**
Schön	**mezian, jamil**
Schlecht	**duni, chaib**
Wie viel?	**asch-hal, geddesch**
Viel	**ktir, besäf**
Zu viel	**bezzaid, barscha, halba**
Wenig/Genug	**schu'ia, schwoia/ikfi, barka**
Geld	**fluus**
Komm her/Verschwinde!	**ijja, taale/emschi!**
Lass mich in Ruhe!	**châlini fhâli!**
Bring, bringt	**dschib, (Pl.) dschibu**
Nimm weg	**eddi, (Pl.) eddin**
Schau her/Nimm	**schuff, (Pl.) schuffu/hak**
Es macht nichts	**meiselsch**
Das ist egal, gleichgültig	**kif-kif**
Wie bitte?	**na'am**
Kein, nichts	**mekensch, ma fisch**
Ich will nicht, kommt nicht in Frage	**menhebesch**
Kein Geld	**mandeksch fluus**
Wo (ist ein) Hotel, Bus etc.	**wen fonduk, kar etc.**
Wo kann ich ...	**uen mumkin ana ...**
Das ist zu teuer	**rhali jasser**
Was kostet das?	**gadesch?**

WOCHENTAGE

Sonntag	**el had**
Montag	**el tnin**
Dienstag	**el tlata**
Mittwoch	**el arba**
Donnerstag	**el chemis**
Freitag	**el dschemâa**
Samstag	**el sebt**

ZEITANGABEN

Jahr	**sanna**
Monat	**schahr**
Woche	**usbûah (simana)**
Tag	**n'har**
Morgen	**sobach**
Abend	**laschia**
Nacht	**lil**
Stunde	**sa'a**
Heute	**el yum**
Gestern	**yamess (gestern Abend)**
	elbarah (gestern Nachmittag)
	ems (tagsüber)
Jetzt	**taua**
Später	**m'bâad**
Sofort	**taua**
Morgen	**bukra**
Übermorgen	**baad bukra**

ZAHLEN

0	**sifr**	15		**chamstasch**
1	**wahed**	16		**sattasch**
2	**(i)tnin oder susch**	17		**sabatasch**
3	**tlata**	18		**tmantasch**
4	**arba'a**	19		**tsatasch**
5	**chamsa**	20		**aschrin**
6	**setta**	30		**tlatin**
7	**seba'a**	40		**arbain**
8	**tmenja**	50		**chamsin**
9	**tsa'a**	60		**settin**
10	**aschra**	70		**sabain**
11	**hedasch**	80		**tmanin**
12	**tnasch**	90		**tsain**
13	**tlatasch**	100		**mia**
14	**arbatasch**	1000		**alf**

UNTERKUNFT

Haus	**dar**
Hotel (einfaches)	**foundok**
Hotel (besseres)	**hotel, nusl**

Gepäck	**debech**
Zimmer	**bit (pl. biut)**
Bad	**hammam**
Bett	**ferch**

ESSEN UND TRINKEN

Restaurant	**mahtâam**
Frühstück	**ftur**
Mittagessen	**ghda**
Abendessen	**la'ascha**
Suppe	**schorba**
Gemüseeintopf mit Fleisch	**taschin**
Ich bin durstig	**rani atschan(a)**
Bitte zahlen	**habit chalas oder fatura**
Brot	**chobs**
Fleisch	**leham**
Fisch	**huta**
Salz	**melh**
Kaffee	**kawa**
Tee	**schei, thé**
Wasser	**mä oder moja**
Milch	**halib**
Zucker	**sokkar**

REISE UND VERKEHR

Auto	**siara, karaba**
Bus	**büs, kar**
Tankstelle	**kiosk**
Werkstatt	**garage**
Reifen	**pnö (franz.), ajla (arab.)**
Öl	**sit**
Motor	**mutur**
Polizei	**schurta**

VERKEHR

▎ Straßenverkehr

Straßennetz   Das Straßennetz der VAE ist in hervorragendem Zustand, die Stadtautobahnen und Highways sind vier- und sechsspurig, die Beschilderung erfolgt meist auch in Englisch.

Verkehrsvorschriften   In den VAE herrscht Rechtsverkehr. Sicherheitsgurte müssen während der Fahrt angelegt sein. Kinder bis zum 10. Lebensjahr sollten auf dem

Rücksitz befördert werden. Vorfahrt hat das von rechts kommende Fahrzeug; Ausnahmen sind entsprechend beschildert. Eine landestypische Besonderheit sind die zahlreichen Verkehrskreisel (Roundabout, R/A). Vorfahrt hat, wer sich im Kreis befindet. Fahren unter Alkoholeinfluss ist strengstens verboten. Geahndet werden auch Geschwindigkeitsübertretungen; von Touristen wird das Bußgeld in der Regel sofort eingezogen. Für Pkw gelten folgende **Höchstgeschwindigkeiten:** innerhalb von Ortschaften 40–60 km/h, auf Landstraßen 70–90 km/h, auf Autobahnen 120 km/h; ab 120 km/h ertönt daher in allen Fahrzeugen (auch in Mietwagen) ein Piepton, der den Fahrer auf die Geschwindigkeitsübertretung aufmerksam macht.

Um einen Wagen zu mieten, muss man mindestens 21 Jahre alt sein (Geländewagen: 25 Jahre) und einen nationalen oder internationalen Führerschein vorlegen. Ein Kleinwagen mit Klimaanlage kostet pro Tag ab 150 Dh. Mit einem **Visum** der VAE oder von Oman kann man an den Grenzübergängen ein Visum des jeweils anderen Landes erhalten, muss aber als Autofahrer eine »vehicle fee« (35 Dh) entrichten. Außerdem werden zusätzliche Versicherungsgebühren (80–100 Dh pro Tag) fällig, wenn man mit einem Mietwagen die Grenze überqueren möchte. Dies muss man schon beim Mieten des Fahrzeugs vereinbaren.

Im Mietwagen unterwegs

Bei Verkehrsunfällen muss umgehend die Polizei verständigt werden (Tel. 999), da das Fahrzeug nicht bewegt werden darf, bis der Unfall aufgenommen worden ist. Auch darf ohne polizeiliches Unfallprotokoll kein Fahrzeug repariert werden. Die Verleiher informieren darüber, wie man sich im Falle eines Unfalls mit einem Leihwagen verhält. Bleibt man wegen einer Panne liegen, erscheint meist nach wenigen Minuten ein Streifenwagen, der für Hilfe sorgt.

Pannenhilfe

In Abu Dhabi und Dubai besitzen alle Taxis ein Taxameter. Die Grundgebühr beträgt 5 Dh; für jeden weiteren Kilometer werden 1,60 Dh berechnet. Der Mindestfahrpreis liegt bei 12 Dh; die Strecke vom Flughafen Abu Dhabi ins Stadtzentrum kostet z. B. rund 70 Dh. Viele Taxis bieten zwar Kreditkartenzahlung an, doch durch die schlechte Verbindung im öffentlichen Internet ist das bargeldlose Bezahlen oft nicht möglich. Deshalb sollte man immer genügend Bargeld dabeihaben. In Abu Dhabi und Dubai gibt es auch Lady-Taxis, die von Frauen gefahren werden und ausschließlich Frauen oder Familien transportieren (nur auf Vorbestellung). In den anderen Emiraten muss man den Fahrpreis vor Fahrtbeginn aushandeln. Die Preise sind niedrig, Richtwerte erfragt man am besten im Hotel; so kostet eine Fahrt im Stadtgebiet gewöhnlich knapp 10 Dh. Die meist südasiatischen Fahrer sprechen oft nicht Englisch; es ist daher besser, als Fahrtziel ein markantes Gebäude (z. B. ein Hotel) in der Nähe der gewünschten Adresse anzugeben.

Taxis

VERKEHR

BUSBAHNHÖFE

ABU DHABI
Hazza Bin-Zayed Road

DUBAI
Al-Khor Street
Al-Ras (zwischen Hyatt-Hotel und
Gold-Souk)
Al-Sabkha Road (Deira)
Al-Ghubaiba Bus Station, Al-Rifa
Street (Bur Dubai)

ABRAS-ANLEGESTELLEN

AJMAN
Khor Ajman

DUBAI
Bandar Talib-Station an der
Al-Khor-Corniche in Deira
Abra Docks, Shindagha
Dubai Old Souk in Bur Dubai

RAS AL-KHAIMAH
Al-Khor zwischen westlicher Altstadt
und östlichem Stadtteil Nakheel

INLANDSFLÜGE
Rotana Jet verkehrt von Abu Dhabi
(City Airport und International Air-
port) nach Dubai und zur Insel Sir
Bani Yas. Die Flüge sind kurz und die
Preise niedrig.
www.rotanajet.com

Sammeltaxis
Sammeltaxis (service taxi, collective taxi, shared taxi) findet man bei
Busbahnhöfen. Man wartet ein wenig, bis sich die Autos füllen und es
eng wird, dafür kostet die Fahrt kaum etwas: von Dubai 5 bis 20 Dh
pro Person zu den nördlichen Emiraten der Westküste, 25 bis 30 Dh
an die Ostküste und 60 Dh nach Abu Dhabi oder Al-Ain.

▌Öffentlicher Nahverkehr

Busse
Ein regelmäßiger öffentlicher Busverkehr besteht in Abu Dhabi, Dubai und Sharjah. Die Angabe des Fahrtziels erfolgt nicht immer auch
in englischer Sprache. Vom Internationalen Flughafen Abu Dhabi fahren 5 Linien alle 40 Minuten ins Stadtzentrum; Fahrzeit 45 Min., Fahrpreis 4 Dh. In Dubai verkehrt die Metro vom Flughafen in die City.
Interessant sind die Busverbindungen nach Jebel Ali (40 km), Hatta
(100 km), nach Muscat in den Oman (6 Std.) sowie der »Emirates
Express« zwischen Dubai und Abu Dhabi stündlich (5–21 Uhr, Fahrzeit 2 Std., Fahrpreis 25 Dh). Die übrigen Emirate werden mit Mini-
bussen angefahren.

REGISTER

BILDNACHWEIS

Archiv Hans Helfritz 235 (o.)

Baedeker Archiv 54 (li u. re.), 90 (oben u. unten), 96 (o. und u.), 144 (o. und u.), 156 (o. und u.), 166 (o. und u.), 188 (o. und u.), 212 (unten li u. re.)

Bernhart, Udo 232

Bildagentur Huber 117

Bilderberg/Lutz Jaekel 191

DuMont Bildarchiv/Markus Heimbach 151, 180, 195, 209, 220

DuMont Bildarchiv/Martin Sasse 5, 9/10, 11 (o. und u.), 13/14, 24/25, 31, 57, 72, 74, 83, 84/85, 104, 127, 129, 134, 143, 149, 152, 173, 182, 206, 208, 210, 242, 249, 251, 252 (li.), 260 (o.)

Getty Images/Maremagnum 114; Iain Masterton 2, 123 (o.)

Government of Dubai 181 (u.), 194, 237

Gumm, Monica 68

Heimbach, Markus 16/17

Huber Images/Udo Bernhart 154; Gräfenhain 186; Moses Hallberg 271; Susanne Kremer 118

Ihlow, Frank 189

Kohl, Margit 3 (u.), 15 (o. und u.), 20/21, 27 (o.), 63, 81, 91, 95, 102, 109, 123 (u.), 136, 137, 159, 196, 199, 201, 229, 239, 241, 255 (u.), 266, 268, 269, U 8

laif/Michael Amme 7; Bruno Amsellem/Signatures 168; Biskup 47;

Engelhorn 257; John Frumm/hemis.fr 125; Julien Garcia/hemis.fr 3 (o.), 246; Patrice Hauser/hemis.fr 97; Heeb 252 (re.); Lutz Jaekel 66, 213; Axel Krause 141; Le Figaro Magazine 71; Thomas Linke 18 (o.); Piepenburg 131 (o.); Martin Sasse 27 (u.), 120, 140

Lookphotos/Juergen Stumpe 100

mauritius images/Art Directors & TRIP/Alamy 79; CuboImages/ClickAlps 23; David GABIS/Alamy 29; Dorling Kindersley ltd/Alamy 51; Robert Harding 255 (o.); hello/Stockimo/Alamy 53; imageBROKER/Karl F. Schöfmann 8 (u.); image-BROKER/Egmont Strigl 230; Jo Kirchherr 253 (u.); MARKA/Alamys 253 (o.) Iain Masterton/Alamy 138; Christine Osborne Pictures/Alamy 157; Photononstop/Frederic SOREAU 55; Prisma/Fiedler, Bernd J. 217; robertharding/Alan Copson 175; Sibag/Alamy 240; Michael Snell/Alamy 260 (u.) John Warburton-Lee 263

Noor Ali Rashid 214

picture alliance/akg-images 235 (u.); Udo Bernhart 164, 184; Rainer Hackenberg 145

Renckhoff, Dirk 42, 167

Titelbild: Getty Images/ Rudy Sulgan

VERZEICHNIS DER KARTEN UND GRAFIKEN

IMPRESSUM

Ausstattung:
120 Abbildungen, 39 Karten und Grafiken, eine große Reisekarte

Text:
Margit Kohl, Dr. Manfred Wöbcke und Birgit Müller-Wöbcke

Bearbeitung:
Baedeker-Redaktion
(Maria Guntermann)

Kartografie:
Christoph Gallus, Hohberg
Klaus-Peter Lawall, Unterensingen
MAIRDUMONT Ostfildern
(Reisekarte)

3D-Illustrationen:
jangled nerves, Stuttgart

Infografiken:
Golden Section Graphics GmbH, Berlin

Gestalterisches Konzept:
RUPA GbR, München

Chefredaktion:
Rainer Eisenschmid,
Baedeker Ostfildern

7. Auflage 2018
Völlig überarbeitet und neu gestaltet

© KARL BAEDEKER GmbH,
Ostfildern für MAIRDUMONT
GmbH & Co KG; Ostfildern

Anzeigenvermarktung:
MAIRDUMONT MEDIA
Tel. 0049 711 4502 0
Fax 0049 711 4502 355
media@mairdumont.com
http://media.mairdumont.com

Trotz aller Sorgfalt von Redaktion und Autoren zeigt die Erfahrung, dass Fehler und Änderungen nach Drucklegung nicht ausgeschlossen werden können. Dafür kann der Verlag leider keine Haftung übernehmen.
Kritik, Berichtigungen und Verbesserungsvorschläge sind jederzeit willkommen. Schreiben Sie uns, mailen Sie oder rufen Sie an:

Verlag Karl Baedeker / Redaktion
Postfach 3162
D-73751 Ostfildern
Tel. 0711 4502-262
info@baedeker.com
www.baedeker.com

Printed in China

MIX
Papier aus verantwortungsvollen Quellen
FSC
www.fsc.org
FSC® C124385

BAEDEKER VERLAGSPROGRAMM

Viele Baedeker-Titel sind als E-Book erhältlich:
shop.baedeker.com

A
Algarve
Allgäu
Amsterdam
Andalusien
Australien
Australien · Osten

B
Bali
Barcelona
Bayerischer Wald
Belgien
Berlin · Potsdam
Bodensee
Brasilien
Bretagne
Brüssel
Budapest
Burgund

C
China

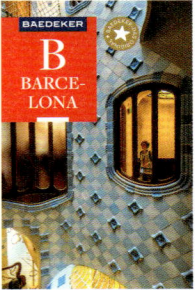

D
Dänemark
Deutsche
    Nordseeküste
Deutschland
Deutschland · Osten
Dresden
Dubai · VAE

E
Elba
Elsass · Vogesen

F
Finnland
Florenz
Florida
Franken
Frankfurt am Main
Frankreich
Frankreich · Norden
Fuerteventura

G
Gardasee
Golf von Neapel
Gomera
Gran Canaria
Griechenland
Großbritannien

H
Hamburg
Harz
Hongkong · Macao

I
Indien
Irland
Island
Israel
Istanbul
Istrien · Kvarner Bucht
Italien
Italien · Norden
Italienische Adria
Italienische Riviera

J
Japan
Jordanien

K
Kalifornien
Kanada · Osten
Kanada · Westen
Kanalinseln
Kapstadt · Garden
    Route
Kenia

Meine persönlichen Notizen